# 不变与万变

## 葛剑雄说国史

葛剑雄 著

岳麓书社　博集天卷

**目 录**
Contents

## 第二编　古代中国的血肉

第七章
### 外交 / "开而不放，传而不播"的古代人

# 第三编　古代中国的精神中枢

儒者所谓中国者，于天下乃八十一分居其一分耳。

中国名曰赤县神州。赤县神州内自有九州，

禹之序九州是也，不得为州数。

第一编

# 古代中国的骨架

# 导　言
# "中国"二字出现在三千年以前

今天我们大家都知道，中国是我们国家的名称，也是中华人民共和国的简称。但是这两个字，以及由这两个字组成的词，是什么时候出现的呢？一开始它是什么意思呢？为什么到了今天会成为我们国家的名称呢？这还得从1963年发生的一件事说起。

1963年8月，在一个大雨过后的上午，租住在陕西宝鸡县贾村一个农家院的陈某，发现后院的土崖因雨水冲刷部分坍塌了，下面好像有点亮光。他用手和小镢头刨，结果刨出了一个铜器，就取回家放着。第二年，陈某返回固原，临走时将铜器交给另一人保管。1965年，那人缺钱花，就将这件铜器以废铜的价格卖给废品收购站。宝鸡市博物馆的一位干部在市区玉泉废品收购站看到这件铜器，感觉应该是一件比较珍贵的文物，便向馆长汇报。馆长派人考察，断定这是一件珍贵文物，便以收购站当初购入的价格三十元将这尊高三十八点八厘米、口径二十八点八厘米、重十四点六公斤的铜器买回博物馆。这尊铜器成了宝鸡市博物馆1958年成立后收藏的第一件青铜器。

1975年，为纪念中日建交，国家文物局要在日本举办中国出土文物精品展，王冶秋局长聘请青铜器专家马承源（已故上海博物馆馆长）组织筹备。马承源很快从全国各地调集了一百件一级品文物，其中就有宝鸡出土的这件饕餮纹铜尊。马承源在故宫武英殿见到这件青铜器后，反复看了好几遍，心中一直纳闷，这么大造型的器物为什么没有铭文？随即，他用手在铜尊内壁底部反复摩挲，感觉底部某个地方似乎刻有文字。他大为振奋，立即让人送去除锈。清除泥土和锈迹后，果然在铜尊底部发现了一篇十二行共一百二十二字的铭文。马承源将这件青铜器命名为"何尊"，因为根据铭文的内容，周王宗族"何"的先人曾追随文王，周王赏赐给"何"贝三十朋，"何"因此制作此酒具，以作纪念。

在这件青铜器上面，我们找到了"中国"两个字最早的实证。这篇铭文有一段的大意是说：武王在攻克了商朝的首都以后，举行了隆重的仪式向上天报告，说我现在已经把"中国"当我的家了，我统治了那里的民众。根据这篇铭文后面的内容，我们可以断定，这篇铭文的书写包括这件何尊的铸造时间，是在周武王的儿子周成王在位年间。也就是说，何尊以及上面的"中国"这两个字，肯定是出现在三千余年前的公元前11世纪的后期，因为除了这以外，我们现在看见的"中国"这两个字，都只出现在传世的文献中。

这两个字是不是就是今天中国的意思呢？因为毕竟铭文里面讲，周武王是在攻克了商朝的首都以后，认为他已经可以把"中国"当他的家了（"宅兹中国"）。也就是说，"中国"在那个时候是指商朝的首都，也就是商朝最高统治者住的那个城。

那为什么把它叫作"中国"呢？

我们可以从这两个字本身分析一下。繁体字的"國"，中间有一个口，这个"口"原来就写成像人的嘴巴的形状，用它来代表人。下面有一道横杠，意思就是这些人所居住的这片土地。旁边有个"戈"字，因为土地对这些人来讲是非常重要的，所以他们就要拿着长柄的武器守卫它。铭文上的"国"形同"或"，以后的"国"字的写法，在外面又加了一个框，那就表示，在它外面还要建一道围墙，也就是城墙，不是更安全了？

所以我们可以看到，"国"原来的意思，就是一个有城墙包围的，有人守卫的一群人居住、生活的地方。

那"中"是什么意思呢？"中"我们看它原来的形状，就像一面飘扬的旗子，上面和下面还有流苏装饰着。据专家考证，这个"中"，原来就是商朝人用来召集他的部队和民众的一个符号。做一面大旗，什么时候这面旗插在那里，他的部队和民众就明白有事要召集他们了。所以集合的时候，人们就聚集在这个被称为"中"的旗子周围。时间长了，"中"就产生了一个特殊的意思，那就是中间、中心、中央，引申出来就是最重要的。

这样连起来我们就明白了，"国"就是当时集中的居民点，一座座城。这样的国有很多，所以还有个词叫"万国"。万，并不是确切地讲一万个，而是很多很多。春秋时候记下来的有名有姓的国还有一千多个，也许还有没记下来的小国，反正就有很多。在这些国中，哪一个有资格叫"中国"呢？那就是最高统治者住的那个国，也就是最重要的国，一般来说也是处在中心的国，就叫中国。所以周武王攻占了商朝的首都，也就是商王住的地方，他就可以跟上天报告，他成了中国的主人，把中国当他自己的家了。当然，到了周朝，周天子住的那个国，那座城，就叫作中国。

为什么后来中国的范围不断地扩大呢？

到了东周的时候，周天子已经名存实亡，成了一个摆设。而诸侯通过兼并，大的诸侯越来越强大，统治的范围已经不是原来的一座城，或者分封给他们的那几座城。所以在春秋阶段，国的数量很快减少，因为很多的国被其他诸侯灭了以后，吞并了以后，就成了其他国的一部分，不再被当成国了。所以，那几个大的诸侯统治的国的范围越来越大，而国的总数却迅速减少。

到了战国的时候，主要的诸侯国就剩下了秦、楚、齐、燕、韩、赵、魏七国，还有几个不太大的小国。在这种形势下，既然周天子住的地方称中国，诸侯们也开始把自己的国都、自己住的地方称为中国，这样中国就不止一个了。特别是以东周的都城——今河南洛阳为中心的一大片地区都被称为中国了。

到了公元前221年，秦始皇把其他诸侯国都灭了。当然，秦朝的首都咸阳是名正言顺的中国，但是原来那些地方，大家还都认为自己也是中国。再加上秦始皇成了皇帝，他认为他超过以前所有的三皇五帝，所以自称皇帝，就把他统治的地方都看成中国。这个概念，以后的各朝代都沿用了。所以从秦朝以后，"中国"也就成了中原王朝的代名词。

比如汉朝，国号是汉、大汉，但是从皇帝到臣民都认为汉朝疆域的范围就是中国，而在汉朝统治范围以外，就是胡、戎、狄、蛮、夷。相对于周边，汉朝就是中国，这也符合长期流传的"天下之中"的概念。

所以从汉朝一直到清朝，中原的王朝，特别是统一的王朝，都认为自己就是中国。当处于分裂状态时，都认为自己是中国的一部分，主要的分裂政权还以中国的代表自居。如果它还着眼于今后的统一，就坚持自己是中国，对方不是中国。如南北朝时期，北朝、南朝都以中国自居，北朝称南朝为"岛夷"，南朝称北朝为"索虏"。等到重新统一，又合在一起了，当然双方都是中国。皇帝可以改姓，国号可以改变，但"中国"这个概念一直维持不变。

但是直到清朝，"中国"还不是这个朝代的正式国号，它的正式国号是清、大清、大清国。清朝与外国签的条约，都用大清国、大清，而不用"中国"。同样，以前的朝代，像明朝，正式国号就是明、大明、大明国。

1912年中华民国建立，正式的国号就是"中华民国"。尽管法律上没有规定中华民国的简称，但习惯上用的简称就是中国、中华，在正式的场合更多的就用中国。所以到1912年中华民国建立以后，"中国"就成了这个国家正式的名称，一直沿用到现在。

公元前221年至公元1911年期间，"中国"这个词的政治含义，是中原王朝的代名词，是指中央政权有效统治的范围，它的统治范围之外就不被认为是中国。中国的民族含义，一般就是指华夏，近代才开始称汉族，华夏居住的地方被视为中国，周边其他民族就被视为蛮夷、夷狄、戎狄，他们居住的地方就不被认为是中国。中国的地理含义，往往就是"中原"的代名词。比如《史记·货殖列传》中，司马迁提到的"中国人民"，意思不是我们今天讲的中国人民，而是指中原的人。在古代，"中国"和"中原"往往是通用的，"中原"并没有一个明确的范围，不同情况下、不同年代它指的范围不同。"中国"的文化含义，往往也局限于华夏文化，就是我们今天讲的汉族的文化，一般不包括少数民族的文化。

总而言之，"中国"这个名称，最迟在三千余年前已经形成并且一直被沿用，但是直到近代，它才成为我们国家正式的名称。在历史上，"中国"代表了正统，一个政权要建立，要维持，必须把自己作为"中国"的代表。特别是在分裂的时期，只有以"中国"自居并能代表"中国"的政权才有可能完成统一。即使是汉族以外的其他民族建立的政权，如果想入主中原，要统治整个中国的话，也得自认为是"中国"，才能争取到政治合法性，才能得到大多数国民的认同。

# 第一章
# 疆域

我 们 生 活 的 土 地

## 第一节 "大九州"与"一尺之棰"

中国历史上有些概念，沿用的时间很长，可实际上并没有成为现实，比如很有名的"九州"。现在一般的说法，特别是根据儒家的经典，"九州"就是大禹治水完成以后，把天下划分为九个州，便于统治管理。但根据现有的史料以及考古的发现来分析，大禹及其时代还没有办法被证实。即使的确存在，那时的统治者也不可能直接统治、管理那么大的地方。所以这只是个概念，反映了一种理念。

而且这个概念、理念也要到战国后期才逐步形成，是当时一些学者看到了天下要逐步统一的趋势，"先天下之忧而忧"，为未来的统一政权做出的规划，画出的蓝图。不过，这张蓝图从来没有实施过。

无论是西汉时设置"十三州刺史部",还是东汉时实行州牧制,从来没有将天下划分为九个州。

但这个概念一直被沿用,比如陆游诗中的"但悲不见九州同",这个"九州"就代表天下、全国,就是中国。一直到现在,我们往往还用"九州"象征全国。所以,历史上有些概念其实始终停留在思想阶段、精神层面,或者人们逐渐把这种思想当作一个现实概念,同样有它的现实意义和积极作用。

这些概念是怎么产生的呢?当然多数是先有现实存在的,但也有一些完全是学者们按照逻辑推理或想象思辨产生的,同样可以解决实际问题,在历史上或者科学方面发挥作用。

比如,《史记》记载了齐国的学者邹衍,他生活在孟子以后,他认为:"儒者所谓中国者,于天下乃八十一分居其一分耳。中国名曰赤县神州。赤县神州内自有九州,禹之序九州是也,不得为州数。中国外如赤县神州者九,乃所谓九州也,于是有裨海环之,人民禽兽莫能相通者,如一区中者,乃为一州。如此者九,乃有大瀛海环其外,天地之际焉。"意思是说,儒家所谓的"中国"实际上只有天下的八十一分之一,中国可以称为"赤县神州",赤县神州内有九州,那就是大禹划分的"九州"。但是其实这还不是真正的州的数目,因为中国以外,像赤县神州这样的单位,还有九个,周围都由海洋包围着,相互之间的人与禽兽都无法来往,这才是九州。而这样的州还有九个,周围由无边的大洋包围着,这才是天地的边缘。

这个概念真可谓空前绝后的大胆。根据现有的史料,邹衍的足迹大概没有离开过齐国一带,不要说大九州,还有更大的九州,他连"赤县神州"这小九州的各个地方都没有能够完全到达。为什么他会提出这么个宏大的概念来?这纯粹是一种想象和推理。

但是我们今天看看地球的现实，邹衍的想象推理倒是比较符合事实的。地球上面的每一个洲，周围都是由海洋包围着。我们现在讲的七大洲或五大洲中"洲"的概念，实际上就是由海洋包围着的大陆。"九州"这个概念的提出并不是邹衍实地考察的结果，而是出于他的想象，凭他的推理，但这个概念无疑比其他那些只从实际考察所获得的知识，或者只描述自己到过的地方，有更加积极的意义。

其实西方的地理学家也是如此。最早有人设想，地球应该是圆形的或者球形的，也不是建立在实地考察基础上的。在大航海出现以前，没有任何人能够真正了解世界，了解地球表层。不要说地球上那些偏远地方，就是自己所在的大洲的各个地方也极少有人都到过、都了解。他们是怎么确立一个大的地理概念的呢？其实都是出于想象和推理。我们注意到，中国古代存在的各种思想，在春秋战国这个时候已经开始出现，有的甚至发展到了比较高的水平，原因就在于这是一个思想自由的时代，或者说是统治者还来不及、还不可能干预到思想与学术的时代，一些天才的人物可以凭借自己丰富的想象力、严密的逻辑推理，有非常重大的发现。

一个很有名的例子，就是我们到今天都引为自豪的，我们的国家领导人在国际场合经常拿它举例的——庄子所说的"一尺之棰，日取其半，万世不竭"。两千多年前没有什么科学实验的手段，更没有今天可以观察微观世界的电子显微镜，纳米技术、加速器等，这些都没有，庄子为什么敢说一尺长的一个木棒，你每天取它一半，万世不竭，永远取不完呢？他凭什么把物质可以无限分割这样一个基本的原理，用这十二个字就说明了呢？

其实这就是自由思想的结果。他说这话并不是建立在实证基础上的，并不需要通过什么科学实验，而完全是严密的推理。你说一天取它一半，那么会剩下二分之一；再取它一半，那么会剩下二分之一的二分之一；如果你说到了哪一天没有了，那么请问这另外一半到哪里去了呢？所以应该是万世不竭。

又比如当初有学者还辩了一个命题，就是"白马非马"。明明是诡辩，却成了一个有学术意义的形式逻辑命题。

公孙龙强调"白马"是由两个概念构成的，一个是马，一个是白，缺一不可。如果只有马，可以与黄、黑组合，成了黄马、黑马。白也不一定跟马连在一起，可以连其他。但在"白马"这个概念中，"白"和"马"缺一不可，否则就既不是白，也不是马，所以就"非马"。这样的辩论显然没有任何实际意义，但在当时可以自由进行，并且会被记载、流传，成为一个学派，根本原因就是在学术思想不受干预的情况下，那些人的聪明才智，特别是其中的一些天才人物，其才能可以得到充分的运用和发挥。

并不是当时的统治者已经有了鼓励学术自由、思想自由的自觉性，或者当时已经形成了什么好的制度。这不能不归功于一个重要因素——人才的自由流动。春秋战国期间，一方面，原有的制度、秩序从分崩离析到荡然无存，有一技之长、敢于追求自身发展的人有了自由身。另一方面，面对激烈残酷的兼并，统治者如果想保全自己，或者想进一步实现称霸扩张的愿望，就必须有一批杰出人才，不能仅仅依靠本国，而要大力从外国招引。对人才来说，就有了选择和流动的自由，本国不行就去外国，在这一国得不到重用就去另一国。

善于吸收各类人才、各类杰出移民，这个政权就有可能迅速发展、扩张、巩固。春秋战国期间留下了不少统治者为招揽人才不惜代价的佳话。比较起来，吸引人才最多、最有效的还是秦国。

为秦国做出重大贡献，使它国力迅速强大，推行变法改革，执行重要使命的，几乎都是外来移民。由余来自西戎，百里奚来自宛（今河南南阳市），蹇叔来自宋国，丕豹和公孙支来自晋国，商鞅是卫国人，张仪是魏国人，甘茂是下蔡（今安徽凤台县）人，穰侯魏冉是楚国人，范雎是魏国人，蔡泽是燕国人，吕不韦是卫国濮阳（今河南濮阳西南）人，李斯是楚国上蔡（今河南上蔡县西南）人，蒙恬的祖父蒙骜是齐国人，赵高是赵国人。这些人迁入秦国以前，有的是奴隶，有的是罪犯，有的是商人，有的死里逃生，有的怀才不遇，没有一个人在本地本国已经受到重视或居于高位，是秦国给了他们成才或发挥的机会。

但是秦国的国君也不是始终都重视吸收移民的，一方面是现实的紧迫需要，另一方面也需要君主做出正确的决断。秦国的宗室大臣曾向秦始皇提出：从其他诸侯国来投奔秦国的人，大多是为他们的主子服务的，建议全部驱逐出境。秦始皇听从后，公布了一道"逐客令"，要将已经得到任用的外来移民统统赶走。已经担任客卿的李斯也属驱逐对象。

李斯上书秦始皇，留下一篇有名的《谏逐客书》。李斯列举历史事实：当初要不是接纳招揽那些"客"（移民），秦国哪有今天的强盛？各地的出产和宝物你都要用，各国的音乐和舞蹈你都要享用，而对外来的人才却不分青红皂白一概驱逐，这不是制服诸侯统一天下的战术。将这些人驱逐出境，正好让他们资助了你的敌国，又给秦国结了那么多怨，树了那么多敌。

这使秦始皇改变主意，撤销了这项驱逐令，"客"都留下来了，包括李斯在内。

但当所有人才都只能为一个国家所有，只能为一位君主效劳时，当他们再也不能自己做出选择时，就不会再有思想和学术的自由了。

## 第二节　古代中国究竟有多大？

前面已经讲到"中国"这个概念，从出现到成为我们国家的正式的名称，经历了三千多年，那么这个具体变化的过程究竟是怎么样的呢？平时也经常有人问，古代中国究竟有多大呢？

我们现在研究、学习、说明中国古代的历史的时候，要界定一个具体的范围，不能够仅仅根据当时人把中国看得多大，就按照当时人的概念来确定中国的范围。比如说要研究商朝史，就不能只研究商朝的国都，因为当时人就是称它为"中国"的，我们当然要研究整个商朝，研究它统治的范围，还要研究它的周边，研究谁在跟它打交道，发生关系。所以这个"中国"实际上是一个我们后人界定的概念。

在20世纪五六十年代，我的老师谭其骧教授受命编绘一本《中国历史地图集》，就碰到这个问题了，各个时期的每幅地图要画多大的范围？从原始社会开始到清朝，要画多大的范围才可以反映古代中国的历史呢？

如果是写文章写书，那还好办，可以通过描述。画地图的话，一方面必须有一个具体的空间范围。北面到什么地方？南面到哪里？东面、西面应该到什么地方？都得有一个具体范围。

另一方面，这个概念也没有现成的画法可以利用。谭先生一开始接受的任务是"重编改绘"清末民国初年杨守敬编绘出版的《历代舆地图》。但是杨守敬用的是传统的概念，"历代"就是指以往各个具体的朝代，譬如汉朝、唐朝，所以他只要画出那个朝代的具体范围就可以了，不画非华夏、少数民族建立的政权或在中原王朝以外的边疆政权，今天中国的领土内的一些地方也可以不画。如果继续按杨守敬的办法画，就不可能完整地显示中华各族人民共同缔造中国历史的史实。

当时也有人主张，既然是我们中国的历史地图，就画中华人民共和国的领土范围。这种建议肯定行不通，也不符合中国历史的事实。比如说在黑龙江以北、乌苏里江以东、新疆的西北，已经有一百多万平方公里的领土被沙俄侵占了。外蒙古一百多万平方公里的土地是清朝和中华民国的领土，1946年才由当时的政府承认它独立。如果只画中华人民共和国的领土，这一变化根本就看不出来，因为它已经超出这个范围了，这能反映中国历史的事实吗？

而且不止这些地方。历史上的中国，即使不包括非华夏民族所建立的政权，就是只讲中原王朝，像汉朝的疆域就包括朝鲜半岛的中部、越南的北部和中部，唐朝疆域的西端一度远达咸海，元朝的疆域很大一部分在今中国领土之外，如果规定了只画今天的中国的范围，那么汉朝、唐朝、元朝，几乎历史上各个中原王朝的地图就都画不全，怎么能完整显示中国历史的空间范围呢？所以这种建议很快被否决了。

另一种建议是，干脆还是像杨守敬那样，就按照当时中原王朝控制的、实际统治的范围来画。比如汉朝的地图，就画汉朝统治到的地方，不管它超出今天中国的范围多远。唐朝、元朝的地图也这样画。但这种办法，同样不符合历史事实，不能完整地显示中华各族人民共同缔造我们历史的这样一个史实。

因为直到清朝完成统一之前，今天中国境内有些地方始终没有被纳入中原王朝的统治范围。比如说青藏高原，那是到13世纪中期，也就是蒙古建立元朝的时候，才成为元朝的一部分的。如果规定地图上只画中原王朝，那就是说元朝以前的地图，包括汉朝、唐朝、宋朝，都不能包括青藏高原，怎么能够反映出各族人民共同缔造中国历史呢？

实际上在13世纪中期以前，也就是蒙古统一西藏以前，那里的吐蕃人和他们建立的政权早就与中原王朝、华夏各族有了交流，也有冲突。青藏高原上的民族和政权与中原王朝的关系，当然也是中国历史的一部分。唐朝跟吐蕃，无论是松赞干布娶文成公主这种友好的和亲，还是二者之间的战争，吐蕃的扩张，唐朝的反制，吐蕃与其他政权如南诏、大理的关系，吐蕃与今天的新疆、中亚的关系，这些都是中国历史的重要部分。如果地图上只显示唐朝的疆域，这些历史事实就没有办法被表达出来，这个历史是不完整的，实际上也就否定了中原王朝以外其他民族建立的政权和边疆的政权对中国历史的贡献。

经过反复研究，也广泛征求了历史学界和相关学术界的意见，并且报请中央批准，最后谭先生确定的这个原则就是："18世纪50年代清朝完成统一之后，19世纪40年代帝国主义入侵以前的中国版图，是几千年来历史发展所形成的中国的范围。历史时期所有在这个范围之内活动的民族，都是中国史上的民族，他们所建立的政权，都是历史上中国的一部分。"

　　具体地讲，也就是以公元1759年，清朝乾隆二十四年，平定天山南北路以后所形成的一个统一的疆域，作为历史上中国的范围。这个疆域北起外兴安岭、额尔古纳河、蒙古高原，西面到达巴尔喀什湖和帕米尔高原，南面包括今天中国的南界和南海诸岛，东面到达太平洋，包括以后被沙俄占领的库页岛，就是这么一个范围，大概是一千三百多万平方公里，作为历史上中国的范围。

　　是不是因为这个范围最大呢？倒也不是。应该承认，清朝最后完成统一的疆域在中国历朝历代中的确是比较大的，但是无论总体还是局部都有比它更大的，比如唐朝。唐朝最西曾经到过咸海之滨，远远超出清朝的西界。又比如汉朝，汉朝的疆域包括今天越南的大部分、朝鲜半岛的北部与中部。所以当时选清朝的疆域，就像谭先生所指出来的，一方面这是中国几千年历史发展所形成的，并不是因为它是最大的。而且另一方面，尽管历史上有的朝代控制的范围比清朝还大，但是能够在自己统治的范围里面，都实行有效的行政管辖，只有清朝才做到了。

　　那么有些政权的疆域比清朝统一后的疆域还大，大出来的地方怎么处理呢？我们在画历史地图以及研究或者讲述历史的时候，就要根据实际情况，并不受这个范围的限制。如讲汉朝的疆域，当然要讲到它在今天越南的部分，在今天朝鲜的部分。讲唐朝的疆域，同样要讲到它最西到达咸海之滨，包括阿姆河流域、锡尔河流域，都要从实际出发。

　　还有一些非华夏民族建立的政权，或者边疆政权，有的是跨这条疆界两边的，怎么办呢？既然我们是研究中国历史，表达中国历史，那就要看它当时是不是基本上还在"历史中国"这个范围里面。一个主要标准就是看它的政治中心、它的首都在哪里。比如说6世纪以前，跨东北地区和朝鲜半岛的高句丽政权，它的一部分已经脱离了当时的中原王朝，但是它的首都、行政中心还在鸭绿江北面的集安，在我们界定的"历史中国"的范围内,所以我们还把高句丽看成是历史上中国的政权。等到它的首都、行政中心迁到平壤了,尽管它的一部分辖境还是在东北地区,在我们讲的"历史中国"的范围里面,我们在研究、界定时就把它当作中国以外的政权了。

所以我们今天讲到历史上中国有多大,一个标准就是清朝统一以后所达到的最大的疆域范围,一千三百多万平方公里。另一个标准,就是以当时的中国的概念来界定,也就是说从秦朝开始,各中原王朝的疆域范围,也包括当时与它对峙或者共存的那些非华夏民族建立的政权,还有那些中原王朝还没有统治的边疆地区或局部地区的政权。要分别讲清楚它们的范围,这就比较复杂了。因为没有完全相同的疆域,每个朝代都有变化。就是同一个朝代,前后也有变化,有的甚至变化得比较频繁复杂。

最方便的办法就是请大家看谭其骧先生主编、中国地图出版社出版的《中国历史地图集》。这套书有八册,每一册前面都有总图,就是一个时期的总图。有的朝代还有不止一幅总图,显示它前后的变化,有的朝代有三幅。你可以看到一个朝代的疆域最远到了哪里,中间到了哪里,最后固定在什么地方。后面是分幅图,可具体查某一局部。还有也是谭先生主编的《简明中国历史地图集》,就是把上面说的一套书里面的总图汇编成一册。谭先生为每一幅总图都写了图说,放在地图的后面,概述这一时期中原王朝和其他政权疆域的形成和变迁,各个政权内部还有哪些政区建置等。这些图说给你介绍各朝代疆域是怎么形成的,怎么变化的,内部有什么政区以及这些政区的沿革。后面还有地名索引,用起来很方便。

## 第三节　古代中国疆域是怎样变迁的？

　　上一节，我讲了我们后人所界定的中国历史所包含的空间范围，这一节就具体讲讲，在当时人们心目中的中国，也就是中原王朝的疆域到底有多大。大家一定注意到了，我在讲古代王朝范围的时候用的是"疆域"，而没有用"领土"这个概念，这两者是不同的。

　　中国古代疆域是建立在一个"普天之下，莫非王土"的概念上的。上面是天，下面所有的地方都是天下，而天下就是以中国为中心的，所以中国的统治者可以决定自己统治的范围有多大。"疆"就是一条界线，一条边界，"域"表示一个空间范围。这个范围由谁来决定呢？就是由当时的最高统治者——王、天子、皇帝来决定。

　　今天讲的国界，不是单方面所能决定的，而是周围的邻国都接受的，受国际法保护的，建立在国家和国家之间的一种平等的关系上的相邻国家领土之间的分界线。今天的国界所划定的范围是立体的、全方位的，也就是说这条线所覆盖的是地球表层，往上的天空就是这个国家的领空，这条线里面的海洋叫领海，领海下面的土层或岩石是底土，都属于这个国家。古代不可能有这些概念，没有飞行器，领空就没有意义；没有机器船和远程炮，就没有划领海的条件。

还有一个区别，今天的领土代表着主权，领土的所有者是非常明确的。但在古代中国，有的时候疆域的拥有者并不一定有明确的主权意识。有些游牧民族建立政权，就没有明确的疆域概念，往往是我需要到哪里就到哪里，所谓"逐水草而居"，什么地方适合放牧，这个地方就是我的，如果受到阻止，那就用武力去夺取，而不是像今天这样考虑是否拥有主权。对中原王朝来讲，皇帝如果愿意，甚至会把自己管辖的地方划给藩属国或周边其他民族政权，他认为这只是一个管辖的问题，反正天下都是他的。

中国古代习惯用疆域来指代管辖范围，我们今天也沿用这个词，而不用领土这个词。

疆域变迁的过程太复杂，不可能每个朝代、每个政权、每个年代都讲到，只能讲几个有代表性的阶段。

第一个重要阶段应该从秦始皇统一六国开始，因为在这以前，东周、西周、商朝、夏朝还不存在一个能够统一管辖它全部范围的中央政权。那个时候讲到的疆域，只是一些分封的国之间的疆域，统一的疆域是秦始皇灭了六国之后才形成的。但公元前221年，秦始皇只是把原来六国的疆域统一了，还没有达到秦国疆域最大的范围。在这以后，秦朝在平定楚国的江南地区和越国的旧地以后，就继续往南，进入今天浙江的南部和福建，征服了当地的越人政权。

到秦始皇三十二年（公元前215年），蒙恬率领三十万大军赶走了河套一带的匈奴人，收复了战国时期赵国的旧地。第二年，在阴山以南、黄河以东设立了一个政区，叫九原郡，开辟了一片新土地。

大约在秦始皇二十九年（公元前218年），秦朝的军队越过南岭往南扩张，最终占据了今天的广东、广西和越南东北这一带，又设立了三个郡。在西南，秦朝以成都平原为基地，向西、向北两个方向扩张到了今天的大渡河以北和岷江上游。

到公元前210年秦始皇去世的时候，秦朝已经拥有北起河套、阴山山脉和辽河下游，南到今天越南东北部和广东大陆，西起陇山、川西高原和云贵高原，东至朝鲜半岛西北的这样一个辽阔的疆域，这在中国历史上还是第一次。

第二个重要阶段是西汉。经过汉武帝时期的开疆拓土，到公元前60年，也就是汉宣帝时期，设立了西域都护府。到了西汉末年，公元初，西汉稳定的疆域北面到达阴山山脉、辽河流域，东面拥有今天朝鲜半岛的北部和中部，包括今天韩国首都首尔在内，南面拥有今天越南的北部、中部和南部的一部分，西面到达巴尔喀什湖和帕米尔高原之间，包括今天新疆以及境外一些地方。

对照今天的中国地图，我们可以看到，今天中国的领土还没有被包括在西汉的疆域范围里的只有三块，第一块是青藏高原，第二块是蒙古高原，第三块是辽河流域以北的东北，其他地方都达到甚至超过了。这三块地方未包括在内的原因，并不是汉朝没有这个军事实力，而是有一个很重要的衡量标准，就是在当时条件下，这三块地方还不适合农耕。即使有军事能力占领，它也会放弃。比如蒙古高原，汉朝几次打败匈奴，都曾进驻蒙古高原，但很快就退回来了，因为那里不适合农耕，而汉朝自己的疆域足够生产出满足自己全部人口需要的粮食和相应的物资，并且有余。

又如青藏高原，汉朝人已经明白，海拔太高的地方是不适合他们居住的，所以也没有往上扩张。东北气候太冷，也不适合农耕，而内地的土地很丰富，好多地方还没有开垦，所以也没有必要向东北扩张。

我们对比西汉与以后各个中原王朝的地图可以发现，以后基本上只是局部的扩张或者收缩。可以这样讲，如果是秦朝开始形成统一的疆域，那么到了汉朝就奠定了历代中原王朝疆域的基础。

第三个重要阶段是唐朝，特别是唐朝前期，疆域有了空前的扩张。贞观四年（公元630年），唐朝灭了东突厥，实际控制的范围达到了贝加尔湖以北，并且在阴山以北六百里的地方建立了行政区，超出了今天的国界。贞观十四年（公元640年），唐朝又灭了高昌，在今天的新疆先后设置了伊州、西州、庭州这三个正式的行政区，在交河城（今新疆吐鲁番）设立了安西都护府。

贞观二十年（公元646年），唐朝军队打败薛延陀，进驻今天蒙古国的杭爱山脉以东。唐高宗永徽元年（公元650年），又抓获了突厥的车鼻可汗。到显庆二年（公元657年），西突厥被打败并投降。显庆五年（公元660年），唐朝的军队由山东半岛东端渡海，进攻朝鲜半岛中部的百济，百济投降。龙朔二年（公元662年），唐朝的军队在天山打败了铁勒。总章元年（公元668年），唐朝灭了高句丽，在平壤设置了安东都护府。唐朝最强盛的时候，曾经扩张到咸海之滨，控制了阿姆河流域、锡尔河流域，这是中国历史上能够达到的最西端。

在南面，唐朝继续拥有越南的北部，在那里设置安南都护府。

但是，唐朝的疆域并不是始终都那么大。因为唐朝的扩张，大多数都是军事胜利的结果，但实际上它并不需要那么大的土地，所以从来没有向这些地方移民，或者去传播自己的文化，甚至并没有像在内地一样设立正式的行政区。随着国力的衰退，或者因为控制成本太高，或者当地人的反抗，往往很快就收缩、撤退了。比如说唐朝在平壤建立的安东都护府，很快就撤到了鸭绿江以北，以后甚至从辽河以东撤到了辽河以西。

唐朝最西到达咸海之滨的时间只有三年，三年以后就往里收缩了，以后退到了帕米尔高原。特别是到了安史之乱以后，由于唐朝的军队都要集中去堵截叛军，防范他们进攻洛阳、长安，西域在军事上成为空白。藏族的祖先吐蕃人就扩张占据了新疆的大部分、甘肃、青海、四川的西部、云南的西北，甚至陕西的边缘。吐蕃兵力最强时，还曾占据长安，只是由于他们不适应海拔比较低的地方，低海拔环境造成他们醉氧，他们才很快退到了陇东高原。

如果在《中国历史地图集》上把安史之乱以后这一幅唐朝疆域图与前面两幅对照的话，差别是非常的大，绝不是我们想象中的盛唐。实际上，每个朝代的疆域前后几乎都有变化，不过幅度没有像唐朝那么大。一般一个朝代在刚建立的时候，还不是疆域最大的时候，一个朝代的疆域前后都是有变化的。比如明朝，初年的时候曾经控制新疆东部哈密一带，并在那里建立军事卫所。但是到了嘉靖年间已经撤到了嘉峪关。所以，如果我们要详细了解疆域的变迁，还要分阶段、各个方面，对照历史地图和有关的史料。

第三阶段是非常重要的，在汉朝疆域基础上，唐朝一度扩张到空前的范围。

第四个重要阶段是元朝。成吉思汗刚在蒙古地区兴起、统一蒙古的时候，历史上的中国范围被分裂成七部分：蒙古；西辽，就是今天的新疆和它西面到巴尔喀什湖、阿姆河之间的地方；金朝，占据了淮河秦岭以北的黄河流域，大兴安岭以东的地区；西夏，北起河套，南至陇山、河湟地区，西至河西走廊的西端；南宋，淮河、秦岭以南（除了云贵高原以外）这些地方；大理，包括云贵高原和它周围的部分地区；吐蕃，青藏高原和它周围的地区。

　　成吉思汗兴起以后，蒙古先后灭掉了金、西夏、南宋、大理。在这个过程中，蒙古南下灭大理的同时，又进入吐蕃，征服了不服从的贵族，完全控制了吐蕃地区。13世纪中期，青藏高原和中国的其他地方都成了元朝的疆域。但是并不是今天整个中国的所有地方一直就归元朝统治。成吉思汗分封他的子孙，建了一个察合台汗国，新疆的大部分在元朝期间是归察合台汗国，并不是归元朝统治的。

　　元朝的稳定疆域在北方西起今额尔齐斯河，东到鄂霍次克海；在东部，拥有朝鲜半岛东北部；在西南，包括今天的克什米尔地区以及喜马拉雅山南麓的不丹、锡金等地，还有今天的缅甸东北部和泰国北部。

　　与汉朝、唐朝极盛时的疆域相比，元朝不仅在面积上超过了它们，而且在控制程度上也超过了它们。除了吐蕃地区和今天新疆东部的三个直属朝廷的单位以外，元朝在全国都设置了行中书省，简称行省，相当于今天的省，其中包括汉唐时从未设置过正式行政区的蒙古高原以北和辽河下游以北地区。

　　最后一个重要的阶段，清朝在乾隆二十四年（公元1759年）完成统一，也就是在前一节里面介绍过的，形成一千三百多万平方公里的辽阔疆域。

　　鸦片战争以后，黑龙江以北、乌苏里江以东被沙俄侵占了。以后，通过《伊犁条约》和几个勘分边界的界约，沙俄又侵占了今天新疆以西、以北的这一片领土，清朝的西界大致退缩到今天的边界。

　　清末领土的形状就像一片秋海棠的叶子。辛亥革命以后，外蒙古在沙俄的策动下闹独立，而后不得不取消。到19世纪20年代，外蒙古又搞独立。1946年，当时的国民政府承认外蒙古的独立。中国领土的形状变成了一只雄鸡。

## 第四节　古代中央政府如何划分主要行政区？

西汉元鼎六年（公元前111年），汉武帝外出巡视，当他到达左邑县桐乡的时候，听到了南越国被平定的消息，他非常高兴，就把这里的县名改为闻喜，这就是今天山西省闻喜县的来历。当他到汲县的新中乡时，又听到叛乱的头目吕嘉被抓获，就新设了一个县，命名为获嘉县，就是今天河南省的获嘉县。

这两个县到今天已经有二千一百多年的历史了，比它们早的"县"还有。"县"出现在战国末年，秦朝估计已经有几百个县，有人估计甚至可能有上千个县。这些县中间有一部分，两千多年来没有改过名，相当稳定，有的甚至连县的治所也基本上没有改变过。

再看县的单位，也是比较稳定的。西汉末年，也就是公元初，全国有一千五百多个县级单位。到了今天，中国也不过二千八百多个县级单位，而今天中国的领土比汉朝的疆域已经扩大了很多，人口是汉朝的二十多倍。

　　为什么县级单位比较稳定呢？因为它在行政区划形成和发展的过程中，是最稳定的一个因素，它是直接治理基层的，县的大小，也就是县的辖境，必须要与它的功能相适应。而两千多年来它的基本功能没有太多的改变。在农业社会，在交通条件不发达的情况下，它管理的范围也不能太大，否则就管不了。如果人口增加，赋税征收量增加，行政管理的事务也会相应增加，就需要设置新的县，或者将原来的县拆分。反之，如果人口减少，赋税征收量减少，考虑到行政管理的成本，就会将这样的县合并或者撤销。所以县的数量、县的辖境，也是比较稳定的。而"县"这个政区单位的名称也从来没有变过，仅在特殊地区或少数民族聚居区才采用其他名称。

　　为什么需要设立县呢？在分封制的情况下，一个国，无论大小，它都是归这个国的国君，也就是各级诸侯直接管理的，下面不用再分行政区划。一般的诸侯，他管的范围也不是很大，因为如果是个大的诸侯，他又会把他管的地方分封给小的诸侯，小的诸侯也会分给他的家臣。下一级对上一级并不承担其他义务，一般就是纳贡。诸侯对国君，以至于对最高的天子，也是只要逐级纳贡。距离比较近的，就贡粮食、其他物资，还有供人力、服劳役、服兵役。所以上一级的诸侯或者国君并不具体管理下一级诸侯以及家臣的具体事务，不存在行政管辖的需求。分封以后，每一级诸侯封国对上一级承担贡献，如果距离比较近的，再承担一定的劳务、兵力就可以了。

　　到了战国时候，周天子和原来的制度对诸侯已经没有任何约束力了，诸侯之间相互兼并，大的诸侯不断地把小的诸侯灭掉，大国不断地把小国吞并掉。那些被兼并的小国的诸侯的土地成了自己的一部分，不再分封，国君得直接派人去管了。

　　这些地方一般都是在原来国土的边缘，或者接近边缘，所以被称为"悬",就是悬在中心区的边缘。据说这就是"县"的来历,有"县者,悬也"的说法。国君要专门派人去管理这些"悬",这些地方就被称为"县"。县是陆续增加的,当出现不止一个时,就得在"县"这个通用名称前面再加上专名加以区别,就有了甲县、乙县、某县的名称,如汉武帝改名的闻喜县和新设的获嘉县,改的或命名的是前面的专名,"县"这个政区的通名是不改的。县是分封制解体的产物,是一种新产生的行政区划。

县越设越多,都直属国君,国君也管不过来。到了战国后期,像秦国不断大片地夺取别国的土地,甚至把整个国灭了,新增加的县数成十上百,不可能都由国君直接管,所以就出现了管县的上一级机构——郡。到战国后期,基本上形成行政区划制度,基层一级设县,县上面设郡。但各国情况不同,差别很大,有的国内只设了县,还没有郡一级,有的还没有普遍设县。

公元前221年,秦始皇统一六国以后,就把天下分为三十六个郡,通过郡管所属的县。后来不断调整,有些郡原来管的地方太大,有的地方原来还没有设立郡,经过新设和扩大调整,秦朝后期的郡大概有五十个。

我的老师谭其骧教授在1947年考证出秦朝有四十六个郡,但是他认为南方有些地方一个郡的辖境太大,推测可能还有郡没有留下史料。果然2002年在湖南里耶古城出土的秦简中出现了洞庭郡和苍梧郡的名称,证明在这四十六个郡以外,至少还有两个,甚至可能还有更多的郡,所以我们可以推断秦朝末年有五十个左右的郡。

到了西汉,特别是经过汉武帝的开疆拓土,疆域扩大,郡的数量也增加了。在辽东、朝鲜设了四个郡,在河西走廊设了四个郡,在今天的越南设了三个郡,还有的原来一个郡管辖的范围太大,被分为两个郡，甚至三个郡，这样就有了一百多个郡级单位。中央政府通过一百多个郡管理一千多个县级单位。朝廷直接管理的范围，西面的敦煌郡已经到了今天甘肃的敦煌，南面的日南郡已经到了今天越南的中部。朝廷直接管理一百余个郡，往往鞭长莫及、顾此失彼。

也是在汉武帝时期，出现了一种督察区。朝廷把除首都周围的直属郡以外的地区分成十三个督察区——刺史部，每个部派一名专人去巡视督察。时间长了，原来主要负责督察巡视的官员就演变成为上一级的地方官。一开始这些刺史没有固定的治所，后来有了；开始他们只有直接向皇帝报告的权力，后来变成下面郡的报告都要通过他们转达；督察区就演变成为郡的上一级的行政区。到了东汉后期，就形成了新的制度，县的上面是郡，郡的上面是州，州的上面才是中央政府，这样一种"州—郡—县"的体制。

唐朝、宋朝都有类似"州"的一级机构，它的功能介于监察和行政之间。唐朝称为"道"，偏重于监察，全国分为十几个道。宋朝称为"路"，偏重于行政，全国分为二十几个路。下面郡一级政区的名称改称"州"了，一部分重要的或有特殊意义的州改称为"府"。县的名称一直没有变过。形成"道、路—州（郡）、府—县"这样一种体制。

到了金朝后期，因为国内经常发生一些大的事件，又面临蒙古入侵，朝廷认为只派一位官员去很难解决问题，往往派出一批负责各个方面事务的官员一起去处理，等于就是从中央政府派出一个工作组这种形式。

等到蒙古人南下，在灭金朝的过程中，认识到这个制度适合他们的需要。蒙古的中央机构和后方基地在蒙古高原，而占据的地方越来越大，越来越远，不可能由中央机构中书省直接管理，派一位官员去也管不了，所以就由中书省派出一批人，到地方上设置"行中书省"——中书省的工作组，全面负责一个很大区域的行政管理。比如元朝占领今新疆一带后，就曾在那里设了一个阿力麻里行省。元朝建立后，就在全国设立十余个行省，如河南江北行省、江浙行省、云南行省等，形成"行省—州、府—县"体制。

明朝沿袭了行省制度，只是将名称改为承宣布政使司，但非正式场合和民间还是称为行省。全国除北直隶（京师）和南直隶（南京）这"两京"以外，划分为十三个布政使司。清朝、民国继续沿用行省制度，清朝统一改称省，连首都北京所在政区也称直隶省。

到了清朝，因为人口增加，赋税征收量大，行政事务多，有些省的管辖范围太大，就一分为二。如江南省（明朝的南直隶）分为江苏、安徽，湖广分为湖南、湖北，陕西分为陕西、甘肃，基本形成今天省的格局。在满族的发祥地东北和其他少数民族地区，分别设置将军衙门，相当于省级政区，如东北设了奉天、吉林、黑龙江三个将军辖区，新疆设了伊犁将军，外蒙古设了乌里雅苏台将军。西藏、青海由朝廷派驻大臣，内蒙古六盟由朝廷理藩院管辖。在全国设省的范围内，基本的行政体系依然是"省—府—县"。

富庶地区的县尽管辖境并不大，但无论是户口、征收赋税的量，还是行政事务都比一般地区的县多得多。明朝已经出现同一城里设立两个县治的建置，清朝进一步将一些发达的县一分为二，江南的大多数县都被拆分为两个县，如常熟县分出昭文县，武进县分出阳湖县，华亭县分出娄县等。

两千多年来行政区划的变化证明，秦朝开创的郡县制适合中央集权制的需要，符合中国的国情，尽管不同朝代对层级、名称有所调整，但没有本质上的变化，沿用至今。

第二章
# 城市

几  经  变  化  的  都  城

## 第一节　汉朝的长安和洛阳

刘邦在打败项羽，称皇帝即位以后，把洛阳作为他的首都。但是几个月以后，他听了一个戍卒娄敬的意见，并且得到了张良的支持，就下令迁都关中。

当时他的部下大多数人都是丰沛故人，就是他老家丰邑（今江苏丰县）、沛县（今江苏沛县）这一带人，他们都反对他迁都。而且原来秦朝的首都咸阳已经被破坏了，迁到关中以后，一开始连住的地方都没有，只好临时找个地方，在今天临潼这一带安顿下来，然后要等到新都建好了才迁进去。这个新都的名字叫长安，原来是当地一个乡的名称，这个名称很吉利，以后新首都建成就叫长安，所以一开始只说"迁关中"。

为什么刘邦要做出这个决定呢？并且整个西汉的首都就一直在长安。

我们知道，由于首都对于一个国家的重要性，所以它设在哪里必须要考虑到对内、对外这两个因素。对外，要有足够的防御力量。所以一般情况下，必须面对主要的军事威胁，你若离开前线太远，或者不是正面对着主要的敌对势力，就无法主动遏制强敌。一旦国力衰退，就会放弃首都或者迁都逃避。相反，将首都面对主要的军事威胁，迫使自己以及后代能够不断地加强防御或主动出击，只有这样才能够起到御外的作用。当时西汉的主要军事威胁来自北方、西北，主要敌人是匈奴。

西汉初年经常是"烽火照甘泉"，就是在甘泉宫（在今陕西淳化县北甘泉山）一带经常要燃起烽火报警。匈奴人骑兵南下的时候，离长安经常只有八百里，骑兵一天一夜就可以赶到。在这个情况下，因为长安是首都所在，所以西汉不断地加强周围的防御力量，并且始终守住北方、西北的这些边界，到了国力强盛的时候，就从这里发起反击。到了汉武帝的时候，就将匈奴赶出汉境，稳定地守住了原来秦长城一线，并且以关中为基地向西北开拓，进占河西走廊。事实证明，刘邦选择以长安为首都，在御外上面是相当成功的。

首都还要能够制内，控制国内的敌对势力，防止国内出现动荡叛乱。在冷兵器时代，一般就要考虑选一个相对封闭的环境，便于防卫；还要选择居高临下的地势，需要出击时具有优势。这一点，长安比洛阳强得多，洛阳周围没有什么险阻，那些山都不高，相反通道都很宽敞，很难防御。长安所在的关中当时被称为"四塞之地"，北面是陕北黄土高原和一系列山脉，南面是秦岭山脉，西面是陇山山脉和陇东高原，东面秦岭、华山直逼渭河、黄河，是一个四面都封闭的盆地。在仅有的隘口、通道上都设有重关，往东的通道最重要，有潼关（在今陕西潼关县北）、函谷关（在今河南灵宝市北、新安县西），南面有武关（在今陕西丹凤县东南），西北面有萧关（在今宁夏固原市原州区东南），易守难攻，相当安全。而对于关东人口稠密、经济发达地区，又具有居高临下的优势，便于主动出击。

西汉初年，关东大多数地方都不在朝廷的直接统治下，那些同姓王、异姓王的封地占了大部分。在长安建都，不但能控制关中这个基地，而且守住了以西、以北，以及西南，像汉中、巴蜀这些地方，都成了朝廷可靠的后方。

在关东发生叛乱的情况下，一方面可以确保首都的安全，另一方面，在积聚了足够的力量后就可以随时发动反击。汉景帝三年（公元前154年），吴楚七国之乱，周亚夫出兵镇压。由于后方关中非常巩固，又有忠于朝廷的梁国（国都在今河南商丘）挡住交通要道，周亚夫可以集中兵力进驻昌邑（今山东巨野县南），以深沟高垒固守，等到叛军疲惫粮尽，一举击溃，三个月就平定叛乱。

可见，建都长安在御外和制内两方面都非常有利。

东汉光武帝刘秀定都洛阳，整个东汉都没有再迁回长安，只是末年才被董卓以武力强制迁往长安五年多。东汉时不断有人呼吁首都应迁回长安，班固的《两都赋》虽然极力维护东都洛阳的地位，但一定程度上也反映了西都长安的巨大影响。但洛阳的首都地位始终稳固，原因何在？

以往一般的说法，是认为刘秀的故乡在南阳（郡治在今河南南阳市），刘秀在南阳起家，南阳的宗室豪族是他的政治、经济基础。首都设在洛阳，更容易获得和维持来自南阳的支持。这在东汉初期，的确是一个重要因素，但不足以解释整个东汉的形势。其实，相比长安，洛阳有一项更重要的优势，是便于解决粮食供应。

作为一国之都，必定会聚集大量人口。而且，随着建都时间的延续，人口会以较快的速度增加。西汉的长安建成后，不仅皇室、朝廷文武百官、侍卫、驻军、差役、工匠等首都必备人员入住，还从各地迁入大批特殊移民。这些人都不从事农业生产，需要有供养他们的粮食和其他生活资料。到西汉中期，长安和周围陵县（在皇帝陵墓附近设立的为他守陵的县）的人口已经超过一百万。从长安出征的军队和驻守西北边疆的军队，也要从长安调拨大部分粮食。

关中虽号称"沃野千里"，实际上，关中平原的面积是有限的，加上日渐扩大的城市、宫殿、园林、兵营占去大量土地，农业用地很快用尽。尽管有一些人工渠道灌溉比较便利，局部地区粮食亩产较高，但无法满足首都的需求，不得不从关东农业区调运粮食。西汉初，每年就要输入数十万石，汉武帝时每年最多要输入六百万石，以后常年需要四百万石。

当时最便利的办法是漕运，就是通过水路用船运粮。如果从陆路运输，成本高得无法承受。秦始皇时要将粮食从山东半岛运到河套地区，路上的消耗是最终运达数量的六十倍。从关东往长安的唯一水路是黄河和渭河，偏偏都是逆流而上，必须完全依靠人力拉纤。还得经过三门峡天险。黄河流经这里，奔腾的河水被约束在狭窄的峡谷中，形成三股水道，自东至南称之为人门、神门、鬼门，其中只有宽二十多米的人门能够通行。但水流异常湍急，两边巨石壁立，稍有不慎就船毁人亡，整船货物化为乌有。从未建水库前留下的照片上可以看到，三门峡两岸的山岩上形成一道道深深的纤绳磨痕，可见当时漕运所耗费的人力物力多么巨大！

如果首都设在洛阳，从关东产粮区运粮食过来虽然也是逆流而上，但距离就短了很多，而且不用经过三门峡天险，损失减少，也更有保证。如果光武帝刘秀定都于洛阳，主要考虑到离他的基础南阳距离较近这个因素的话，那么以后的皇帝必定会更多地考虑粮食供应因素。而在整个东汉，洛阳没有出现过像西汉长安那样的漕运难题。

另一个因素就是东汉的军事形势。在永元三年（公元91年）窦宪大破北匈奴后，北匈奴从此西迁，已经投降的南匈奴逐渐内迁，不构成对东汉的军事威胁。而随着西北羌乱不断，尽管东汉一次次镇压，却止不住羌人的叛乱和内迁，一度不得不将西北的郡治后撤到长安附近，长安成了军事前沿，根本不具备"御外"的优势。

到了东汉末年，关中盆地以北，今天的陕西北部、甘肃东北已经没有汉朝的行政区了，成了羌人、匈奴人和其他少数民族的聚居地。在《中国历史地图集》三国时期的图幅中，这一块只能根据史料中模糊的记载，注上"羌胡"两个字。假设东汉曾经在长安建都，肯定早就迁走了。

当然，洛阳在"制内"方面也没有优势可言。当初娄敬劝刘邦迁都关中时，那些反对迁都的人称"雒（洛）阳东有成皋，西有殽黾，倍（背）河，向伊雒，其固亦足恃"（洛阳东面有成皋，西面有殽山、黾池，背靠黄河，面向伊水、洛水，它的稳固地位也可依靠）。但张良一针见血，道破洛阳的先天不足："雒阳虽有此固，其中小，不过数百里，田地薄，四面受敌，此非用武之国也。"幸运的是，东汉没有出现国内动乱，特别是来自关东的军事威胁，这一缺陷没有影响到首都的安全。等到关东州郡起兵讨伐董卓，董卓知道这"四战之地"是守不住的，就逼汉献帝西迁长安。可见同样的建都条件，在不同的外部形势下会起不同的作用。

## 第二节　北魏孝文帝的迁都与汉化

北魏太和十七年（公元493年）七月十日，全国戒严，军队总动员，北魏孝文帝拓跋宏宣布要进行南征。到八月十一日，孝文帝率领三十万大军浩浩荡荡从首都平城（今山西大同市）出发南下。当时北魏已经统一了中国北方，与南朝大致以淮河和秦岭为界，双方已经形成了一种对峙的均势。孝文帝匆匆忙忙南伐，自然会引起文武大臣的不满。但是因为皇帝下了这样的命令，大家也只能服从。

军队刚离开平城，就遇到了绵绵阴雨，一路艰难跋涉，在九月二十二日到达洛阳。连日阴雨，道路泥泞，但是到了二十八日，孝文帝下令继续南下。第二天清晨，当他一身戎装，跃马扬鞭要出发的时候，早已守候在那里的群臣一下子跪在马前，磕头请求他停止南伐。孝文帝大怒："我正要统一天下，你们干什么要阻止啊？"但是所有大臣，包括拓跋氏的宗室，还有文武百官，通通拦在马前，劝他不要南下。

其实孝文帝并不是真的要南征，他看到时机成熟，就对大家说："你们看我这次采取这么大规模的行动，要是没有一点成果，怎么向后人交代？如果就这样轻易班师，拿什么传之千秋呢？我想我们的祖先世世代代生活在北方的荒漠之中，难道不想南迁来享受无穷无尽的幸福吗？难道只有今天的君子才有这样的念头吗？只是要等到天时人事齐备、王业完成罢了。要是不南伐，就应该把首都迁到这里，在中心地区建都，现在正是机会，说干就干，不要拖延时间。你们赞成迁都的就往左边站，不赞成的往右边站。"孝文帝以为他表了态以后，大臣们肯定都只能赞成。谁知道不少人不断地往右边站，这个时候因为犯了贪污罪，被革去南安王爵位的拓跋桢见到有立功的机会，就站出来大声疾呼："干大事不必与一般人商量，只有非常之人才能干成非常之事。迁移首都绵延王业，选择中心地区建都，以前周公就这么做的，现在陛下也这么做，真是再合适不过了。天下还有什么比首都更重要？人有什么比生命更重要呢？请求立即停止南伐，迁都中原，上使陛下安居，下使百姓放心，这不仅是我们的希望，也是全体百姓的幸福。"早已准备好的一批大臣高呼万岁，群臣只好齐声响应，孝文帝趁势宣布迁都洛阳。

其实这只是孝文帝打赢的第一仗，因为他要迁都的主要目的，不仅仅是要把政治中心迁到中原的中心地带，有利于将来进一步的统一，更主要的是希望通过迁都实现完全的、彻底的汉化。果然在迁都已成定局的时候，孝文帝就开始实行一系列更加彻底的汉化措施。太和十八年（公元494年）十二月初二，他首先下令禁止士民穿"胡服"（鲜卑等北方诸族的服装），大多数鲜卑人不乐意，很多人没有执行命令，如东阳公（原东阳王）、太傅拓跋丕就公然一身胡服，不愿换装。

太和十九年（公元495年）三月十九日，孝文帝的岳父，太师、京兆公冯熙在平城病故。留守平城的拓跋丕本来就不赞成迁都，联合陆叡等大臣上书，请求孝文帝回到平城参加冯熙的葬礼。孝文帝识破了他们的意图，严词谴责："我在迁都之初，你们竟然出这样的主意，想陷我于不义。"他对这些大臣一律给予降职处分，同时下令将冯熙的灵柩迎到洛阳安葬。到五月二十六日，孝文帝宣布了另一项汉化措施："停止说鲜卑话，一律讲正音（中原汉语）。三十岁以上的人或许一时难改，三十岁以下的朝廷现职官员不许再讲鲜卑话。如有故意不改的，就要降职或撤职。"他又责备留守洛阳的官员："昨天我还望见妇女着夹领小袖的胡服，你们为什么不奉行上次的诏书？"群臣只得认罪求饶。六月初二，孝文帝正式下诏，禁止在朝廷使用鲜卑语，违者一律免职。

不久前，广川王病故，他夫人早死，已葬在平城，有关部门请示孝文帝，广川王应在何处安葬。孝文帝又推出一项改革，代（平城及周围一带）人已迁到洛阳的，死后应全部葬在洛阳城北的邙山，六月十九日正式下诏规定。南迁的移民，不管原籍在北方哪里，也不管原来是哪个民族，籍贯统统改成河南洛阳。

太和二十年（公元496年）正月，孝文帝走出了汉化过程中最彻底的一步，将本家族的拓跋氏改为元氏。《易经》称"大哉乾元"，"元"就是老大，给皇家用最合适。他下令所有功臣旧族，包括鲜卑族和其他北方民族通通改姓，如拔拔改为长孙，达奚改为奚，乙旃改为叔孙，丘穆陵改为穆，步六孤改为陆，贺赖改为贺，独孤改为刘，贺楼改为楼，勿忸于改为于，尉迟改为尉等。鲜卑等北方少数民族与汉族在姓氏上的差别被完全消除。

同时，他以行政手段促使鲜卑族和汉族通婚，下令北方四个门第最高的家族的代表人物——范阳卢敏、清河崔宗伯、荥阳郑羲、太原王琼，将女儿送进后宫。李冲出身陇西大族，又与鲜卑高门大族结为儿女亲家，孝文帝也将他的女儿纳为妃子。他还下诏为自己的六个弟弟重新娶妻，分别与汉族大家族陇西李氏、范阳卢氏、荥阳郑氏和代郡穆氏联姻。这样大规模的通婚，无疑使鲜卑族从皇族元氏开始不再有纯粹的血统了。

这些激烈的措施推行时自然不会顺利，孝文帝万万没有想到，带头违反他命令的竟是他的长子——太子元恂。元恂不喜欢念书，身体又肥大，嫌洛阳夏天太热，常想回平城去。孝文帝赐给的汉族衣服他不穿，经常偷偷穿上胡服。他的老师高道悦多次规劝，他非但不听，反而恨得要命。当年八月初七，孝文帝去嵩山，元恂就与左右密谋杀了高道悦，从牧地调来马匹，准备奔回平城。幸而被领军元俨发现，严守宫门，将他们堵住。孝文帝立即赶回洛阳，在宫里讯问，还亲自动手，和咸阳王元禧轮流打了他一百多板子，然后把他关押起来，要把太子废为庶人加以监禁。但反对派一直想利用太子，为了断绝后患，太和二十一年（公元497年），孝文帝只能把这个十五岁的孩子赐死。还有些贵族大臣，甚至密谋在平城发动叛乱，结果都被孝文帝无情地镇压下去了。

尽管孝文帝在两年以后就以三十三岁的英年过早离世，但他的改革措施再也没有逆转。中国历史上掌握了政权的非华夏民族统治者最主动、最彻底的汉化，最终实现了。尽管鲜卑作为一个民族消失了，但它本身就是这场改革的受益者。元氏家族，就是原来的拓跋氏，尽管经历了尔朱荣之乱，东西魏分裂，北齐、北周取代东魏、西魏等屡次内乱、战祸和天灾，但依然子孙繁衍，名人辈出，特别是在中国文化史上留下了好几位杰出人物。比如在唐朝记载中找到的就有神童元希声，北门学士元万顷，名士元德秀、元集虚，学者中有元行冲，特别是著名的诗人元结、元稹，元稹是跟白居易齐名，被称为"元白"的。一直到金朝末年，还出了一个大诗人元好问。其他家族呢？在唐朝的宰相里可以找到好几个家族，像刘、窦、高、房、宇文、长孙、李、于、豆卢、元、独孤等十几支，其实他们都是鲜卑、匈奴等北方少数民族的后代，或者是与汉族通婚的产物，就连唐朝的皇室李氏也并不是纯粹的汉族血统。

至于其他王侯将相，以至士农工商平民百姓中带有胡人血统的，尽管我们没有办法做出确切的分析，毫无疑问也是相当多的。经过孝文帝的主动融合和以后的发展，鲜卑族和其他北方少数民族最终成了汉族的一部分。正是由于鲜卑等民族的不断加入，为汉族不断注入了新鲜的血液，也使汉族人口数量日益增加。今天汉族能成为中国的主体民族和世界上人数最多的民族，实际上离不开鲜卑等民族的贡献。而鲜卑族本身尽管因此不再作为一个单一的民族而存在，却在另一个民族大家庭中得到了永生。

我们中华民族应该纪念华夏族的祖先，但同时也应该纪念包括鲜卑族在内的各民族的祖先，不应该忘记像孝文帝元宏这样为中华民族的形成和壮大做出了巨大贡献的伟人。孝文帝的南迁并不仅仅是首都的迁移，而是以迁移首都为手段、契机，进行了一场自觉地融入汉族的重大改革，并且最终取得了辉煌的成就。

## 第三节　隋唐时期的两都

在长安的建都史上，唐朝可以说是最辉煌的时代，无论是都城的规模，还是它对全国以及对中国以外的地区的影响，都达到了高峰。但是，唐朝以后再也没有任何朝代在长安建都，是什么原因呢？

其实，在唐朝初年，甚至隋朝的时候，统治者就已经意识到了长安作为一个首都的危机，还是老问题——粮食和物资的供应。翻阅史书，我们可以发现这样的记载：开皇十四年（公元594年），关中大旱，饥荒，隋文帝率百姓"就食"洛阳。咸亨元年（公元670年），关中饥荒，诏令百姓任意往各州"就食"。二年（公元671年），因上年以来旱饥，唐高宗赴洛阳。永淳元年（公元682年），关中饥馑，令诸府兵往邓、绥等州"就谷"，高宗与武后赴东都洛阳，不少随行的官民饿死在路上。隋炀帝、唐高宗、武则天、唐玄宗经常住在东都洛阳，武则天还曾迁都洛阳，改称为神都。所谓"就食"，就是就近接受粮食救济。

　　这是因为关中的粮食供应本来就相当紧张，相当一部分粮食是依靠关东从黄河逆流而上，经过三门峡天险，再进入渭河，同样逆流而上运到长安的。一遇到关中出现自然灾害、粮食歉收的情况，需要的供应量就更大。要在短期内将粮食运上去相当困难，成本也很高，还不如皇帝带领文武百官和百姓到粮食供应比较容易的洛阳接受救济。比较起来，还是这个办法方便，而且也更节省。

　　所以隋朝就在洛阳建了几个大粮仓。其中最大的含嘉仓，位于今洛阳市老城北，始建于隋大业元年（公元605年），唐朝时大规模存粮，含嘉仓成为国家的大型粮仓。考古发掘证实仓城东西长六百一十二米，南北宽七百一十米，总面积四十三万多平方米，共有圆形仓窖四百余个。大窖可储粮一万石以上，小窖也可储粮数千石。唐天宝八年（公元749年）总储粮量约为五百八十三万三千四百石。

　　以前讲到隋炀帝、唐高宗和武则天、唐玄宗喜欢常住洛阳，或者经常往返于长安、洛阳，都说他们是贪图享乐，或者说洛阳的环境比长安好。其实如果只讲生活享乐的话，皇帝和皇后在长安也不会差；如果是为了巡游的话，临时去一下就可以了；但皇帝住在洛阳，即使不带上大批百姓，肯定可以节省一部分将粮食从洛阳运往长安的费用。

　　西汉时供应关中的粮食都来自关东，即太行山以东的黄河流域和山东半岛。到了隋朝和唐朝前期，相当大的一部分已经要靠淮河流域了。安史之乱以后，由于北方受到战乱的影响，而南方因为接受了不少新移民，增加了劳动力，促进了土地的开发和粮食的生产。供应关中的粮食来源地已经不是北方的黄河流域，而是南方江淮一带和江南地区了。隋炀帝开通由洛阳到江都（今江苏扬州）的运河后，更便于将江淮和江南的粮食及其他生活必需品运到洛阳，但从洛阳运往长安的条件依然没有改变，所以关中对江淮漕运的依赖性更大了。

唐德宗贞元二年（公元786年），为了避开三门峡天险，减少运粮的损失，李泌建议从峡东的集津仓到峡西的三门仓之间开一条18里长的车道，将粮食先装车，沿这条路绕过三门峡后再装船运往长安。虽然更费事，毕竟比船毁粮尽人亡强，也救了长安一时之急。那年四月，关中粮食耗尽，禁军将发生哗变，正好江南的三万斛米运到陕州（今河南三门峡市）。听到消息，唐德宗高兴地跑到东宫，对太子说："米已经运到陕州，我们父子俩得救了。"

此前的兴元元年（公元784年），由于李希烈叛军的阻挡，江淮漕运不通，不得不改变路线绕道。王绍只得押运一批缯帛衣料赶到德宗逃出长安的临时驻地梁州（今陕西汉中市）。德宗喜出望外，亲自慰劳，对他说："将士们还没有春装，我还穿着皮衣。"这时已是农历五月。

唐末天复四年（公元904年），朱温逼迫唐昭宗及长安士民东迁洛阳，并拆毁长安的宫室和民居，将木料建材由渭河、黄河运往洛阳，从此长安成为废墟。洛阳取代长安当了首都，但三年后，朱温夺取唐朝政权建（后）梁，立即将汴州（今河南开封市）定为东都开封府，而将原来的东都洛阳改为西都。五代期间，实际首都已到了开封，并为北宋所沿袭。

如果说长安只是宫室被毁、城市废弃的话，在战乱平息后是不难恢复的。举全国之力，重建新城亦不困难，以往长安、洛阳不止一次被完全重建。但唐以后，各朝再也没有以长安为首都，自然有其他方面的充分理由。其他条件都具备的话，战乱以后要恢复长安并不是难事。但是事实上，到了五代，然后又到了宋朝，首都不仅没有再回到长安，而且从洛阳到了开封。

　　赵匡胤建立宋朝后继续以开封为首都，如果从军事上讲，开封无险可守，是四战之地，毫无优势可言。果然，到北宋末年，金兵南下，长驱直入，势如破竹，很快就兵临开封城下。赵匡胤军人出身，岂会不知道这样的形势？其实，还是不得不考虑首都的粮食和基本物资的供应。

　　因为到北宋初年，整个经济重心，特别是产粮区，能够供应商品粮的地方，都已经转移到了江淮和长江以南了，首都所在的地方对南方粮食和物资供应的依赖性比以前更大了。从这一点上讲，开封的条件比洛阳更有利。通过汴水（汴渠）等水道沟通淮河的支流，连接淮河、邗沟、江南运河，可以形成以开封为终点的非常便利的水运系统，而且沿途基本都处在平原，运输成本更低，可以保证开封的粮食和物资供应。

　　洪武元年（公元1368年），朱元璋在应天府（今江苏南京市）称帝建明朝。当时天下尚未平定，元朝的首都大都（今北京市）还没有被攻克。但他也明白，对一个统一政权来说，首都设在应天府太偏南了。所以在当年八月，他就确定以应天府为南京，开封府为北京。洪武二年九月，他又就建都地点征求群臣意见，有的说关中是"天府之国"，有的说洛阳是"天地之中"，有的认为汴梁（开封）是宋朝旧京，有的认为北平（元大都改名，今北京市）"宫室完备"，莫衷一是。最后朱元璋裁定：现在天下初定，百姓尚未得到休养生息，劳力供应都得靠江南。应天府有长江天堑，临濠（今安徽凤阳）前有长江，后有淮河，又有水路通漕运，建为中都。所以明初有"三都"的说法，即南京应天府，北京开封府，中都中立府（后改名凤阳府）。

　　朱元璋的确曾准备迁都中都，所以中都的建筑规划比南京还宏伟广大，但到洪武八年（公元1375年）四月，就在中都基本建成，只待进行收尾工程时，他宣布暂停，并且在当年九月正式决定停建。表面上的理由是动用的劳力太多，建筑标准太高，而南京的一些重要设施还没有建成。停建中都后，就集中人力物力改建南京的宫殿，并建设凤阳的皇陵。从朱元璋此后还要考察关中看，真正的原因恐怕是他终于认识到，中都并不是理想的全国首都。

洪武十一年（公元1378年），朱元璋撤销了开封北京的称号。原来将开封作为备选首都，是因为比较起来，北方的几个城市中，开封水运条件最好，但之后发现汴渠早已淤塞，河道中的水太浅，漕运无法开通。既然解决不了开封的粮食和物资供应，自然不会再有迁都的打算。

朱元璋晚年还动过建都关中的念头，洪武二十四年（公元1391年）八月，他命太子朱标巡抚陕西，考察关洛形势，谋划建都事宜。但太子从陕西回来就一病不起，次年四月就去世了，建都关中一事不了了之。不过，真正的原因应该还是考察的结果并不理想，才不得不放弃。否则，朱元璋在此后的六年间完全有可能继续派人经营。

到此，我们可以总结出这样一条规律。在元朝以前的统一时期，首都最适合设在中原的黄河流域。总的趋势是由西向东，即在西安—洛阳—开封一线移动。决定性的因素是保证首都的粮食供应，所以必须保证从粮食产区到首都之间有可靠的运输渠道。从元朝开始，首都迁到了北京，离主要的粮食产区更远了，但找到了新的运输渠道。朱元璋生前没有能够选定最合适的首都，只能留给他的后人来解决了。

## 第四节　明朝的两京并建

中国历史上各个朝代一般都只有一个首都，其他的最多叫陪都，有的朝代中间迁了都，原来的首都一般也是陪都的地位。有些皇帝长期住在首都以外，或者不叫正式迁都，那么就把皇帝住的地方叫作"行在所"，意思就是临时首都。

但只有明朝是两都并建的，明朝一级政区就相当于我们现在的省级单位，称为两京十三布政使司，就是北京、南京两个京，加上十三个省级单位"布政使司"。怎么会形成两京的格局呢？

前面一节已经说过，朱元璋生前也知道，对一个大一统政权来说，首都设在南京并不合适，但他一直没有找到或者建成理想的新首都，所以只能留在南京。既然迁不了，他就尽量扩大首都直辖区——京师直隶的范围。元朝的时候，长江以北是归河南江北行省管的，而长江以南是归江浙行省管的。朱元璋就要以南京为中心，把相当于今天江苏、安徽两省和上海市的辖境合在一起，称之为京师直隶。一度还把浙江的嘉兴府一带也划入京师，后来大概看到这样一来浙江太小了，才又退回给浙江。他自己的故乡濠州，先设为临濠府，因建了中都又改为中立府，后来又改为安徽凤阳府。为了使故乡享受首都的地位，普沾皇帝的恩泽，自然也将其划进了南直隶的范围。

朱元璋死后，帝位传给已故太子朱标的儿子——皇太孙朱允炆，就是建文帝。朱元璋的第四个儿子燕王朱棣驻守在北平，就是原来元朝的首都大都。到第二年，建文元年（公元1399年），朱棣就以"靖难"的名义起兵叛乱，建文四年（公元1402年）兵临京师，建文帝自焚而死，朱棣入城即位，后称明成祖。

第二年，永乐元年（公元1403年）正月，朱棣就定北平为北京，二月又改北平为顺天府，并设立北京留守行后军都督府、行部、国子监，开始按照首都的规格配备了。永乐四年（公元1406年），下诏明年营建北京宫殿。永乐七年（公元1409年）正月，朱棣赴北京，留太子在京师监国。但此后朱棣仍往返于北京与京师之间，直到永乐十五年（公元1417年）三月才最后一次离开京师去北京，永乐十八年（公元1420年）九月才将一直在京师监国的太子召至北京，下诏自明年起改京师为南京，改北京为京师，以迁都北京诏告天下。

本来，朱棣曾长期驻守北平，又是从那里起兵的，将首都迁到自己的根据地，是顺理成章的事。而且，当时明朝的主要威胁还是在北方的元朝残余势力，将首都设在那里，对继续打击元朝残余势力，防范蒙古南侵，能起到震慑作用。以后的事实证明，这是正确的战略性选择。但是为什么迁都的过程拖得那么长？如果前面这几年还可以用北平需要营建宫殿及首都各项设施作为解释的话，朱棣以后的事就不便用常理解释了。

永乐二十二年（公元1424年）秋，朱棣在北征班师途中病死，太子继位，是为仁宗。到第二年洪熙元年（公元1425年）三月宣布迁都南京，北京的各部门都改称"行在"（临时首都），让太子去南京谒太祖陵后就留守南京。但当年五月仁宗就去世了，继位的宣宗在位十年，始终留在北京，只是没有撤销迁都南京的决定。英宗继位后也没有任何迁都的动作，直到正统六年（公元1441年）十一月才正式宣布定都北京，各部门不再称"行在"。从此，北京称京师顺天府（北直隶），南京称应天府（南直隶）。此时距朱棣改北平为北京已有38年，距他正式宣布迁都北京已有二十年。

而且，在这以后直到明朝灭亡，一直是"两京"并建，南京始终与北京一样享受首都的待遇，在形式上几乎具有首都的全部功能。太祖高皇帝朱元璋建成和居住的宫殿都保留，只是没有了皇帝、皇室和近侍。皇家的祭祀场所社稷坛、太庙也保留，还按时举行祭祀仪式。国家的重大典礼、诏书的颁布、政令的公布等大多在两京同步举行，或者在北京举行后再到南京补办。皇帝的专用刑罚"廷杖"也可在南京执行，接到命令后，南京的锦衣卫会将被罚的官员押到南京午门前，在太监监刑下按规定数目打屁股。

南京六部九卿各衙门一应齐全，各级官员基本不缺，原来使用的印信虽然都已调到北京使用，但当时就为南京另铸了一套，在前面都加上了"南京"两字。不同的是，北京的衙门和官员是实际办事管事的，有职有权，而南京的衙门和官员只是象征性的、礼仪性的、供养性的、安置性的。如北京有兵部，长官是兵部尚书，是真正的国防部长，要处理军事国防的事务。南京也有兵部，长官也是兵部尚书，当然，前面要加上"南京"两个字，但只是个享受"正部级"待遇的官员，平时无公可办，偶然签个文件，逢时逢节或有重大活动时站在、坐在或跪在规定的位置上，按程序做动作就可以了。

有些官员名气响、政绩优、功劳大，但皇帝和同僚都讨厌，却不便撤职罢官，又不到退休年龄，南京就是他们最合适的去处。海瑞生前的最后两年就被任命为南京右都御史，相当于监察部长，正二品，年俸七百二十石，第三位高薪，但没有什么事可办，倒使皇帝身边和北京城里清静了不少。

为什么明朝迁都北京要花那么长时间，费那么多周折，最后还得两京并建，花很大的人力物力维持这么一个庞大的空架子呢？表面上的理由只是为了不改变太祖高皇帝朱元璋的旧制。仅仅为了这一点，有必要吗？值得吗？

理解历史不能只看史料，只理解史料的文字，还要看这些文字背后的真实内容，看明朝的"两京并建"现象也应如此。

朱棣虽是朱元璋的儿子，但不是太子，不是他的合法继承人。朱元璋死后将帝位直接传给了太孙朱允炆（建文帝），朱允炆合法地当了四年皇帝。朱棣是通过武装叛乱夺取政权的，仗打了三年多，逼死了建文帝，不是宫廷政变或阴谋篡位，无法隐瞒，全国臣民都知道。他当皇帝后最大的难题，是如何取得政治合法性。

所以朱棣在攻占南京以后，曾经要建文帝的大臣方孝孺跟他合作，起草一道诏书，昭告天下，来证明他继位的合法性，结果被方孝孺拒绝。他曾下令在全国收缴污蔑帝王的非法出版物，目的自然是为了销毁民间流传的对他不利的记录。他三次修改太祖皇帝的《实录》，造成朱元璋生前对他有高度评价，曾动过传位于他的念头的假象。但《实录》秘藏于皇家档案馆，是给后世人查看的，当时无法公开，起不了现实作用。

正因为这样，他在涉及太祖高皇帝的事上特别小心谨慎，处处要显示自己是合法继承人，绝不丝毫改变高皇帝的成规。迁都是国家现实的需要，但既然高皇帝定都在南京，就要世世代代"继承遗命"，绝不改变。何况高皇帝的陵墓——孝陵在南京，南京如果不保持首都的地位，就是对高皇帝的不敬。

明成祖朱棣表面上是异常强悍的，但他自然明白自己究竟做过什么，内心是虚弱的。所以，只要多少能够掩盖暴力夺权的真相，有利于加强他的政治合法性，他就会不计工本、不惜代价去做。迁都北京的过程和两京并建的制度，只有从这个角度去看，才能真正理解。就是郑和七次下西洋，耗费空前巨大的人力物力的壮举究竟是为了什么，真实的原因也得从这方面去找。

至于朱棣的儿子明仁宗朱高炽为什么一当皇帝就要将首都迁回南京，因为他当皇帝的时间实在太短，只有十个月，留下的史料也太少，实在无法判断。喜欢假设的朋友曾经问我："要是他多当几年皇帝，是不是明朝的首都就会迁回南京了？但以后其他皇帝是不是又会迁回北京呢？"历史是无法假设的，假设的结果就不是历史，我回答不了。

顺便说一下，现在有些人热衷于研究破解"建文帝下落"这个"千古之谜"，其实从建文帝一死，民间同情他的人就开始制造和传播各种版本的故事，可惜没有一个能得到史料或实物的证明。历史上留下的"千古之谜"很多，大多因为不可能再找到证据，所以是无解的，真想研究历史的朋友千万不要去钻牛角尖，做无用功。如果只是想写小说，编故事，自然可以放心写，大胆编，但无关历史，不必让我们这些研究历史的人表态。

第三章

# 建设

土 地 的 连 接 和 分 隔

## 第一节　不只起军事防卫作用的长城

　　一讲到长城，大家往往想起秦始皇的万里长城，或者是明朝修的从山海关到嘉峪关的长城，特别是北京附近居庸关、八达岭那一段雄伟的长城。实际上，最早的长城比秦朝更早。

　　其实人类在战争史上，往往会根据地理条件，通过城墙、关隘、壕沟等工事来阻止对方的进攻，加强自己的防卫。类似这样的城墙，在中国各地，在世界上其他地方都有。早期的城墙，比如长城墙，在春秋、战国各诸侯国之间就已经建起来了。这些城墙往往是利用了天然的地势，比如在山脊上面，或者在河边、谷地。

　　楚国宣称"方城以为城，汉水以为池"，就是利用方城这一带的山势，建起了一道城墙。为了防御北方的游牧民族，靠近北方的几个诸侯国，燕国、赵国、秦国都已经建起了沿边的长城。秦始皇的时候，就把北边的长城连起来，并且进一步向西扩展。有些地段，因为跟匈奴之间的防线往北推了，所以建了新的长城，有些地方还不止一道，就形成了从辽东到临洮（今甘肃岷县）的这一道万里长城。

这本来是作为加强国家防卫的一个重要军事工程，对抵御匈奴南侵是非常有利的。那为什么修长城在秦朝末年会激起那么大的反抗？历代史家往往评论修长城是秦始皇的暴政之一，甚至认为这也是导致秦朝很快覆灭的一个主要原因。

长城在军事上的作用，主要是阻止对方的进攻。因为匈奴以及北方的游牧民族主要是骑兵，如果没有任何防御工事的话，可以很快突破平时的防线，深入内地。长城至少起到了阻止作用，因为骑兵要一下子越过长城是不可能的，就是破坏长城也需要时间。

但是如果光有长城，没有士兵防守，没有烽火传递信息，那么阻止的时间是有限的。要在长城上扒个缺口也不难，因为那时的长城基本上都是土城，也不会筑得很高。所以长城的功能必须要与传递信息的烽火系统结合，并需要在适当的地方驻扎军队，以便到时候可以根据信息随时调动，去巩固边防，对抗入侵者。

要驻扎军队，就碰到很大的难题，好多地方原来是不毛之地，也不能就近生产粮食。而且靠近长城的那些地方，本来农业生产就落后或者人口稀少，没有办法就近供应粮食。而主要的粮食产地在太行山以东，需要动用大量的劳动力把粮食运到长城附近，满足修长城的人以及守长城的将士维持生活的需要。

北方没有办法利用水运，粮食只能靠人背，或者用牲口驮。由于沿途没有后勤保障，搬运粮食的人以及那些牲口，都要自带食粮、饲料，粮食能够真正被运到边疆并且留在那里的比例是相当低的。

西汉时有人曾经计算过，说秦始皇时，要从今天的山东运输粮食到河套地区——新开拓的一个重点驻军以及修长城的地方。粮食运到的比例是多少呢？只有六十分之一。从山东运六十石粮食，到了河套只能留下一石。其他五十九石粮食到哪里去了？其中一半沿途已经吃掉了，士兵要吃，如果是牲口运的话，牲口也要吃饲料，沿途是不能解决的。如果牲口在路上死了，或者跑了，粮食就没有办法运了，所以主要还是靠人背。剩下一半粮食也不能全部留在那里，还得保证回来的路上有得吃。如果三十万人的军队驻扎在河套长城沿线，需要多少人、多少粮食保证！

另外，有些需要修长城的地段，没有那么多土，那么多石料，但按军事要求却必须修，需要的土石就得从其他地方运来。

明朝修的长城已经包砖了，就得专门生产城砖，当然没有办法就地生产，要在其他地方专门定制，烧好以后再运过来。我们到八达岭长城可以看到，有些城砖上面有某某府某某县造的字样，工程是相当大的。

长城的阻止作用，需要有其他功能配合。要及时报信，就得有烽火传递的功能。长城沿线隔一定的距离要修一个烽火台，或者一个哨所，当然得有人值班。燃烽火需要柴草，或者加牛粪、狼粪，发现敌情后按照预先约定的讯号或数目点火、放烟，一站一站接力传递下去。烽火台、哨所的人员、燃料是常备的，需要粮食、物资的保障，收到讯号后还得有兵可调，有武器可用，这样长城才能发挥作用。

如果不具备这样的条件，或者守军抵挡不了敌军，长城就形同虚设。明朝末年，清兵动不动就进了古北口，不止一次杀进长城，最远的一次一直打到江苏徐州。其他朝代也发生过这样的情况，一方面可能有些地段的长城年久失修或者没有及时地修补，但更重要的原因是防卫系统不全，该驻军的地方没有军队，或者军力太差，挡不了敌军。

尽管长城是个有效的军事工程，对保障当时政权的安全非常重要，但另一方面的确劳民伤财。加重了百姓负担，当然会引起不满和反抗。秦始皇还不止修长城，其他大工程同时进行，要动用大量的人力物力，超出了百姓能负担的极限。

西汉开疆拓土，扩张到了河西走廊，那一带要建长城更困难，有些地方没有足够的泥土，只能就地取材，用当地的红柳和上泥。有的地段利用天然地势，依山傍岭，城墙本身就可筑得低一些。但在居延（今内蒙古额济纳旗境内）一带，有水源，有土地，部队开展屯垦，就地生产粮食，不仅满足驻军和家属的需要，丰收年份粮食还可以外调。粮食供应解决了，长城的功能就有了保障。

明朝为了对付元朝的残余势力和蒙古军队，保卫首都北京，修长城的质量最高，工程量最大，今天在居庸关、八达岭、金山岭等地看到的长城，工程浩大，有的地方还不止一道城墙，可谓固若金汤。长城沿线需要驻扎军队，明朝设置了九边，相当于九个军区。几十万名将士和家属常驻，需要消耗大量粮食物资，是国家沉重的负担。明朝初年就想了一个解决的办法，实行"开中法"，具体地讲，就是国家拿政策换服务。拿什么政策呢？盐引，因为食盐是由政府专卖的，就规定如果谁能够将多少担粮食运到九边，就奖励谁一份盐引——一定数量的食盐专卖配额。早期的徽商、晋商有敏锐的商业头脑，把粮食运到九边，取得大量食盐专卖配额，成为大盐商。明朝用这种办法，比较稳妥地解决了九边的粮食供应，长城的功能才得到比较好的发挥。

所以长城不是一个简单的建筑，它反映了当时政权的综合国力，也离不开整个国家各方面的资源支撑。正因为如此，一旦长城失去了防范外敌的作用，长城内外统一了，变为一家了，就没有必要再花大的力量维修长城。我们看到，凡是长城内外已经成为一个政权的情况下，就不需要修长城，甚至连已有的长城要维护，当时的统治者都认为没有必要。

唐朝强盛的时候，北面的疆域一直扩张到蒙古高原以北，先后灭了东突厥、西突厥，西面的疆域扩张至阿姆河流域、锡尔河流域，当然不需要在自己疆域内部修长城。元朝时，蒙古高原、东北、华北、河西走廊连成一片，都属于自己的行省，当然也不需要修长城。

清朝康熙年间，主管的官员报告，长城有些地段年久失修，有些关隘需要加固。康熙皇帝认为没有必要，还斥责他"糊涂"：我还要什么长城，蒙古不就是我的长城吗！现在天下一家，我依靠蒙古守卫我们边疆，还修什么长城？

从国家统一的角度讲，长城防卫功能、军事功能的最终废弃是伟大的历史进步。

今天我们讲到长城，不能仅仅看到它历史上的军事功能，还要把它看成我们国家的一份珍贵的遗产，一项重要的文物。一方面，从历史的角度看，长城的确曾经是一种象征，体现出我们中华民族一种坚强的精神，一种捍卫自己的领土、捍卫自己的生存权利的精神。特别是在国家危亡、民族灾难的时候，万里长城就是一种精神象征，激励着中华儿女抵抗外敌，坚持斗争，艰苦卓绝，巍然屹立。

另一方面，这么多年代久远、类型多样的长城及其附属建筑、遗址遗物，的确体现了先民的伟大创造力，在建筑、规划、工程、文物、文学、艺术、军事、经济、管理、社会、民族等各方面都是值得我们珍惜的遗产。

## 第二节　粮食供应的生命线——运河

元朝统一以后，它的首都就设在今天的北京，称为大都。对这样一个疆域辽阔的统一国家来说，特别是因为元朝的根基在蒙古高原，选择北京作为首都是相当合适的。

一方面，它比较容易联系蒙古人的基地——蒙古高原；另一方面，它便于控制中国大陆。元朝未建前，首都还在蒙古高原上，如果要统治南方，路太远，成本太高。

但是在北京建都也碰到一个很大的难题，北京周围，包括整个华北平原，生产的粮食不足以供应首都的需要。况且作为首都，还得向边疆或军事要地调拨粮食，需求更大。

如果要依靠陆路运输，数量没有保证，成本太高，唯一有效的途径就是水运。但是从北京到盛产粮食的江南，并没有一条直接相通的运河。隋炀帝开通的运河是以洛阳为起点，一条是从洛阳向东北一直到涿郡，也就是北京这一带；另一条是从洛阳向东南到江都，就是扬州。如果恢复这两条运河，运粮的船要先从扬州到洛阳，再从洛阳到北京，绕道路程长。而且到元朝时，这两条运河的好多段已经不通了，不能完全恢复。所以元朝就把这两条运河在山东这一段，利用一些天然河道，再加上人工开凿，把它们从河北、山东连接起来，形成了从北京经过今天的河北、山东、江苏，到达扬州，过长江后，再经过原来的江南运河到杭州的京杭大运河。

从此，通过长江顺流而下的水运，可以把长江中游、下游的粮食汇集到扬州，然后沿运河北上。江南的粮食通过江南运河和长江三角洲的密集的河流，集中到大运河运到北京。

明朝、清朝继续以北京为首都，北京的人口比元朝的时候增加得更多，而且明朝有时还要给"九边"中长城东段的驻军调拨粮食，都是通过这条南北大运河——京杭大运河来解决的。

清朝继续这个格局。可以这么说，要是没有这条大运河，没有运河运输的这些粮食，北京就当不了首都。这条运河是首都北京的生命线，也是国家维持统一、维持中央集权制度的生命线。正因为这样，也得为这条运河付出不小的代价。

很多人以为既然运河通了，行船就很方便了。他们不知道一个基本事实，运河要经过山东丘陵地带，今天济宁这一带的海拔要比南北两面高出四十米左右。也就是说，从江苏北上的运河到山东济宁，要逐级爬高，水位要提升近四十米，过了这里往北，运河水位要逐级下降近四十米。

为了做到这一点，这一段一般要设立四十个左右的船闸。那时没有机械的动力工具，如抽水机、水泵这类，只能靠水闸拦放。船要通过两个船闸之间，只能靠人工拉纤，或者撑、划。上了一级船闸后，下一级的闸再打开，水位再升高一点，这样逐级升高。到了最高点，又要逐级往下放。

每次开闭船闸都要耗掉大量的水，还要人工启动闸门，人工拉船通过，耗费大量的人力、物力，特别是水。偏偏山东这一带本来就缺水，碰到干旱，水更紧缺。就是在正常的年份，要保证这一段运河有足够的水量让运粮的船过完，也需要另外找稳定的水源，在这一带建立水柜，就是水库，南四湖里相当一部分水就是提供给水柜的。但还是不够，附近的几百个泉眼的水都要收集利用，每一个泉眼有专人管理，称为"泉老"，他的任务就是保证泉水全部流入运河。

即使遇到大旱，周围的农田缺水，甚至生活用水都困难，但只要漕运没有结束，运粮船没有过完，就一点水都不能用。"盗用"泉水可以依法判罪。所以运河周围经常是农田荒芜，居民逃亡。

由于过一次船闸既耗水又费时费力，所以规定要凑满一定的数量，如满二百艘才开一次。额满了要等下一批，凑不满这个数也得等，要过三四十次船闸谈何容易，运河的效率并不像我们想象得那么高，那么方便。

如果遇到特殊情况，如重要官员、使者、钦差通过，或给皇帝送贡品等，那就不受开闸标准的限制，随时可以破例开闸。腐败的官员依仗权势，或通过贿赂，也可以破例开闸。实际通过这一段运河的成本和时间比制度规定的要多得多。

还有一个矛盾，南北向的运河要穿过东西向的黄河，古代的水利工程不可能像今天的水利工程那样，可以修建架空的渡槽或在河床下修建隧道，只能直接从黄河两岸开缺口通过。如果这一段黄河的水位高，自然会流入运河，对运河畅通有利；如果黄河的水位低，运河的水不可避免会流入黄河，运河更缺水。

一旦黄河出现洪水泛滥、决堤的情况，水位必定很高，河水流入运河，虽然同时带入泥沙，但运河水位也升高，有利于漕运畅通。所以，只要当年的粮食还没有运完，就宁可牺牲黄河，暂不堵口修复。在"保运"与"堵黄"发生矛盾时，总是把"保运"放在首位。

运河沟通了钱塘江、长江、淮河、黄河、海河五大水系，从航运的角度来讲是有利的，但从水利的角度来讲，有利有弊，且以弊为主。特别是沟通了黄河与淮河，黄河决口改道时，黄河水往往通过运河流入淮河，甚至夺了淮河河道。大量泥沙堆积在淮河下游河床，等黄河又改道离开淮河时，淮河下游就全部淤塞，到洪泽湖就结束了。现在洪泽湖以下的入海水道都是人工开挖的。

又如海河水系，原来有多条河流分别入海，发生洪水时不会相互影响。后来曹操为了运粮开了运河，将几条河连通了，这些河的下游就逐渐淤塞，最终全部汇合在海河下游集中出海，造成海河经常性的洪涝灾害。

正因为这样，我们也看到，运河对国家的统一，对北京的首都地位起了非常积极的、决定性的作用，但它并不是对所有方面都是有利的。运河在沟通南北，促进经济、文化、人员的交流方面也是有条件的，也不像我们想象的那样。比如说在运河规定它漕运还没结束，就是每年规定的粮食没运完以前，是不向民间开放的。就算是官方，除了特殊情况以外，一般也不能动用运河的运力，运河要等漕运任务结束以后才开放给民间。所以我们要明白，并不是从南方去北方、去北京的人都可以在运河坐船。如从江南去北京考科举的人，至多利用山东以南的运河，从山东往北大多只能走陆路。

在运河水量不足时，一部分漕粮只能在江苏淮安的清江浦"起陆"，就是从船上卸下粮食，装车从陆路运输，过了山东那些船闸段才重新装船。为了保证漕粮及时运到北京，只能不惜代价。一般来

◎何尊，西周，现藏宝鸡青铜器博物院

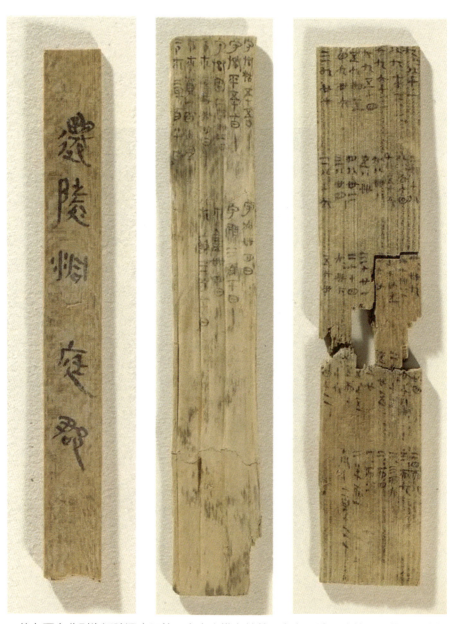

◎从左至右分别为迁陵洞庭郡简、官吏出勤考核简、九九乘法口诀简，现藏里耶秦简博物馆

◎秦始皇、秦二世双诏版，诏版上以小篆体刻有秦始皇二十六年统一度量衡的40字诏书，后附有秦二世元年补刻的诏书。现藏中国国家博物馆

◎铜量，秦代，现藏中国国家博物馆

◎八斤铜权，秦代，现藏中国国家博物馆

讲，运河的浙江、江苏段水量充沛，不存在运力不足的问题，一般都畅通，民间是可以利用的。但在山东、河北段就不一定了，民间或者一般的官方来往是不能够利用的，商船要等到漕粮过完后才能用，或者只能通过贿赂等不正当手段才能破例放行，或者让漕船搭载私货。

正因为这样，朝廷一直在谋划取代这条运河的途径，但是都没有办法。元朝时曾经试运过海运，但没有成功。什么原因呢？因为当时的船都是没有机器动力的，在海上只能够靠风力，靠洋流，但是粮食在规定的时间要运到，万一风向不利、洋流不利或者时间赶不上，那就会威胁到首都的供应和国家的安全。还有，当时没有远距离通信工具，没有电话、电报等。一艘粮船，或者一队粮船到了海上后音讯全无，到底发生了什么事，结果怎么样，是没有办法掌握的。

到了清末，西方的轮船进来了，电报也传进来了。有了轮船、电报，可以从南方通过海上直接运输粮食到天津，然后再从陆路运到北京。通过沿途海边城市之间的电报联系，可以掌握运粮轮船的动态。

轮船海运漕粮的效率大大提高，成本降低，所以清朝末年宣布废除漕运。以后津浦铁路通车，又增加了比海运还快的运输手段。由于漕运不再依靠运河，朝廷自然不会再要求山东花费巨大的人力物力去管理水源、集中水量、维修船闸，山东段很快被废弃了。河北段本来也经常缺水，这一段运河也逐渐淤塞。水量充沛的浙江、江苏河段一直发挥作用，现在还是黄金水道。

了解了京杭大运河的历史，我们才能够全面正确地理解运河在历史上起的作用。今天要建设运河文化公园，要开发运河文化，就应该从运河的历史和现状出发，实事求是，扬长避短，充分保护历史文化遗产，发挥它的积极作用。

## 第三节  古代的交通网络——驰道

现在有一种说法，说秦始皇所修的驰道是世界上最早的高速公路，赞扬他的工程如何的伟大，这种说法其实并不实事求是。

首先，他修的驰道是不是世界上最早的呢？是不是最伟大的呢？我们姑且不举更多的例子，就举一个，比如说波斯帝国，曾经在它的四个都城之间修了四通八达的交通路线。从西部的苏萨城修到小亚细亚的以弗所城，这条被称为御道的道路全长二千四百公里，每二十公里就建立一个驿站以及商馆，附近还有旅馆。驿站准备了快马，公文可以在每一站之间快速地传递。这个记载已经得到了考古的证实，现在沿这条路已经有几十个驿站、商馆的遗址被发现。这时间比秦始皇还要早，我们知道波斯帝国建立于公元前5世纪，就算它是在波斯帝国灭亡前才建成的，也比秦始皇时早近一个世纪，何况它实际上比这还早！所以不能够说秦始皇的驰道是世界上最早的交通路线。

至于它是不是高速公路呢？真正的高速公路是到现代才有的。高速公路就是全封闭的、能够快速通过的公路。它的特点就是全封闭，从这一点看，秦始皇的时候不可能全程都做到。

至于驰道上的速度到底有多快，当时用的是马车，车的质量还不是很好，速度能够有多快呢？至于有些人夸耀说有几段驰道修得多么宽，其实在当时，路修得那么宽并没有实际意义，反而是一种浪费，最多显示秦始皇的仪仗队或者他的车队有多么豪华。因为一条路只有个别地方修得非常宽，对整条路的通行能力并没有实际意义。

所以，称秦始皇的驰道为"世界之最"并不符合历史事实，不是实事求是的态度。要说是世界之最的话，你得了解世界上同类交通路线的情况，经过比较，才能肯定谁是第一。

我这样讲是不是说这条驰道没有意义？恰恰相反，它的意义相当重大，但并不在于是世界上最早的，或者说它是一条高速公路，而在于秦始皇通过驰道建成了从他的首都所在地咸阳连接全国各地的道路系统。否则，他的中央集权制度就无法运作。

秦朝实行中央集权制度，基础是下面的郡县。政令要上通下达，各郡、县的情况要及时上报，秦始皇规定自己每天要看多少重量的公文，这些都需要下面逐级上报。如果各地送不上来，他再勤政也不会有效果。如果报上来的速度太慢，到他手里时，或者他做出处理时，就会没有实际作用。

所以他修驰道，就保证了在他统治的范围里（东面到今天的辽东半岛，包括朝鲜半岛西北一部分；北面到阴山；西面到长城的终点临洮；南面一直到广东、广西和越南的东北角）建的四十多个郡，每个郡的治所到首都咸阳都有道路可通。因为治理的需要，各郡还要修通到所管辖的各个县的道路。

我们看到《史记》的记载，秦始皇多次由庞大的警卫仪仗队护送，由大批官员随同，浩浩荡荡地到各地巡游。这么大规模的巡游，没有高质量的道路保障，肯定是难以进行的。这些道路，有的是专门为他修的驰道，有的是临时加宽、加固、平整、美化的普通道路。不要以为秦朝整个道路系统都有那么高的标准，也不必过分夸耀秦朝的驰道有多么宽阔豪华。

正因为连接各地的道路系统是维持中央集权制度所必需的，秦朝以后的每一个王朝都要在前人的基础上不断扩大和维护国家的道路系统，还要根据实际需要，进一步把道路延伸到自己统治区的每一个角落，特别是新开拓的边疆地区。

其实在西周的史料里就可以看到，当时的统治者非常重视道路的修建，并且把道路维护的状况作为考察政绩的指标。但由于当时不是处在一个统一的政权下，所以是不可能形成普遍性的道路网络的。而在分裂时期，原有的道路系统还会受到人为破坏，或故意切断，或得不到正常的维修，也不可能形成一个四通八达的道路系统。

在统一时期，各个朝代都会在原有基础上进一步扩展完善驿路系统，主要是陆路，也包括利用天然河道和运河的水路，以及沿海地区的海路。一旦开疆拓土，如果不想放弃或撤退，就一定会将驿路系统扩展到那里，或者将当地已有的道路纳入全国道路网络。

清朝乾隆二十四年（公元1759年）以后形成了一个幅员辽阔的、统一的国家，面积达到一千三百多万平方公里。清朝在明朝道路系统和清初东北地区、内外蒙古、新疆和中亚原有道路的基础上，修通了从首都北京到全国各地的道路，并且不断维护完善。比如我们在林则徐等人的旅行日记中可以看到，从北京到西安，从西安到兰州、乌鲁木齐，再到伊犁，都有维护得比较好的驿道。沿路隔一定距离就有驿站、尖站（休息站）、兵站，备有饮食、住宿设施，提供车辆、骡马、民夫、粮食、饲料，还可传递文书信件，可以保证来往的官员、文书、重要物品能够一站一站，顺利、迅速地在首都与边疆之间往返。

又如我们打开东北的地图，可以发现在大兴安岭一带，一些火车站的名称都是用数字命名的，如十六站、十八站。这些站名不是铁路建成后才命名的，而是沿用了清朝驿站的名称。清朝就修建了由北京通往黑龙江口的驿路，这一段路的驿站就是用数字编号命名的。当时这些站都有专人驻守服务，保证沿途的供应和交通工具的维护，保证人员、文书和重要物品的传递。因为他们和家属长期驻守在那里，与站外的人很少来往，时间长了，还形成了一种特殊的方言，被称为"站话"。

由于受物质条件、技术条件的限制，有些边疆、内陆、岛屿一直不通驿路，往往对国家的治理形成障碍，还威胁到国家的安全。比如青藏高原，由于特殊的地理条件，与国内其他地区之间都存在难以逾越的障碍。而且由于海拔高，严重缺氧，在缺少现代交通工具和技术保障的情况下，外界的人不容易在那里生存、工作，也难以进入。即使有一些道路，质量也很差，在洪水、冰川、降雪、融雪、地质灾害的影响下，道路损毁，无法通行成为常态。直到1950年西藏和平解放，公路还不通。从清朝、民国，直到解放初，要从中央政府所在地，或从附近的省会城市往返于拉萨，都是极其困难的。

为了保证政令能够及时下达，或者重要的官员或物品能够及时到达拉萨，到了近代不得不绕道外国。比如清朝末年、民国期间和解放初，中央政府要派官员到拉萨就任或执行公务，最可靠的交通路线就是先到广州，再坐船到香港，从香港坐船到新加坡，再从新加坡坐船穿过马六甲海峡，渡过印度洋，到达印度的加尔各答，在那里再坐火车，一直往北到大吉岭，再换乘汽车或者骑马，才能翻过喜马拉雅山到达拉萨。尽管这么绕道，还比从成都或者西宁、甘肃出发去拉萨要安全，时间也更有保证。

在这种情况下，帝国主义在西藏进行侵略，分裂分子在拉萨搞破坏活动，中央政府往往不能及时掌握这些信息，知道了也因鞭长莫及，无法采取反制措施。所以中央政府在和平解放西藏、解放军入藏的同时，就开始修建康（川）藏公路，从成都通到拉萨。紧接着又修了青藏公路，从青海的西宁、格尔木通往拉萨。滇藏公路，从昆明、丽江通往拉萨。新藏公路，从叶城、和田通往阿里、拉萨。这才将西藏与北京、与祖国各地紧密地联系起来，保证了西藏的安全，有效地制止了分裂叛乱，也促进了西藏的发展。

还有一些海岛，虽然自古以来就受中国管辖，但是由于驿路系统基本上没有包括海路，它们与大陆之间缺乏经常性的、有效的交通联系，近代被别国占据。

中国古代要维持统一，要保证中央集权体制的运作，从首都连接各行政区，通向边疆和战略要地的道路网络是不可或缺的。从这一意义上讲，秦始皇修通驰道，是为国家的统一和安全奠定了可靠的物质基础。

## 第四节　被腐败"腐蚀"的驿站

从秦朝开始，每个朝代都会以首都为中心，建设和维护通向各行政中心、边疆和军事要地的道路系统。在这基础上，又发展出相当完整的、全面的驿传制度。所谓驿传，就是在这些路上，每隔一定的距离（一般在正常情况下一天能够到达的距离），建起一个个驿站，驿站里有基本的供应，可以住宿，可以吃饭、休息，还可以补给。还提供了驿站之间的交通工具，比如马、牛、骡、车、船，还有人夫等服务人员。

当然，要在全国范围内建起几千个这样的驿站，而且要经常维持、管理供应服务的人员，以及要维护好这些交通工具，这是一笔很大的开支。有些驿站处于荒无人烟的边远地区，人员都要从远处派遣，粮食和物资都要从内地调拨，维持和运作的成本很高。但是为了国家的日常治理，特别是为了巩固边防、保证国内的安全，以及维护政令正常的上通下达，驿站是基本的保证，所以国家都不计工本，不惜代价。也正因为这样，一般对驿站的管理都有很严格的规定。

例如在汉朝，用公家的马车接送执行公务的重要官员，或者皇帝特别指定的人员，称为"乘传"。"传"，就是通过驿站一站一站地传送。如司马迁曾随汉武帝到各地巡游，司马相如被汉武帝派往巴蜀慰喻父老，他们都曾享受"乘传"的待遇。有时皇帝要紧急征召某人，或者表示对年高硕德之人的尊重，会下诏"乘传"接至首都。一般官员、一般情况是不能动用"传"的。

唐朝在全国设立了一千六百多所驿站，其中二百六十所水驿，一千二百九十七所陆驿，八十六所水陆兼用。一般每隔三十里设一所，特殊条件不受此距离影响。专门设有监牧六十五所，负责给驿站配马匹。官员出公差时按级别享受不同待遇，一品官用十匹马，按级别递减，八品、九品官用一匹马，每三匹马配一个马夫。水驿根据忙闲程度分别配二至四只船，每船配三名船夫。

又如明朝时，规定只有六种情况可以使用政府驿站。

第一种，传达皇帝的圣旨或者受皇帝的派遣。

第二种，飞报重要的军情。注意是"飞报"，必须是重要军情。也就是说，一般的军情报告按正常途径，是不能使用驿站服务的。

第三种，亲王送贺表和贡品，或者差人进京。明朝的宗室人口虽多，但其中能封为亲王的，只限于皇帝的第二代中太子以外的皇子，数量是有限的。而且对亲王送贺表、贡品或者差人进京都有严格规定，不能随意。洪武二十八年（1395年）还规定，王府的公差人员如果只是办"寻常事务"，或者是王府之间的礼节往来，一律不许使用驿站。擅自接待或假借军情为由使用驿站的处死刑。

第四种，文武官员赴任，路程超过一千五百里的。也就是说，即使文武官员级别再高，如果赴任、上任路程不满一千五百里，还是不能使用。

第五种，现任的官员，如果在任上死了、病故了，他的遗体和家族成员回乡可以用驿站。一定要是现任的官员，如果已经退休或者被免职了，是不能享受的。

第六种，更是个别人，也就是孔子的后裔可以使用。孔子的后裔，不是天下姓孔的人都能算的，是指袭封衍圣公的，在孔府里的孔家，衍圣公和他的直系亲属。

如果严格地按照这六条标准执行的话，那么驿站的业务量不会很大。但是实际上，随着腐败程度的加深，滥用驿站、利用驿站的资源营私舞弊的情况也加深了，或作为讨好贿赂上司的手段，或用来招待亲朋，各种手段层出不穷。这六条以外的，甚至与官员、官方毫无关系的人，或者凭借金钱贿赂，或者靠私人交情，或者凭借名声势力，对驿站照用不误。甚至平民百姓，只要有关系，照样可以使用驿站。

明朝有位很有名的旅行家徐霞客。徐霞客成为职业旅行家的前提是他在科场上屡次失败，所以就放弃科举考试了。因为他从来没有考取过任何功名，就是个平民百姓，与官员、公务没有任何关系，六条规定中他没有一条是符合的。但是我们看《徐霞客游记》，他照样能够使用驿站，而且也不认为这是什么腐败行为或者违法行为，他在日记里都记得清清楚楚。他不仅使用驿站，还让驿站给他派民夫。在广西时，驿站给他派过十名民夫，两乘轿子，还有马匹。有时他还提出苛刻的要求，比如他喜欢去没有人去过的地方，走没有人走的路，或者是去很险峻的地方，很荒凉的地方。有几次，驿站派来为他服务的民夫嫌太苦或者太危险，有的半途逃了。有时他认为民夫没有尽力，伺候得不好，居然将民夫绑起来，用鞭子抽打。

照理说，徐霞客根本没有资格享受驿站的服务，而他居然视为理所当然，凭什么呢？无非是凭他的名声或者熟人的介绍，或者凭借仰慕他的官员以权谋私。总而言之，按照明朝的制度，那是违法违规的。徐霞客如此，可以肯定，真有一官半职，或者有权有势的人物，或者与驿站的管理人员熟识的人，当然都会利用驿站的资源。

其实，就是符合以上六个条件的人，使用驿站也有严格的规定，有具体的法律条文。比如说哪种人、在什么情况下该享受什么待遇标准，规定得非常具体详细。如同样递送重要公文、重要军情，有的规定要用上等马，有的只能用中等马、下等马。车船也是这样，用多大的车船、什么样的车船都有规定。但实际上大多数人都超规违规，却没有受到法律惩处。

一方面，官员贪赃枉法，大搞腐败，要求驿站超标准接待，在规定外索取。如提高车船、马匹的等级和数量，多派驿卒民夫，要求对随行亲友甚至仆役同样招待，甚至直接索取现金津贴。对驿丞威逼欺凌，对驿卒随意打骂，最极端的例子甚至将当地县官抓来，当众责打。

另一方面，管理驿站的各种腐败层出不穷，比如不按规定备好马匹、车船、民夫，不按标准提供食宿服务，临时征用马匹、车船、民夫时不付或克扣工料差费，贪污日常经费，中饱私囊，利用驿站职权谋私，敲诈勒索。有些驿卒也上行下效，利用各种机会牟利。对高官、权势人物、有利益输送的对象主动奉迎讨好，抬高标准，而对其他人员的接待费用克扣盘剥，往往连正常的服务都不提供。

到了明朝后期，驿站制度已经成为国家无法医治的癌症。一方面，每年的经费都不够开支，钱越花越多，人员严重超编。另外一方面，过往的公务人员往往得不到应有的服务，甚至有些重要的公文没有按时送达。

崇祯二年（公元1629年），皇帝下令裁撤驿站冗卒，以节省粮饷开支，山西、陕西大批驿卒下岗，其中就有李自成，他当年就投奔高迎祥的部队，其他下岗驿卒也纷纷加入农民起义军。

崇祯皇帝裁撤驿站冗卒，表面上为朝廷节省了大量开支，但是造成的恶果是他始料不及的。大量减员的结果是一些驿站无法提供正常服务，正常的公务出差、政令的上通下达、重要军情的报告都受到影响，损害了国家治理和安全。大批人员下岗失业又没有得到必要的救助安置，直接增加了反抗力量。

尽管历史不能假设，但是我们不妨假设一下，如果李自成在崇祯二年后继续当驿卒，明末的农民战争史肯定要被重写，明朝和崇祯皇帝的结局至少会有不同。

古代这样一项行之有效，对国家至关重要的制度，无法摆脱腐败的结局，而崇祯皇帝轻率的改革措施又导致更严重的后果。作为历史教训，对今天还有深刻的意义。

与那百姓一个户帖，上用半印勘合，都取勘来了。

我这大军如今不出征了，都教去各州县里，下着绕地里去点户比勘合。

比着的便是好百姓，比不着的便拿来做军。

第二编

# 古代中国的血肉

# 导　言
## 籍贯与出生地：你是哪里人？

去年我在中央电视台的《中国地名大会》节目中担任嘉宾，出场的时候，主持人要求介绍自己是哪里人，我就报了一个浙江绍兴。熟悉我的朋友说："你不是明明出生在湖州，怎么介绍绍兴？"我告诉他们，按照传统的习惯，讲一个人是哪里人不是介绍他的出生地，而是要介绍籍贯。

根据现行的规定，籍贯一般要根据自己出生的时候祖父的住地来定，如果祖父已经不在了，就是根据祖父生前的住地来定籍贯。虽然我自己出生在当时浙江省的吴兴县，就是今天湖州市的南浔区，但是我的父亲出生在浙江绍兴，也就是说我已经去世的祖父的住地是在浙江绍兴，这就是我的籍贯。但最早称籍贯的时候，是指户籍登记的地方，"籍"就是户籍。

秦始皇统一以后在全国实行户籍登记制度，所以每一个百姓都必须在住地登记户籍，在户籍册上面登记。我们现在看到的西汉的实物，比如在居延出土的汉朝的木简上，有的就很明白地写着某某人、某郡、某县、某里、几岁、身高几尺几寸、相貌特征等，这就是当时户籍上的内容。

户籍还分为不同的种类，不同的身份要登记在不同的户籍上，比如当官的人有官籍、商人有商籍（市籍）。秦朝规定商人本人登记商籍，连他的儿子和孙子也都要登记在商籍，这个身份是不能随便改变的。

如果离开住地没有办手续，就称为"脱籍"。如果你到了外地合法登记，可以把户籍寄在那里，称为"寄籍"。流亡、逃亡或者在天灾人祸中迁移了，等到秩序恢复以后必须重新落籍，这样才能成为合法的居民。或者到原籍重新登记，或者在新居住的地方登记。但不是人人都可以登记的，要符合一定的条件。

在正常情况下，古代绝大多数人的户籍所在地就是他的居住地，因为在农业社会，一般情况下人口迁移是很少的。再加上安土重迁的观念、宗族观念，所以即使因为天灾人祸不得已外迁，只要有可能，人们还是会返回故乡。今天我们讲的籍贯，也就是当时大多数人的居住地。

但是也有些特殊情况，比如说流动人口，当官的到首都或者其他地方当官，经商的、行医的，少数人会离开自己的户籍登记地，但是他们的户籍基本上还是保留在原地的，不是随便到哪里就可以在当地登记户口的。

有些特殊地区，比如汉朝的首都长安，是不允许迁入户口的。即使在长安当了高官，要是没有长安户籍的话，退休以后，或者被免官以后就得回到原籍，官员在长安出生的子女也必须跟着他们到原籍去登记户籍。尽管他们子女的出生地是长安，子女甚至根本没有到过家乡，但是还不能在长安落户。

边疆地区也是严格控制的，到那里服役的或者派驻去的将士，一般服役期满也要返回家乡。所以在"居延汉简"上见到的那些到边疆服役的人登记的内容都是家乡的郡、县、里。

到了曹魏时实行九品中正制，由朝廷派出专门人员——不同等级的"中正"，由他们来选拔评荐人物，评成九品。根据什么标准呢？两个部分，第一部分也是最重要的就是家世、家庭出身；第二部分是行状，就是表现。所以首先要把不同的家庭、家族，按照它们的地位、声望、影响分成不同的品，在这个基础上再根据个人的表现，综合起来给一个评价，评定一个等级。而后由官方根据等级来任命或者提拔。

由于家世部分占了主要的地位，所以中正评品的结果逐渐区别出一些高门以及寒门，而后选拔人才、提升官员主要就在高门中间，寒门往往没有机会。门第高的就出高官，有的人生下来就有地位。而寒门出身的人即使表现优秀，很突出，却始终进不了高层。

门第当然与姓氏有关，姓王的、姓张的。但是这样的姓氏很普遍，为了分清楚是哪里的家族、哪里的门第，必定要与籍贯联系在一起。所以高门不是仅仅姓张姓王，或者是某某人，而要与籍贯合在一起，指某地的某姓。如太原王氏、琅琊王氏这些都是高门，又如陈郡谢氏、荥阳郑氏、清河崔氏，这些都是赫赫有名的高门。这些高门长盛不衰，而寒门要想变成高门几乎没有可能。

在高门中间还有差别，有些门第简直是高不可攀。比如同样是王氏，琅琊王氏出了好多大人物，像当年辅佐东晋建国的王导，甚至有"王与马共天下"的说法，就是说王导的王氏与东晋皇帝司马睿的司马氏共同拥有、治理天下。但是太原王氏一般被认为门第更高。南朝刘宋初年，太原王氏的王愉得罪了刘宋的开国皇帝刘裕，被刘裕灭门，他家里一个小孩王慧龙当时只有14岁，历尽艰辛终于逃脱，辗转投奔北魏。北魏的大臣崔浩是非常重视门第的，听说王慧龙是太原王氏，而太原王氏家族的一般特征是大鼻子，所以崔浩一看到王慧龙就肯定他真是王家的孩子，赞叹他为"贵种"。

因为这样讲究门第，就形成了一种"郡望"（某一个姓氏最高贵的门第出在哪个地方）。比如唐朝皇帝的祖籍是陇西，称陇西李氏，陇西就成为李氏的郡望。宋朝皇帝赵匡胤祖籍是天水，称天水赵氏，天水成为赵氏的郡望。

由于高门、寒门注定了一个人的命运，这很难轻易被改变。所以有些不是高门的人就千方百计想通过伪造家谱或改变籍贯，达到攀上高门、伪装高门的目的。因为家谱不容易被篡改，要在高门的家谱中把你的名字写上或改成你的名字是不大可能的。

但改变籍贯就比较容易。比如王氏，本来就是个大姓，各地都有。如果能将籍贯改成太原或琅琊，虽然进不了太原王氏或琅琊王氏的家谱，以后就有了机会，近支攀不上也可以攀远支。如果与高门大族的籍贯不同，绝不会有这样的机会。

这种做法自然瞒不过官方，所以在南朝，朝廷经常专门组织人去查有关的户籍记录，称为"揭发巧伪"，就是揭发这种弄虚作假的手段。所谓弄虚作假就是首先通过改变籍贯，然后再想办法靠拢高门或者与高门接上关系。

从魏晋到隋唐相当长的一段时间内，籍贯与门第是紧密结合的。

因为籍贯就是户籍登记的地方，又与一个家庭、个人可以获得的权利和必须承担的义务结合在一起。比如说征收赋役，有劳役制度的时候服劳役，官员家庭享受免役特权，都是根据户籍登记。

科举制度也与户籍和籍贯有密切关系。科举是有名额的，秀才、举人这一级是把名额分到各个地方，到了进士这一级才是择优录取。由于各地的经济文化发展水平差异很大，而科举的名额，特别是基层的名额，还要讲究平衡，所以实际上各个省之间的差异就非常的大。比如江苏，到明清时经济文化发达、人口密集，分摊给江苏的名额不可能太多，所以每百万人的举人名额只有云南平均指标的十分之一，贵州的四分之一。

又如海峡两岸，福建的漳州、泉州这一带录取的名额就比较少，但是建府不久的台湾相对来说名额就比较多。所以福建漳州、泉州有一些人把户籍迁往台湾，目的就是高考移民，同样的成绩在漳州、泉州考不上，到台湾就有可能考上，并且完全合法。

也有人走捷径、打擦边球，就是"冒籍"，冒用对自己有利的地方的户籍。比如清朝著名的史学家赵翼是今江苏常州人，常州这个地方人才多、要求高，竞争激烈，名额紧。他正好有叔父在北京、天津一带经商，虽然没有正式籍贯，可以报商籍。就像我们现在招商引资，给有些商人、企业家在本地报一个户籍。他就投奔叔父，因为叔父的商籍挂在天津、北京，他就去那里考试，并且参加顺天府的乡试，考取了举人，接着又考上了进士，并且在殿试中被皇帝圈定为探花——全国高考第二名。如果他在常州，未必考得上举人，没有举人资格就不能考进士。

有些人就完全是冒充一个籍贯，要是被发现，不但要撤销已考取的功名，而且要治罪。所以冒籍考试成功以后，籍贯就不敢再改回来了。

明朝朱元璋实行卫所制度，在卫所里登记户籍的军人及其家属，都属于军籍，世世代代不能改变。对军籍有种种限制，有些人为了考科举，为了做其他事，就想办法把户口挂在民籍，就得冒籍，这当然是违法的，查出来可以治罪。为了核对有的人到底是不是军籍，朝廷还专门派人到南京后湖，那里储存着明朝每十年编一次的户籍，称为黄册，去查原始档案，作为根据。

籍贯看来只是个人户籍所在地的记录，但由于不同时期户籍有不同的含金量，连接着不同的权利和义务，人们往往会选择不按照实际情况登记籍贯，籍贯也包含了太多的特殊因素和历史故事，这是我们在学历史的时候必须注意的。

# 第四章
# 移民

我 们 从 哪 里 来 ， 又 在 哪 里 停 留 ？

## 第一节　何处家山：移民的出发地

中国历史上的大规模移民，给我们留下了不少移民的根、移民的源、移民的出发地，特别是明清以来的移民。比如说四川以至云南、贵州，都有相当一部分人说自己的老家是湖广麻城孝感乡，也就是今天的湖北省麻城市，明代的孝感乡就在当时的麻城县内。很多人的家谱、族谱中都写明来自"湖广麻城孝感乡"，有的还写成"江西麻城孝感乡"。甚至有的彝族家族也声称祖上迁自麻城孝感乡。

这次移民的背景，最早可以追溯到元末，徐寿辉在麻城一带起兵反元，后来徐寿辉的部下进入四川，明玉珍在重庆建立政权，这样就有一批人随着从湖广（湖北、湖南未分省时）迁到了四川。在整个明朝不断有人从湖广迁入四川。由于此前一直有大批江西人迁至湖广，所以历来有"江西填湖广，湖广填四川"的说法。到了清朝初年，更形成了大规模的"湖广填四川"的移民活动，以后部分移民继续迁往云南、贵州和陕南。

北方很多人说自己老家在山西洪洞大槐树，一些家谱和地方志中就有这样的记载，有人估计大槐树移民的后代有一亿人。洪洞是山西的一个县，但大槐树只是一棵树，现在那棵树还是后来补种的。历史背景是：明朝初年，华北经过战乱以后人口稀少，再加上后来迁都北京，华北和北京都需要充实人口，山西受战乱影响较少，人口相对稠密富余，所以大量外迁。其中一部分人的确是从洪洞迁出的，他们保持着对大槐树的记忆。

还有个地方也很有名，就是南雄珠玑巷。今天珠三角广东那里的很多人都说自己的老家就是南雄珠玑巷，民间还有南雄珠玑巷后人的联谊会，好多人的家谱里都这么记录，方志里也记载当地人来自南雄珠玑巷。

一种说法是南宋时有"胡妃之乱"，一位姓胡的妃子得罪了皇帝，家人被追杀，累及珠玑巷的人不得不逃亡南迁。还有说法是，珠玑巷居民的祖上是唐朝的官员，因战乱才南迁。出发地都定在南雄珠玑巷。

这样的出发地还有不少，比如在安徽皖江流域安庆一带，很多人都说自己老家是江西瓦屑坝，瓦屑坝大概在江西鄱阳县西面。江苏苏北的很多人都说自己的老家是苏州阊门，是从苏州迁过去的。淮北一部分人说自己老家是山东枣林庄，枣林庄应该在兖州一个叫安邱府的地方，是明朝安邱王王府所在的一个村，以前叫枣林庄。云南有些人说自己老家是南京杨柳巷，具体在什么地方还查不到。还不止这些，其中影响最大的还是麻城孝感乡、洪洞大槐树、南雄珠玑巷。

大家肯定会问，这么大规模的移民，数以百千万的移民怎么可能都从一个乡、一条巷或者一棵树下面迁出去呢？由于这些移民大多数不是官方组织的，所以在正史里面记载很少，甚至在地方志里记载的内容也不多。但是我们从历史事实、情理上来推导的话，肯定不可能都迁自一个地方。比如说从山西迁到华北，迁到北京，山西北部的人直接往北京方向迁就行了，为什么要先南下到洪洞，到那里集合后再走回头路呢？

又比如说麻城孝感乡。"湖广填四川"的规模那么大，移民的来源不仅有湖北，还包括湖南、江西、安徽、广西等地。就算是以湖北为主的，那么湖北的人不可能也没有必要先集中到麻城，然后再迁往四川。就是从麻城出发，也没有必要都集中到孝感乡。从史料记载看，湖南人、江西人、安徽人都是直接往四川方向迁移的。移民中还有客家人，记载很清楚，他们是直接从原籍出发迁往四川的，与麻城没什么关系。但是有些客家人的后代也称自己祖上来自麻城孝感乡，显然麻城孝感乡只是一个符号、一种象征。

南雄珠玑巷也是这样，难道珠玑巷周围的其他巷，南雄以外的其他县就没有人口输出吗？这么多人原来都住在珠玑巷，住得下吗？

这些现象提醒我们，这些移民出发地会有几种情况。

一种是个文化符号，并不是真正的、实际的出发地。因为早期的移民都是在天灾人祸中逃难、逃荒，有的是被官方强制迁移，有的可能犯了罪，有的欠了债，有的已经一无所有，既然没有文化，也就没有条件记载他们的来历和迁移过程。等到他们在迁入地定居下来，几代以后，社会地位提高，经济改善，出了有文化、有地位的后代，要修家谱了，得写清楚祖宗的来历。只能选一种比较体面的说法，选个影响大点的符号。还有一种"从众"的心态，比如说在四川的移民后代，看其他家族都说来自麻城孝感乡，就认为他们的家族也肯定出自麻城孝感乡。有的家谱中还会加上一个"奉旨迁移"的前提，以提高本身的社会地位。华北的移民后代，也会因为大家都说是从洪洞大槐树迁来的，他们的家谱中也就这么写上，山西的移民，甚至山西以外的移民，最终都成了大槐树移民。

这些地方之所以成为文化符号，也不是偶然的。比如说洪洞大槐树，那棵树的位置的确比较显著，当初的确有一部分移民是从这里出发的，保持着这个记忆。又如南雄珠玑巷，的确比周围其他地方更有特色，一支比较主要的移民可能真是从珠玑巷出来的，他们保留了这样的传说和记忆。这样的记忆通过其他移民后代的从众心态，泛化为移民后代的集体记忆。

又比如苏州阊门，这么多移民为什么都要认苏州为出发地，认了苏州为什么还要具体到阊门呢？因为阊门是交通要道，影响大。明朝、清朝时苏北一直比较穷，水灾较多，苏北人往往被人家瞧不起，所以那些移民后代有了一定的社会地位、经济实力，或者出了一个大人物后，总要选择一个影响比较大的地方作为自己的故乡。苏州长期以来文化发达、经济繁荣，名声在外，说自己是苏州人的后代就抬高了自己的地位。我们查到苏北的有些家谱，记得清清楚楚，原籍不是苏州，是其他地方，但等到这个家族有了一定的声望后，他们的后代也会认苏州，认苏州阊门。

所以说，这些大的移民出发地一般都具有两重特点，它实际上是一个符号，或者是当时一种主要的记忆，被逐步传承下来。大多数移民后代出于一种从众心态，使一种记忆像滚雪球一样，越滚越大，覆盖了全体移民后代，成了移民唯一的根。

还有一些地方真是移民的出发地，由于移民数量不太多，后代也没有形成强大的社会力量，时深日久，今天我们已经不知道确切的地点了。我们在研究过程中要做深入调查，才能够确定大概在什么地方。

比如说皖江地区的人知道祖上来自江西瓦屑坝，但是他们并不知道江西瓦屑坝究竟在什么地方。山东枣林庄也是这样，淮北的这些人口耳相传传下来祖上迁自山东枣林庄，但是枣林庄在哪里，他们已经不知道了。

这些地名虽然不像前面提到的那些有明显的地标或者文化符号，但是在这一批移民的传承过程中，也是一个重要标志。

比如说瓦屑坝，我们找到的地方不过是一个小村庄，当然不可能输出那么多移民。也就是说，在相对不太著名的地名中间，对原始移民来说，总还有一个印象比较深刻的地方。尽管周围地方也曾经输出了大批的移民，但是移民和他们的后代只留下了这一个点的记忆。就像麻城孝感乡代表了整个湖广的移民输出地，大槐树覆盖了整个山西和周围的移民输出地一样。

其实，其他记忆同样存在，只是无法动摇第一记忆的地位，加上在从众心态下的排他性选择，因而被有意地忽略了。比如北京周围有很多拿山西的地名命名的乡、村、屯、营，清楚地表明这些地方就是以山西某地的移民为主而设置的，它们的背后就是一部大大小小的移民历史。

所以我们要研究移民史，就要研究文化的传播过程，研究当地地方文化的形成和变迁，研究当地的民风民俗，才能复原出一部鲜活的移民历史。对这些移民的出发地、标志性地点的研究是很有意义的。至于移民后裔本身保留着的记忆，他们对自己"根"的认同，已经超出了移民史的范围，是他们本身对故乡、对祖先、对这段历史的记忆和感情。没有必要去追究是不是百分之百符合历史事实，这是人类天性的一种表现，也是中华民族对自己的根、对自己故乡美好的感情的表达。

## 第二节　深受移民影响的都城文化格局

早期的城市被称为"国"，小的国就只有一座城，大的国可能不止一座城，统治者住的地方就是都城。因为当时城市的设施很简陋，再加上人们抵御天灾的能力很有限，农业生产能力也不强，所以经常通过迁移来躲避自然灾害，来改善自己的生存环境。商朝在建立以前就经常迁都，以后也还是不断地迁都。

商朝人把都城叫作"亳"，所以我们可以看到历史上出现过好几个"亳"，有"东亳""西亳""南亳"等。盘庚迁殷的时候留下的一篇文献就记录了他对臣民的规劝，他要求百姓、贵族服从他的意见迁都，新都城的人口几乎都是从外面迁过去的。到了商朝后期，都城不再迁移，稳定下来了。

以后的周朝以及春秋战国时期那些大的诸侯国，都城也都稳定了，只有发生特殊情况才迁移。但是在那些已经稳定的都城，移民也是相当多的。有的是因为都城的繁华才迁入的，比如经商的人。还有那些投奔诸侯国君的，还有为国君、贵族服务的艺人、工匠，还有一些其他诸侯国的人质和他们的随从。总而言之，一般都城都有比较多的外来移民。

秦始皇统一六国之后，他就在咸阳城里面安置了大量的移民。他把六国贵族的后代，把他认为潜在的不稳定的势力，还有那些地方上有势力的豪强，从各地迁了十二万户到咸阳。这些贵族、原来的官员、富豪，家庭人口一般都不少，就算每家平均五口人的话，迁入咸阳的就有六十万人。再加上其他类型的移民、民间自发的移民，可以说，咸阳城里主要的人口是外来移民。

到了西汉初期，汉高祖刘邦从洛阳迁到长安关中。当时还没有长安这个城，因为原来的咸阳城已经被破坏了，只好在它郊外的长安乡建新都。新都建成以后，总得有居民，刘邦就从全国各地，特别是从关东六国旧地，包括项羽分封的那些诸侯国，把原来的诸侯和六国贵族的后裔、地方上的"豪杰名家"十几万人迁至关中，其中大部分人就安置在长安。此前，他已经下令诸侯之子、功臣列侯都迁至长安。

从汉高祖刘邦开始，汉朝的皇帝大都在自己的陵墓边上建成一个县城，称为陵县，让这个县的居民为皇帝守陵，实际上是长安城附近的一个个新建的居民点。陵县里的人完全是新迁入的，都是移民。其中一些高官得跟着他侍候过的皇帝的陵墓，在不同的陵县中迁移。对原来户籍不在长安的官员，这也是一次将户籍迁入陵县，以后可以长住首都的机会。每个陵墓建成后，都要从全国各地按一定标准迁入一批高端移民，如级别达到多高的官员、资产达到一定标准的富商。一方面可以加强对这些人的监控，另一方面通过迁入富人促进陵县和首都一带的繁荣。所以长安周围陵县分布密集的地区，大部分居民都是移民或移民后裔。

移民数量之多、影响之大出乎我们今天的想象。比如田氏是齐国的大姓，齐王和一批贵族都属田氏。田氏移民迁入关中后，关中到处都是姓田的，由于人数太多，田氏在内部分房编号，至少从第一、第二编到了第五。开始可能就称为田氏第一，或第一田氏，以后就省略为"第一"，"第一"就成了这一支田氏的姓。其中一支"第五"一直传了下来，如东汉初有第五伦，担任过"三公"之一的司空，近代还有姓"第五"的。田氏不仅人口多，资产丰厚，还善于经商，到西汉中期，关中的富商几乎都是田家人。

汉武帝以后又迁入了一批归降的匈奴上层人物，还有西域各国的胡人，有的是来朝贡的，有的是来经商的，其中一部分就定居在长安。所以汉朝举行重大的仪式，经常专门安排各方蛮夷的代表人物参加。定居长安的移民有来自外国、外族的。

作为首都，长安还吸引各种人来活动和定居，如求学的，被聘请来的著名学者，求官的，当上了官定居的，行医的，经商的，逃亡的，临时的流民，最终留下来的流民等。

由此形成的长安的都市文化，正如西汉学者所归纳的："五方杂错，风俗不纯。其世家则好礼文，富人则商贾为利，闾里豪杰则游侠通奸。"（各方面的文化混杂，风俗多样。其中的世家大族讲求礼节、尊崇学问，富人经商牟利，豪杰以结交游侠为荣不惜犯法。）"又郡国辐辏，浮食者多，民去本就末，列侯贵人，车服僭上，众庶仿效，羞不相及，嫁娶尤崇侈靡，送死过度。"（各地来的人密集相处，吃闲饭的人多，百姓弃农经商做工，列侯贵族的车辆服饰都超标，民众仿效唯恐不及，婚嫁更崇尚侈靡，丧葬花费没有节制。）

拓跋鲜卑从草原上内迁的第一个都城在盛乐（今内蒙古和林格尔县北），后来就迁到了平城。平城本来是个普通县城，成为北魏的国都以后，北魏先在自己的境内，在太行山以东那些人口比较稠密的地方，迁移了好几万户进来。以后北魏攻占了南朝的青州，就是今山东中部一带，从那里迁移了一大批人，称之为"平齐户"。北魏灭了河西走廊的政权和其他政权后，都将当地的人口，包括原来的官员、将士、学者、僧人、乐师、工匠等大量迁到平城。平城逐渐成为一座建筑宏伟、寺庙众多、商业繁荣、文化发达、人口稠密的大都市，外来移民在人口中占很大比例。北魏迁都洛阳，又把平城的绝大多数人迁到洛阳，并且规定他们以后的籍贯就登记为河南洛阳。以后继续从各地向洛阳移民。

北魏与境外的贸易相当发达，大批外国、外族的商人经商成功后就在洛阳定居，过着富贵的生活。《洛阳伽蓝记》描述："自葱岭以西，至于大秦（东罗马），百国千城，莫不款附。商胡贩客，日奔塞下。所谓尽天地之区已。乐中国土风因而宅者，不可胜数。是以附化之民，万有余家。门巷修整，阊阖填列。青槐荫陌，绿柳垂庭。天下难得之货，咸悉在焉。"

还有大批从南朝和外国来投奔的、迁入的人。朝廷专门建了金陵馆接待南朝人，三年后迁入归正里的住宅。北方各国、各族来的人在燕然馆接待，三年后迁入归德里的住宅。"东夷"来的人在扶桑馆接待，以后迁至慕化里。"西夷"来的人在崦嵫馆接待，以后迁入慕义里。

唐朝的首都长安城里的移民更多，有学者估计长安城里的外族、外国的人要占到总人口的一半以上，其中包括唐朝任用的官员、将士和他们的家属、随员、使者、商人、乐工、舞者、工匠、学者、留学生、医生、僧人、奴仆等。各地也有大批人员因为当官、参加科举考试、求学、游学、旅游、经商、投亲访友等来到长安，其中相当一部分人就此定居。

历史上无论是统一王朝的首都，还是分裂时期各政权的都城，都集中了大量的移民，特别是高端移民。在一些地区性的行政、经济、文化中心城市，特别是工商业发达的城市都会聚居大量移民。唐朝后期的沿海城市，如广州、泉州、明州（今浙江宁波）、扬州、登州等还集中了很多外国、外族的商人。广州城里聚集的阿拉伯人、波斯商人及其家属估计达十万人。

正因为这样，在这些移民集中的都城中，特别是首都，多种文化并存，相互交流融合，也有冲突、摩擦，形成"五方杂错，风俗不纯"的文化格局。处在这种环境中的杰出人物，有机会接受多元的文化，创造更加辉煌灿烂的思想、文化、艺术，形成一种比较开放的格局。外来的商品、物种、音乐、舞蹈、风俗，也随着外来移民，特别是在他们定居以后，在都市中间传播，被广泛接受，并且逐渐传播到各地。

我们要了解历史上这些首都、商业中心、文化中心的文化形态和发达程度，一定要了解这些地方的移民类型、来源、状况、所处的地位、与土著的关系、作用和贡献。在尚未出现现代传播手段的古代，文化只能通过人传播，而移民就是传播文化的最活跃的载体。

## 第三节 　"羌胡"的南迁与五胡乱华

西晋以后，历史进入了东晋十六国时期。在一百多年的时间里，北方先后出现了十六个大大小小的政权，实际上在这之外还有两个政权。这些政权大多数是由匈奴、鲜卑、羯、氐、羌这五个少数民族首领建立的，所以历史上称之为"五胡乱华"，意思是这五个"胡"（非华夏少数民族）把华夏搞乱了。前人往往把"五胡乱华"的出现归咎于从东汉以后少数民族大规模的南迁和内迁，其实南迁和内迁本身并不是"乱"的根本原因。我们可以看看少数民族的内迁是怎样出现的，内迁以后究竟发生了什么。

其实西汉时就有大批匈奴人因为在战争中被俘或者归降而迁入汉地，大部分被安置在边疆地区专门为他们设置的属国，采取的办法是"因其故俗"，根据他们原来的风俗习惯，依然过着游牧生活。少数被安置在内地，其中的上层人物还担任了汉朝的大臣或者将领，比如受汉武帝遗命辅佐昭帝的金日磾。

汉武帝临终委托四位大臣辅佐他年幼的儿子——后来的昭帝，其中一位就是金日磾。金日磾本人是匈奴休屠王的太子，因为他父亲被汉朝打败后不愿意投降，被昆邪王杀掉，他和他母亲被作为俘虏献给汉武帝。但以后金日磾得到汉武帝的信任和重用，逐步成为汉武帝身边最亲近的大臣。这四位辅佐昭帝的大臣，以后一位被杀，一位死后被灭族，而金日磾不仅善终，金氏还繁衍为西汉后期著名的世族。

不过大多数内迁的匈奴人没有留下进一步的记录，显然他们已经融入了汉人的汪洋大海。真正大规模的内迁还是发生在东汉，南匈奴投降汉朝后迁到了塞内，他们一度有三万四千户，二十三万七千多人。很多散居在各地的匈奴人和北匈奴的降俘人员还没有被列入统计。

除了匈奴人以外，鲜卑人也开始南迁，迁到了边境，以后进一步南下。羌人、氐人被大规模地迁到了关中，一部分羌人甚至迁到了首都洛阳所在的河南郡。到西晋初年，江统曾经估计，"关中之人百余万口，率其少多，戎狄居半"。"戎狄"（泛指匈奴、鲜卑、羌、氐等少数民族）人口居然占关中总人口的一半。

东汉末年到三国期间，今陕西北部、甘肃东北这些地方，原来的行政机构都被撤销了，朝廷已经放弃管理了。《中国历史地图集》有关的图幅只能在这一带写上"羌胡"两个字，其他全部保持空白，因为当时留下来的史料中没有任何记载。

其实朝廷并不真正了解这一地区的情况，因为在那里聚居的并不止羌人、"胡人"。一定要说是"胡人"，其中包括的民族就不止一两个。因为匈奴原来散布的范围很广，包括西域不少地方，今天的新疆与以西的中亚，甚至西亚的一些民族也随着匈奴人内迁了，有的就定居在这片"羌胡"地区。

匈奴人和其他胡人在定居以后，也开始从事农业生产。匈奴的主体又渡过黄河进入了今天的山西，在汾水流域定居。这些普通的匈奴人还有其他羌人、鲜卑人，他们的境遇是很差的，相当一部分人被汉族的官员、将领、地主、富人买了去当奴隶。

曹魏时，有人到晋阳（今山西太原）做官，其他人就托他在那里帮他们买匈奴奴隶，有大批匈奴人和其他"胡人"被掠卖到中原各地，包括后来建了十六国之一——后赵的羯人石勒。他从小受尽折磨，他被掠夺卖走的时候是"两胡一枷"，两个胡人合戴一把枷锁，就这么两个一对给卖了。

这批人受的苦要比一般汉族穷人还要大，所以他们后来起来造反，或者投奔其他的割据势力，绝大多数人都是出于无奈，一开始就是出于求生，并不是因为与汉族有什么特殊的矛盾。也就是说，如果他们得到善待，能够维持正常的生活，他们就能安定下来，与汉族百姓没有什么两样。

少数民族的上层人物，一般都被安置在首都洛阳或者其他城市。匈奴和其他少数民族的上层人物因为有很好的生活待遇，再加上汉族统治者以为如果让他们学习汉族的文化、接受汉族的礼仪，就可能消除他们对汉族的威胁。在这种情况下，匈奴等族的上层人物迅速接受了汉族文化。到东汉末年、曹魏以及西晋期间，这些人往往已经与汉族的学者士人没有什么差别了。

建安二十一年（公元216年），曹操将迁入河东的匈奴部众编为五部，又在并州刺史的治所晋阳设立匈奴中郎将，监护五部。因此，匈奴不少上层人物就迁居晋阳，其中一些人又迁到曹魏和西晋的首都洛阳。汉化了的匈奴贵族为了证明自己的血统高贵，就用汉高祖刘邦曾经与匈奴的冒顿单于结亲为理由，自认为是刘邦之后，以"刘"

为姓。这一支匈奴人中的刘渊在西晋末年建立了汉国，刘曜建立了前赵。

匈奴是所谓"乱华"的"五胡"之首，而刘氏匈奴又是匈奴中首先建立政权的一支。但如果我们不抱任何偏见的话，就不得不承认，这一支"乱华"的匈奴人在文化上与"被乱"的华夏族其实已经没有什么本质上的差别。

如刘渊，他七岁时母亲死了，他表现出来的悲哀和痛哭得到了宗族部落的赞赏。当时任职司空的太原人王昶听了以后也非常感动，还派人去吊唁。据说他从小好学，老师就是有名的学者上党人崔游，他学了《毛诗》《京氏易》《马氏尚书》，特别喜爱《春秋左氏传》《孙吴兵法》，这些他都能够背诵。其他像《史记》《汉书》及诸子百家的著作他统统都看过。这哪里还有一点匈奴人的痕迹呢？他习武也不是只继承匈奴的尚武风尚，而是研读《史记》《汉书》时受到了启发。

刘渊的儿子刘和也是好学不倦，学习《毛诗》《左氏春秋》《郑氏易》，另一个儿子刘聪十四岁就能够究通经史，兼综百家之言，《孙吴兵法》念得很熟，还会写草书、隶书，会写文章，曾经写了一百余篇诗，有"赋""颂"五十多篇。

这些人已经完全地汉化了，就是放在汉族中间，他们在文化上也已经达到很高的水平。

所以等到刘渊起兵建立政权的时候，就完全以刘氏汉朝的继承人自居，举行祭天、祭祖仪式，追尊刘禅也就是刘阿斗为孝怀皇帝，把汉高祖以下的三祖五宗立为神主。刘渊这样做当然是出于他的政治目的，但显然已经得到本族人普遍的接受，至少已经为匈奴的上层人士所认同了。他们的起兵并非单纯的民族冲突或民族战争，而是伺机夺取政权，建立王朝。而西晋的内乱给他们制造了合适的时机。

西晋建立后，司马氏错误地吸取了曹魏政权被轻易取代的教训，认为曹魏非但没有壮大，而是削弱限制宗室的政治、军事势力，面对司马氏的篡夺无能为力，所以大封宗室王，不仅给实际封地，还配置了军队，却解散了朝廷的军队，为宗室之间的武装叛乱和争夺准备了条件。晋武帝司马炎死后，继位的晋惠帝是个白痴，而他的贾皇后是个野心勃勃的悍妇。她首先利用宗室势力，杀了执政的外戚（惠帝的外祖父）杨骏，集权专政，然后引发八位宗室王之间的混战——"八王之乱"。十六年后，当八王中的东海王司马越成为胜利者，十六国中的汉（前赵）、成汉已经建立，首都洛阳被包围，司马越只得逃出洛阳，次年在途中病死，随从的官员军队全部覆灭。

所以"五胡乱华"其实是"华"先乱，才被"五胡"找到机会。而在这个"乱"中，"五胡"的底层与汉族中那些被迫成为奴隶的百姓、失去土地的平民、动乱中无以为生的难民其实没有什么区别。而"五胡"的上层人物，无论是匈奴还是鲜卑、羯、氐、羌，其实都已经在汉族文化的影响下诱发了他们的民族认同，开始为本民族夺取政权。他们恰恰是利用了汉族文化中对他们有利的部分，如刘渊把自己塑造成汉朝刘氏的继承人。因为他们在学习汉族文化过程中，已经掌握了"天命"之类的帝王之术。汉人可以做皇帝，我们为什么不可以？你有天命，我也可以有天命。像石勒这样底层出身的人，一旦掌握了权力，又有汉人张宾这样的谋士辅佐，就可以建立华夏传统的帝王体系。而且他们都大量地任用汉族官员、谋士为他们服务，统治的人民也大多是汉族，他们建立的政权与汉族的分裂割据政权没有本质区别。

　　总而言之，"五胡乱华"绝不是简单的民族之间的冲突或战争，并非纯粹出于民族矛盾，相当程度上是"华乱"的结果。持续的、大范围的自然灾害又加剧了战乱的残酷性和破坏性。我们应该在这样一个大背景下来客观认识"五胡乱华"。

## 第四节　牧业部落的北迁与匈奴的南下劫掠

有两句唐诗大家一定很熟悉："但使龙城飞将在，不教胡马度阴山。"秦汉以后，阴山山脉经常是农业民族华夏汉族与北方游牧民族之间一道重要的界线。所以诗人希望像李广这样的飞将军能够一直守住这条边界，这样胡马就不能够"度阴山"了。但事实是，胡马经常"度阴山"，那胡马为什么要"度阴山"？

从中国有可靠的历史记载开始，中原的农业民族和北方的牧业民族之间的冲突从来就没有停止过，不同的只是激烈程度和冲突的范围而已。其实冲突的界线远远不止阴山山脉，往往从辽东一直到陇西再到河西走廊，都不断出现这样一种冲突。飞将军虽然也有，但是未必守得住。以往人们往往把冲突的出现归咎于牧业民族的野蛮落后、侵略好战，或者认为是农业民族软弱无能，这种看法是相当片面的。

在生产力低下的情况下，牧业民族只能"逐水草而居"，具有很大的流动性。黄河流域曾经是东亚大陆最适宜生产和生活的地区，牧业

民族也曾经与农业民族一样生活在这一地区。但随着农业民族人口的
增加和生产力的提高，牧业民族的生存空间不断被压缩，到战国后期已
经被挤出了黄河中下游，迁到了秦国、赵国、燕国三国的长城以北。

在正常情况下，牧业民族迁移的范围并不大，所谓"逐水草而
居"，主要是季节性的或者周期性的。但是在发生严重自然灾害或外敌
入侵的条件下，他们的迁移范围不得不扩大。一般来说，要获得足够的
生存条件或者有了充分的安全感以后，他们的迁移才会告一段落。

秦始皇筑起万里长城以后，匈奴的生存空间被限制在阴山山脉以
北的蒙古高原。但是由于气候寒冷，匈奴人不可能扩展到贝加尔湖以
北。公元前3世纪到公元前2世纪初，气候逐渐变冷，严寒、干旱、大
雪、蝗灾成为蒙古高原上的主要灾害。东西向的迁移往往同样难以躲
避由北而来的灾害，还会遇到其他游牧民族的抵制，向南迁移就成为
他们最合理的选择。

如果他们的迁移受到限制，殊死的搏斗就不可避免。牧业民族的
生产技能——为放牧和狩猎需要锻炼出来的骑马和射箭——非常容易
转化为军事需要，在与农业民族的战争中他们拥有天然的优势，尤其
富有攻击性和机动性，这使他们稳操胜券。

在占有农业民族的土地的同时，牧业民族往往也夺得了粮食、
纺织品、生产工具和其他物资、妇女和劳动力。这些战利品不仅使他
们顺利地度过了灾害，而且使他们轻而易举地提高了生活水平，甚至
有了积蓄。这使他们意识到，用武力从南方农业区掠夺物资和人口是
趋避灾害、获得财富最容易的手段。而与其他游牧民族的争夺，付出
的代价很大，收获却很少。在这种情况下，只要南方农业区缺乏有力
的防卫，牧业民族就会经常进行袭击性的掠夺。每当秋高马肥，牧业
民族的战斗力最强，又最需要准备过冬的粮食和物资，这类掠夺也最

频繁。

无论是正常的交换，还是掠夺所得，一旦牧业民族开始消费粮食、纺织品，使用更先进的生产工具和更适宜的生活用具，就会产生更大的需求，逐渐地形成依赖性。原始的牧业民族可以完全依靠畜产品为生，但在食用粮食、穿上纺织品，使用了铁制工具或武器以后，就再也没有办法抗拒。

比如说茶叶，原来都是南方农业地区生产的，但传到北方牧业民族中间以后，很快成了他们生活的必需品。但是牧区很难生产这些物资，至少不能全部满足他们的需要。如匈奴人在秦人、汉人的影响下也开始种粮食，但产量很有限。所以他们将这些物资的供应视为生命线。

来自中原王朝的供应，在边境进行的"互市"和"关市"对他们来说至关紧要，不可或缺。但中原的统治者不了解牧业民族的需要，或者故意将这些物资的供应作为对付他们的手段，往往就成为战争的导火线。

地理环境的不同导致农业民族和牧业民族生产和生活方式的巨大差异，尽管的确存在先进和落后，但从本质上说，各个民族的文化是与各自所处的地理环境和物质基础相适应的，并没有优劣之分。

但处于东亚大陆中心、地理条件相对优越的农业民族——华夏各族（以后的汉族）中很少有人认识到这一点，发达的农业文明使他们很早就形成一种民族优越感。在春秋时就集中表现为儒家的"夷夏之辨"——中原的农业民族、华夏各族是"夏"；周边的牧业民族和非华夏族是"夷"；"夏"是中心，是文明，是先进；"夷"是附庸，是野蛮，是落后；"夏"和"夷"的界线绝不能混淆。正因为如此，汉朝从皇帝到臣民都很难理解和同情匈奴人，汉朝和匈奴也不容易建立起正常的睦邻关系。

在汉匈的争夺和战争中,汉朝还有一个致命的弱点。匈奴人的生存条件比汉民差,汉民无法适应牧区的生活,而匈奴人却完全可以生活在农业区,尤其是在黄河流域的农业区。牧区大多数地方没有条件发展农业,而农业区一般很容易变成牧地。所以匈奴人南下以后,可以将农牧界线南移,可以在原来汉人的地方放牧,但是汉人北上以后却不能将农业区向北扩大。在当时的生产力条件下,阴山山脉已是农业区的北界,是难以逾越的界线。

在秦汉之际、两汉之际,匈奴人都曾经占有过阴山以南的土地,他们照样可以在那里放牧和生活。汉朝的军队尽管曾经一次次深入蒙古高原,甚至已经将匈奴人驱逐到蒙古高原以外,却没有办法在那里长久留驻,更不能将那些地方变为自己的疆域,设置郡县等行政区。因为军队或者移民都没有办法就地生产自己需要的粮食,他们所需要的粮食、物资,全部要从遥远的后方运来。

在匈奴人和他们的牲畜全部转移以后,汉人既没有统治的对象,也没有战后掠夺的目标。即使是给匈奴以重创的战争,实际上损失往往是汉朝一方面更大。所以在汉匈的冲突中,汉朝往往只能取守势,匈奴却往往采用攻势。匈奴的每次入侵都给汉朝造成很大的损失,而汉朝的反击倒经常是得不偿失。因为在匈奴远离的时候,汉军出兵再远,也不会有任何战果,却要赔上大量粮食、物资和人员。

比如汉武帝打了几个大胜仗,甚至深入蒙古高原,但在国内听到的倒是反对的话。当时一些官员就提出:"我们自己有很多田地,因为农民都当兵出征了,就都荒芜了,没有人种,还需要那些干旱寒冷的土地吗?又不能种庄稼的,要拿来干什么呢?"

所以在汉朝军事实力不如匈奴的情况下,和亲不失为一种明智而现实的政策，能够以较小的代价换来和平，避免更大的损失。特别是在匈奴相对弱势的时候，执行适当的政策，正是保证双方能够和平相处的重要前提。

我们当然应该肯定汉武帝反击匈奴人入侵的贡献，这一努力巩固了西汉的疆域，也为以后的和平局面奠定了基础。但还应该看到，真正给边境带来持久和平和安宁的是汉宣帝的正确方针。当匈奴分裂，呼韩邪单于兵败投降的时候，汉宣帝不仅没有趁机消灭匈奴政权，还给予了基本平等的政治待遇和充分的物资供应，使他们能够享受体面的和平。比如说单于朝见汉宣帝的时候，汉宣帝给他的地位"在诸侯之上"，仅次于皇帝。不把他当自己的臣下，而是拿他当朋友、当宾客，还派军队护送他回去，供应给他很多物资。等到他认为呼韩邪已经有自立能力了，又把他送回蒙古高原。

汉元帝继承了汉宣帝的政策，并更加务实。有次，汉元帝派使者去匈奴，使者在没有事先得到授权的情况下，与匈奴订立了完全平等的盟约："自今以来，汉与匈奴合为一家，世世毋得相诈相攻"（不得相互欺骗，相互攻击），"敢先背约者，受天不祥"（背约者要受天的惩罚），并按照匈奴仪式，登诺水东山，杀白马，饮血酒。使者回来汇报后，公卿大臣都认为他们擅自与夷狄发这样的恶誓，丢了国家的脸面，要求重新派使者去匈奴，重新举行祭天仪式后解除誓约，并追究他们"不道"的死罪。元帝却下诏书不解盟，实际上承认了盟约，只给了他们很轻的处罚。

正因为这样，汉匈之间出现了六十年的安定，边境"数世不见烟火之警，人民炽盛，牛马布野"。在汉朝四百年的历史中，与北方的匈奴能够保持如此长的安定局面，是空前绝后的。所以到底怎么样才能"不教胡马度阴山"，很明显，仅靠飞将军是不够的。

## 第五节　古代人为什么要迁移？

古代人为什么要迁移呢？绝大多数人都是为了生存，特别是在生产力落后的情况下，到一定时候，当地的自然条件已经不能够为他们提供生存的资源了，那么就只能迁移。

从文献记载中可以看到，商朝人是不断迁移的，而且经常迁都。主要的原因是当时农业生产能力低，到一定时候，当地土地质量下降，或者遇到水、旱、蝗等自然灾害，粮食产量无法维持正常生存，只能迁移，换个地方。当时一部分人从事牧业，也只能游牧，"逐水草而居"，什么地方有水有草，就往那里迁，等那里的水草不够了，再往更合适的地方迁。也有一些人的迁移是为了发展，追求财富，迁到富的地方；想从政当官，就迁往首都；要求学、研究学问，就迁到文化发达的地方，这是一种发展型的移民，这种人是少数。

更少的人是出于好奇。这是人的天性，只是绝大多数人不具备条件，或者更多地考虑现实。只有极少数人或者具备往外走的条件，或者即使没有条件也会不计后果满足个人的好奇心。

早期的中华文明主要是在黄河中下游地区发展起来，再扩散到全国各地的。当时这块地方的自然条件相当优越，有足够的土地可供开发，土壤疏松，土地有足够的肥力。而且当时气候温和，降水充沛。长期处于这样的环境，当地人养成了一种"安土重迁"的生活习惯，非不得已是不向外迁移的。所以在正常情况下，外迁的人的数量很少，大多数人世世代代生活在原地，或者就地做扩散性的迁移。如果碰到天灾人祸，就不得不逃离故乡，但是在灾祸过去以后，他们还是要回到故乡。

但是在特殊情况下会引发大规模的人口迁移。一种情况就是出现了大规模的、持续的天灾人祸。古代各种自然灾害里，大范围、持续性的干旱对人口影响最大。因为当时没有天气预报，更没有长时段的天气预报，出现了旱情，不知道会持续多久，什么时候结束。不像洪水，洪峰到达、成灾以后也就过去了。等到粮食吃完了，旱象还没有过去，人已经没有力量走出灾区了。所以旱灾发展到一定程度，灾民会根据经验估计，如果生活维持不下去，就不得不逃荒，往外迁移。如果战争爆发，平民百姓更没有其他办法，只有逃亡躲避。时间长了，离家远了，回不了家乡，就只能在外地定居。

黄河中下游一带，长期是首都所在。无论是农民起义、军阀混战或者由统治者内部矛盾引起的战争，目标都是要夺取政权，首都附近往往是战乱的中心。而统治者总要竭力镇压，保卫首都，首都周围往往成为反复争夺的战场。早期的首都长安、洛阳，以后的开封都集中在这一带，受战乱影响比较大，引发的人口外迁也特别多。

历史上的民族冲突，异族入侵，华夏（汉族）以外的少数民族，往往是从北向南，从蒙古高原、西北进入黄河中下游地区，进入中原。中原的华夏（汉族）人口，只要有可能，都会随同自己的政权往南迁移。

还有一种情况是自然条件的变化。因为气候的变化，一度相当适宜生存的黄河中下游地区，慢慢就变得不太适合了。随着气候周期性的变冷，原来温和的气候变得比较寒冷干燥、降水量减少。相反，南方长江流域随着气温的缓慢下降，从湿热变成了温和。加上生产力发达以后，清除丛林植被比较容易，比较黏结的土壤也能被开垦，可以容纳大批移民。

所以历史上的几次大规模的移民，基本上都是由北到南，由西北到东南，由黄河流域迁到江淮之间、长江流域，再越过南岭进入珠江流域。

秦汉之际其实已经开始有人口南迁，但规模和影响都有限。历史上最大规模的南迁中，第一次就是在西晋的"永嘉之乱"以后。西晋内部的"八王之乱"，成为所谓"五胡乱华"的导火线，匈奴、鲜卑、羯、氐、羌等非华夏民族推翻了西晋，先后建立十几个政权。从4世纪初开始，北方的战乱持续了一百多年。司马睿在建康（今江苏南京）建立东晋政权，中原的"衣冠"——皇室贵族、文武官员、世家大族、平民百姓纷纷南迁，聚居于江淮之间和长江中下游，特别是建康周围地区。由于北方已为异族政权统治，战乱持续，原来只是临时避难，或者犹豫观望的人，只能选择在南方定居。

第二次大的南迁，就是从唐朝"安史之乱"（公元755年）爆发以后，一直延续到唐后期以至五代，人口还是从黄河流域南迁，不过南迁已经进一步深入南方，比如长江流域的江西，就又吸收了大量的北方移民，移民波及的范围已经到了今天的湖南、广西这一带了。

第三次南迁，就是北宋"靖康之乱"（公元1127年）以后，金兵南下灭了北宋，导致大批的北方人南迁，特别是南宋在临安府（今浙江杭州）的建立，对北方民众有更大的吸引力，大批北方移民在南宋范围内定居。这次南迁一直延续到南宋末，不仅人数多，而且范围更广，波及更远，一部分人已经越过南岭，迁入岭南。

在这几次南迁的同时，也有一些人来不及南迁，或者南迁之路被阻，或者离南方太远，迁到了河西走廊、辽东，还有的被迁到北方、东北。有些人是被掳掠强制的，也有的人是为了躲避中原的战乱主动迁去的。如在五代、北宋初，契丹人就把大批的汉人迁到他们统治的地方。五代后期契丹占了"燕云十六州"，控制了今天的河北、山西北部，北京成了它的"南京"，大同成了它的"西京"。中原不少人迁到了河北、山西的北部，以及内蒙古、东北一些地方。同时，大批非华夏的部族，从蒙古高原、从东北、从西北迁到了黄河中下游地区，迁到了中原。

到了元朝，人口南迁已达到了极限，中国人口的南北之比到了顶点，大部分人口集中在南方。经过元末明初的战乱，北方人口相对稀少，南方很多地方的人口相对饱和。加上明朝不久就把首都迁到北京，首都以及周围地区都需要充实人口。从明朝初年开始，北方出现大规模的移民，从山西大批迁至北京及华北各地。迁都过程中，朝廷的文武官员及其家属、军队、办事和服务人员、工匠、乐户数十万人迁往北京及周围地区。还有江南的富户、士人也被迁到北京。明朝初年，总的趋势是以北京为中心的华北吸收了大批移民，同时在一些经历战乱人口稀少的地方，也有大批外来移民自发地迁入定居。

明朝中期，经济比较发达的地方人口已经相当稠密，土地被开发殆尽。贫民、流民纷纷拥入一些尚未开发的内地山区，如当时还处于封禁状态的荆襄山区，政府无法阻止，驱赶不了，只得承认现实，允许流民占地入籍，在那里新设郧阳府等行政区划。明朝后期已经出现了从平原向山区、丘陵、边疆移民的潮流。

清朝初年的战乱造成四川等地人口大量损失，好多地方已荒无人烟，成都城里老虎白天在街上游荡，有的县好不容易招募到几百个移民，却被老虎吃掉一半。清朝实施优惠政策，鼓励移民迁入。如移民到当地后可免交三年公粮，资助种子、耕牛，合法拥有开垦的土地，合法地入籍。如果能组织五百户移民迁入定居，给予县官待遇；如果能组织一千户，可直接任命为县官。大批移民从湖广（今湖北、湖南）进入四川，这就是历史上有名的"湖广填四川"。其实移民不单来自湖广，还来自江西、安徽、广西、广东、福建等地。四川人口基本饱和后，一部分人继续迁往陕南、云南、贵州。

清朝中期以后，今天山西、陕西这一带的人"走西口"，通过长城上原来的那些"口"，迁入内蒙古。这些人口开始还是季节性地迁移，被称为"雁行人"，像大雁一样，春天去内蒙古开垦种田，秋收后回老家，其他主要是一些往返于内蒙古、外蒙古、俄罗斯的商人。到了清朝后期，"雁行人"在当地落户了。特别是19世纪60年代内蒙古放垦后，移民可以在那里合法定居，大批山西人、陕西人还有内地其他地方的移民迁到今呼和浩特到包头一带，还有人进入大青山以北地区开垦定居。

清朝初年，有大批客家人从广东山区迁到了平原，后来引起与当地土著之间的大规模械斗，官府调解、镇压不了，只好将一批客家人集中安置，与土著隔离。有些客家人被远迁到了雷州半岛、海南岛。还有一些客家人就迁到了台湾。

康熙二十三年（公元1684年）台湾建府后，吸引了不少大陆的移民。尽管清朝曾经几次下过禁海令，但最后还是开放了。到日本占据台湾时，岛上已经有了两百多万大陆的移民及其后裔。移民中主要是闽南人，第二位的是客家人，他们构成了台湾人口的主体，维系着与祖国的联系。

自明朝中期开始，就有福建、广东山区和沿海一些山区的人"下南洋"，迁往东南亚。因为当时移居海外是非法的，只能采取民间偷渡的方式。鸦片战争以后，又出现了非法的苦力移民。帝国主义利用特权，诱骗、绑架一些贫民，贩"猪仔"，以所谓"契约劳工"的名义把他们输送到海外，包括美洲、非洲（像南非）、东南亚很多地方。以后在生存压力的驱使和早期海外移民的吸引下，大批福建、广东人迁往东南亚、南亚、美洲、非洲。

19世纪60年代，面对帝国主义的侵略，清朝终于取消了东北的封禁，原来涉嫌非法的"闯关东"成了得到政府鼓励资助的大规模移民活动，为东北的开发和边疆的巩固做出巨大贡献。大批移民从山东、河北和北方各地迅速迁入东北，很快建立一个一个新的县、府。清朝末年，东北原来的三个将军衙门都改建为省，即奉天（今辽宁）、吉林、黑龙江三省。到1931年日本发动"九一八"事变占领东北时，东北已有三千万人口，主要由移民及其后裔构成。正是他们的存在，才最终保住了东北的大好河山。

回顾中国移民的历史，可以这样说：没有移民就没有中国这片疆土，没有移民就没有中华民族，没有移民就没有中国的历史。

# 第五章
# 人口

被 政 策 影 响 的 人 口 数 量

## 第一节　古代中国究竟有多少人？

在中国古代不同的历史时期，到底有过多少人呢？要回答这个问题是相当困难的，特别是要精确地回答。因为古代的人口已经成为过去，我们不能像今天这样再做一次人口普查或做一次人口调查。所以，如果古代当时没有做过人口调查，或者做了而没有留下记录，我们今天只能根据已有的史料做出一些估计。有人曾经在历史书上翻到说大禹的时候有多少人，周朝的时候有多少人，还精确到个位数，那我告诉大家，这个数字是完全不可靠的，显然是后人编造的。

大禹的时候这个人口数是怎么来的？要调查。当时有这样的条件吗？而且更主要的是，一直到周朝实行分封制的阶段，最高统治者是没有必要花那么大的精力，去调查统计有多少人的。因为一个个的诸侯国，大国下面的小国，每个国它都是自己在管理，只要按照规定纳贡，贡上来多少东西或者多少人就行了，所以没有必要去调查它们下面具体有多少人。所以包括《周礼》里面讲的"登人"——调查人的制度，大部分都是后人的一种设想，并没有真正实行过。既然当时就没有调查过，我们今天要精确地说出大禹时候有多少人，周朝时有多少人，那显然是不可能的，这些数字大家完全不要去相信。

到了战国后期，因为有些大的诸侯国已经开始设立郡县了，诸侯要知道这些郡县里有多少人，所以已经有一个叫"上计"的制度，每年或者是每三年，当地的地方官就跟诸侯报告这个地方有多少户口，这样应该讲就有一些局部的数据了。

我们知道，要调查人口本身要花费很多的人力物力，调查人口的目的是什么呢？

无非三种，一种就是征兵。征兵的话就要知道有多少男性人口，当兵有一定年龄限制，因此不仅要调查男性的人数，还要调查年龄。还有一种是服劳役，也需要调查有多少人，也有年龄限制，太小了不行，太老了也不行，就有调查人口和岁数的必要。因为服兵役、服劳役的对象基本上是男性，所以女性就没有必要调查。再一种是纳税，就是要调查该纳税的人口。如果女性也要纳税，那么女性人口也有调查的必要了。

所以从秦朝开始就要进行全国性的户口调查，因为普遍实行劳役、兵役制度。汉朝还实行人头税制度，每个人都要交纳"口赋"（口钱），那么不但男性，女性也要被调查了。秦朝统一以后，实行中央集权的制度，朝廷直接统治下面的郡、县，已经有条件通过各个县调查人口，然后各个县把数字汇总起来报到郡，郡再报到朝廷。中国第一个全国性的户口数字，就是秦始皇的时候形成的。到刘邦攻占咸阳的时候，萧何专门接管了秦朝留下的档案，其中就包括全国的户口数，一个郡、一个县有多少户口都查得到。

为什么讲户口，不直接讲人口？因为当时调查的指标主要是户，劳役、兵役一般就是以户为单位征集的。一户里面有多少口，并不等于我们今天讲的人口，每一个人都要调查到，它的重点显然是跟征兵、跟赋役、跟纳税有关的那些人。譬如老人、小孩，就不一定都调查，或者都要求调查准确。

以后每一个朝代都有这样的户籍，可惜今天有些数据早就不存在了。所以我们现在要讲历朝历代有多少人口，只能根据还保存着的这些户口的数字来推算、估计。

有几个阶段，户口数是比较接近实际人口数的。

比如西汉时，国家既有劳役、兵役，又征收人头税。因为征人头税的对象是七岁以上的男女人口，为了保证不漏征，对这些人口都要认真调查。汉武帝时把起征年龄提前到三岁，调查对象几乎覆盖全部人口了。所以西汉期间的户口数与实际人口数非常接近。

要了解中国历史上某一阶段的人口数据，还有一个条件，这个阶段的行政效率要比较高。如果行政效率不高，很多调查进行不了，或者地方敷衍塞责，甚至在数字上胡编乱造，即使调查的范围包括全部人口，结果也不可靠。西汉时期的行政效率总的来说还是比较高的，符合这个条件。又如明朝初年，朱元璋曾经出动军队，到地方上去查户口，规定了严格的奖惩措施，而且做了详细的登记，以后又规定每十年要编修一次户籍。特别是在他在位时期的这一两次调查，规定非常仔细，他实行严刑峻法，官员们都不敢怠惰，更不敢违法。有这样高的行政效率，这一阶段调查的户口数基本上覆盖了全部人口。但在朱元璋以后就做不到了。

另外一个条件是这些数据被保留下来了。像秦朝的户籍数字只留下个别县的，用处有限，更无法了解全貌。非常幸运的是，西汉末年的数字，全国总数、郡级单位的户数及口数，还有个别县级单位的数字都被保留下来了。

户口数比较接近实际人口数的另一个阶段就是清朝。康熙五十一年（公元1712年），康熙皇帝宣布实行一项政策——"盛世添丁，永不加赋"，就是说现在到了太平盛世，朝廷对此后新增加的人口，只统计数字，永远不增加赋税。本来无论是官员还是百姓，隐瞒户口、少报人口的目的大多是为了少交赋税。现在赋税与新增人口脱钩了，还有必要隐瞒吗？当然，官员、百姓不会马上相信这样的政策，特别是会怀疑政策能不能落实，所以还会或多或少地隐瞒，但毕竟有了根本性的改变。

到了雍正年间，又实行"摊丁入地"，又称"摊丁入亩"。本来百姓要交两种税，一种是人头税，主要依据是户口登记，征收对象是"丁"（理论上是成年男子）；另一种是地税，征收对象是土地的主人，依据的是地亩数量。"摊丁入地"就是把人头税统统分摊到土地上，总量不变，征收对象是土地的主人。当时有个说法，"天下有逃丁，无逃地"。逃得了和尚逃不了庙，人口数容易隐瞒，土地隐瞒不了。今后只征地税了，再漏报、隐瞒人口就没有必要，口的数字与赋税数额已经完全脱钩了。到乾隆四十一年（公元1776年），朝廷对调查户口的方法进行了整顿，还通过保甲制度加强复核，从乾隆四十一年开始，户口数字比较接近或基本上就等于人口数字。

所以我们看有关户口的史料，不要只看字面上用的什么"丁"啊，"口"啊，要弄明白这些单位到底是什么意思？大多数情况并不等于一个人，或者一个符合服役或征税年龄的人，而只是一个额度，就是应征服役或纳税的单位，实际相当于多少两银子、多少个钱、多少斤粮食、多少两丝。

根据这些规律，再结合历代留下来的户口数字，可以归纳出几个比较可靠、多数学者能接受的数字，作为前后推算估计的基础。

第一个节点就是西汉末年，公元初，在汉朝统治的范围内，大概有六千万人口。还有汉朝没有统治到的，如蒙古高原、青藏高原、东北这些地方，但是这些地方当时人口非常稀少，蒙古高原充其量不过几十万人，基本上可以忽略。可以讲，公元初的中国大概有六千余万人。

有了这个数字，我们往上面推，估计秦汉之际，秦朝灭亡西汉刚建立的时候，至少有一千五百万人。再往上推算，战国末、秦朝初估计有三四千万人。

第二个重要节点是唐朝，唐朝安史之乱前的"大唐盛世"。这段时间户口隐漏比较严重，统计到的户口数偏低。专家一般估计，盛唐的人口高峰大概是七千万到八千万之间，不会超过八千万。

第三个节点是宋朝。现在估计到十二世纪初的北宋末年，宋朝人口应该已经达到一亿，13世纪前期宋、金合计人口达到一点二亿。

第四个节点是明朝。明朝初年到永乐年间，应该有七千万人口，发展到17世纪初，明朝的人口已经达到两亿。

最后一个重要的节点，是太平天国战争前，清道光三十年（公元1850年），是中国古代的人口顶峰，四点三亿。这四点三亿也没有包括一些边疆地区，但是这些地区的人口加在一起不过一两百万，所以不影响这个数字大致的准确性。

清光绪三十四年（公元1908年），清朝要筹办立宪，准备选举，选举涉及人口调查，所以准备花六年时间进行一次全国性的人口普查。这次是真正意义上的人口普查，要求调查到每一个人，而且在不少地方采取逐户登记的办法。如果这次调查完全进行了，可以产生一个现代意义上的真正的全国人口统计数。可惜一方面有些地方还刚刚建立警察系统，调查的技术、人力、物力都很缺乏；另一方面调查还没有进行完清朝就亡了，民国政府并没有继续进行。但无论如何，这是中国历史上第一次真正意义的人口普查。

民国年间，专家学者对这次调查中大部分省区已经完成的调查资料加以整理，估计1911年清朝的全国人口总数大约是四亿。

## 第二节　贞节观念与唐朝的寡妇改嫁

西汉时对匈奴和亲，王昭君远嫁匈奴，嫁给匈奴的呼韩邪单于，号称"宁胡阏氏"，生了一个儿子，地位相当于汉朝的贵妃，因为单于另有"大阏氏"和多位阏氏。呼韩邪单于死后，大阏氏的儿子被立为新单于，根据匈奴的习俗，王昭君又嫁给他为妻，又生了两个女儿。新单于虽不是她的亲生儿子，毕竟是她丈夫的儿子，从辈分上讲他们是母子关系。如果到这位新立的单于死时她还活着，也许还得再嫁一次。汉朝人实在接受不了，觉得这种习俗野蛮甚至乱伦，但匈奴人理直气壮：我们就是用这样的办法，保证我们"种姓"能够绵延。

此前汉武帝时，将江都王的女儿封为公主嫁给乌孙王昆莫，公主被立为右夫人。以后昆莫将公主配给自己的孙子，公主不愿意，武帝要她入乡随俗，她只得下嫁，又与昆莫的孙子生了个女儿。

匈奴、乌孙是游牧民族，生活的地方主要是蒙古高原、中亚草原，气候寒冷、干燥，物产有限，基本不能生产粮食，生存条件艰苦。再加上他们的生活习惯、饮食方式，人均寿命很短，人口很难增长，一遇到天灾人祸人口往往是负增长。即使到了近代，蒙古高原的民族人均寿命还是很短，人口增长率很低。所以匈奴不只是采取这样的办法，充分利用妇女的生育能力，汉朝人凡是进入匈奴，不管是被俘虏的，还是被扣为人质的，或者自己投奔的，匈奴人都会让他们在那里成家生孩子。比如张骞第一次出使西域，离开汉朝不远就被匈奴扣留了，一扣就是十年，等到张骞离开的时候，他已经有了家室，有了孩子。又如苏武是汉朝的使者，被匈奴扣为人质。匈奴一方面把他流放到贝加尔湖一带，不许他回去，但是另一方面还要配给他匈奴妇女，等苏武后来返回汉朝时，他已经有了儿子。但儿子得留在匈奴，不能带走。更不用说像投降匈奴的李陵、李广利等人，一到匈奴就得与匈奴妇女成家，为匈奴增加人口。

的确，千方百计地增加人口是匈奴的一种生存方式。所以在他们那里，这种行为能够得到合理的解释，他们完全不会有像汉朝人那样的观念。在西汉、东汉时，已经开始出现妇女的"贞节"观念，寡妇改嫁就觉得不大光彩。

匈奴人、乌孙人、胡人与汉人在生育观念方面，或者在这种"贞节"观念方面，是不是一定会完全对立呢？其实，如果是在同样的生存条件下，就并没有严格的界限。

比如北朝时，因为连年战乱，农业生产也受到影响，人口很难增长。特别是那些长期驻守前线的将士，没有办法及时结婚，没有机会及时传宗接代。曾经有几次皇帝下命令，征集后方的寡妇送往前线，嫁给将士。不是鼓励寡妇守寡，而是要逼她们与马上奔赴前线的将士结婚，保证他们有家庭，保证他们有孩子。

也许你不能想象，唐太宗在他登位的当年［贞观元年（公元627

年）］居然下了一道诏书，目的就是为了增加人口。诏书规定：男子二十岁、女子十五岁以上应该促使他们赶快成家结婚。诏书还特别规定了寡妇如果丧期已满，守孝时间满了，就要及时改嫁。鳏夫也要及时婚配。并且把诏令的实行结果作为考察地方官政绩的重要指标。

由此可见，一种婚姻习俗、观念是要与社会的存在、需要相适应的。唐朝初年，经过隋末唐初的战乱、突厥的南侵等天灾人祸，人口锐减，迫切需要增加人口。

唐太宗即位的当月，突厥南下，甚至兵临长安城下，唐太宗不得不亲自出城，与突厥可汗对话谈判，才使突厥退兵。唐太宗深感增加人口的紧迫性，但当时没有增加人口的有效办法，唯一能想到的，只有充分利用妇女的生育能力。寡妇大多数年纪不大，还有生育能力，怎么能允许她们"守节"不嫁呢？所以一定要命令地方官动员、资助，或不惜强制辖区内的寡妇改嫁。

由于种种原因，唐朝的人口增长并不理想，所以到唐玄宗开元二十二年（公元734年），继续采取促进生育的措施，下诏规定将合法婚龄降到男子十五岁、女子十三岁。这是中国历史上法定适婚年龄的最低点。

这种原来的"贞节观念"、婚嫁的习俗，如果和实际需要不适应，那就会被改变。

社会的实际需要决定了唐朝根本没有寡妇不能改嫁这个观念，更不会把寡妇"守节"作为一种值得倡导的优良风尚和优秀事迹进行表彰。据唐朝正史中公主传的记载，大多数公主都是改嫁过的；最多的一位改嫁了五次，而且改嫁了、改嫁给谁，都堂而皇之地记载在她们的传记里面，史官丝毫不觉得有隐讳的必要。

但在唐朝以后，五代、宋朝，特别到了宋朝时，"贞节观念"越来越受到重视，非但寡妇不能改嫁，甚至未婚夫死了，从小结的"娃娃亲"的男方死了，"指腹为媒"（男女双方都还没有出生，家长间预定的亲。如生下异性就定亲，生下同性就结为兄弟姐妹）的男方死了，女方也不能改嫁。出现了很多女人"守节"的典范，一些"守节"的故事简直令人毛骨悚然。

欧阳修记载了一位"节妇"李氏的事迹：五代时山东人王凝任虢州（今河南灵宝市）司户参军，病故在任上。王凝一向没有积蓄，一个儿子年纪还小，妻子李氏带着儿子送其骨骸回故乡。东行过开封时，到旅馆投宿，店主见她单身带一个孩子，心里有疑问，就不许她留宿。李氏见天色已晚，不肯离店，店主就拉住她的手臂拖了出去。李氏仰天大哭，说："我作为一个女人，不能守节，这只手难道能随便让人拉吗？不能让这只手玷污了我全身！"于是拿起斧头自己砍断了手臂。过路人见了都围观叹息，有的弹指警戒，有的流下了眼泪。开封府尹得知后，向朝廷报告，官府赐给李氏药品治伤，还给予优厚的抚恤，店主被打了一顿板子。

贞节要守到这样残酷的程度，更不要说寡妇改嫁了。宋朝的学者曾经说过：女人"饿死事小，失节事大"。女人饿死了也不过是死了个人，一旦失节，丧失了"贞节"，比死还严重。

而且从宋朝以后，包括元朝，直到清朝，这种"贞节"观念越来越流行，越来越被强化。明朝、清朝都在各地为"节妇""烈女"造贞节牌坊，大力表彰。她们的"主要事迹"往往就是拒绝改嫁，或者以死相拼，为了抵制强迫她们改嫁的力量，有的自杀，有的剪掉头发，有的割掉耳朵。或者年纪轻轻就守寡，为未婚夫守寡，有的抚养遗腹子（丈夫死的时候已经怀孕留下的孩子），又教育他成人，一直到老。这类优秀事迹，广泛见于各种记载，几乎每一部地方志、家谱中都有《节妇传》，一些县城，甚至县以下的乡镇，都可以看到不少为"节妇"建的牌坊。

这仅仅是价值观念或者伦理道德的影响吗？其实，任何一种价值观念，一种伦理道德，都有它存在的社会基础和物质基础。看一下这一时期人口数量变化的趋势就可以明白了。

唐朝初年人口不多，甚至到安史之乱前的盛唐，总人口也不过七八千万人，稍超过公元初的西汉。但是到了12世纪初的北宋末年，宋朝人口已经突破一亿，到了13世纪前期，南宋与金朝合起来估计人口有一点二亿，17世纪初明朝人口突破两亿，1850年清朝人口达到四点三亿。在人口不断增长，突破一个又一个高峰时，当然完全不需要再通过强制寡妇改嫁来增加人口出生率，而大力倡导妇女的贞节观念，使寡妇能"守节"终身，正好符合社会实际的需求，当时也找不到调节人口增长的其他途径。

由于人口压力日益严重，到了清朝后期还出了一位学者汪士铎，人口学界称之为"中国的马尔萨斯"。他认为当时最大的社会危机是人口太多，哀叹"天地之力穷矣"，自然界能够提供的资源已经穷尽了。人多的祸根是什么呢？他认为就是女人。在他的一本未刊印的著作中，他认为根本的措施就是限制女人的数量，限制女人的生育能力。他主张一部分女婴生下来就应该被溺死，留下来的女婴一部分要送进"童贞院"，从儿童时就把她们集中起来收养，今后终身不能结婚。同时要严禁寡妇改嫁，寡妇改嫁要依法治罪。

了解了这些历史背景和社会现实，我们就不难理解，为什么曾经为汉朝人不齿的匈奴习俗，在唐朝会无所顾忌。在宋朝人看来惊世骇俗的行为，唐太宗会堂而皇之地下诏推行。传统儒家文化培养的学者，会与西方的马尔萨斯"心有灵犀一点通"。

## 第三节　为何宋朝的户口资料里平均每户不到三个人？

看宋朝的户口资料，可以发现一个非常奇怪的现象。无论是南宋、北宋的户口数字，每户家庭的平均口数低得出奇。低到什么程度呢？只有两个多一点。比如最高的是北宋天圣元年（公元1023年），每户平均口数也只有二点五七。而最低的是元丰三年（公元1080年），竟然只有一点四二，也就是说每户平均一个半人都不到。这怎么可能呢？不要说当时根本还没有计划生育，或者是限制人口增长的概念，就是在严格实行"一胎化"的情况下，如果说夫妻两个加上一个孩子，那也有三个。如果每户平均只有不到一点五个，那就还凑不齐一对夫妻，这能称其为"户"吗？何况这还是个全国平均数！

宋代到底每一户应该有多少人呢？我们在宋朝史料里发现还有其他记录。这说明两个多一点的平均数其实不是全部人口，而是每个家庭中承担赋役、纳税的人口。举例说，一个五六口的家庭，除了老人、小孩、妇女，有时候可能还有残疾人，够得上承担赋役条件的成年男子大概不过两三口。而且就全国而言，还有大批官僚家庭和投靠他们的人口享有免役特权，他们当然就没有被计算在赋役人口里。还有不少贫民为了逃避赋役，寻求庇护或者外出流亡，也没有被登记在正常的户籍中。所以平均每户的"口"只有不到三个，那是比较平常的，但是如果低于两个，证明逃避赋税的比例已经相当高了。

在宋朝的史料中也可以看到一些不同的数字，每户"口"的平均数都在五上下。如一种很重要的史料——李心传的《建炎以来朝野杂记》，里面记载鄂州（治所在今湖北武汉）每户平均四点七三口。在罗愿的《新安（歙州）志》里记载城内每户平均五点三五口，但城外每户平均五点零五口，都比五口还多一点。

在其他的一些史料里，我们也可以看到，少数州的每户平均口数在四至六之间。又比如朱熹当地方官时，他在为地方申请救济的公文里提到，当地每户的人口都是五口上下。

可见宋朝存在着不止一套的户口统计数据，我们今天在《宋史》等官方史书中看到的全国性的统计数据，恰恰是赋税人口，或者叫赋役人口，也就是全部人口中承担赋役的那一部分。因为这个数字对国家来讲是最重要的，所以这一套不同年份上报的数字是最完整的。其他类型的数字，如申请救济抚恤、编练民兵等，就必须完整地调查统计男女老幼每一个人。但这并非国家经常性的或全国性的需要，所以没有必要花人力物力做经常性、普遍性的整理申报，也没有载入史册。根据这些数字分析下来，再结合相关方面的研究，可以肯定宋朝的人口结构也应该是"五口之家"——每一户五口上下。

还有一项数据也可以作为参考。金朝的户籍统计是包括全部人口的，根据它历年的统计数，原北宋疆域内的人口每户平均口数都在六以上。而金朝的每户人口中还包括一些家庭以外的成员如奴仆、雇工等，实际家庭人口数也应该是五口上下。

从这样的事实出发，我们根据宋朝留下来的户口数中的户数来推算。北宋大观四年（公元1110年）有两千零八十八万二千二百五十八户，四千六百七十三万四千七百八十四口，平均每户二点二四口；如果以每户五口计，那么实际人口数已经超过一亿了。

明朝和清朝前期的户口统计数都有类似情况。明朝初期以后，朝廷对统计户口的关注点从实际人口数转移到了与赋税直接挂钩的"额"，即每一个户口调查单位"里"所必须承担的赋税额度，要求"务求不亏原额"——新一次调查的结果，务必不能使各个单位承担赋税的额度比上一次调查的额度低。所以就出现了官方统计到的每户平均口数越来越低的不正常现象。其实根据人口史、社会史、人类学等多学科研究的结果，从汉朝到清朝，一个家庭的平均人口一直是在五口上下。出现户均人口低于五，或者特别低的情况，都是统计指标与赋税制度挂钩的结果。

既然如此，为什么我们长期有这样一种错觉，好像中国古代的家庭孩子很多，有人甚至认为中国没有实行计划生育以前，多子多福现象很普遍。其实这完全是一个误解。

为什么说是误解呢？首先需要区别清楚，户籍制度下的"户"是指按照当时的制度登记人口的基本单位，而现代人口学讲的"户"是指"核心家庭"。什么是核心家庭？就是一对夫妻加上他们未成年的孩子。其他类型的家庭，如由几个核心家庭或者一个核心家庭加上其他人口组成的家族称为"复合家庭"。比如，一对夫妻是与老人在一起生活的，那么除了一对夫妻加上他们未成年的孩子以外，还要加上一两位老人，当然比核心家庭的人口就要多了。古代有些聚族而居或者三世同堂、四世同堂的大家庭，好几个核心家庭生活在一起的

"户"，比如一对老人下面有三对小夫妻，小夫妻下面还有他们未成年的孩子，这个"户"的人口当然比核心家庭要多很多。这样的复合家庭给人的感觉好像都是子孙繁衍，人丁兴旺，如果分解为核心家庭的话，就是另一种感觉。

我们看小说《红楼梦》里，又是荣国府，又是宁国府，加上寄居的亲戚，有不少公子、小姐。如果分解到核心家庭的话，不仅每户人口不多，有的还称得上计划生育的模范家族。比如林黛玉，家里面就她一个女儿，父母在时也是三口之家，父母死后就成了一口，等她死了这一户就绝了。又比如贾政，虽然有五个孩子，但是由一妻一妾生的，王夫人生了贾珠、贾元春和贾宝玉。但贾珠死得早，只留下妻子李纨和儿子贾兰。贾珠这个核心家庭曾经是三口之家，他死后就成了两口。贾政的妾赵姨娘生了贾探春和贾环。宁国府的贾赦，邢夫人为他生了一个儿子贾琏，而不知名的小妾给他生了一个比贾琏小二十来岁的贾琮。对照学者研究清朝家庭人口的成果，《红楼梦》里的情况符合实际。

再有一点，古代大家庭都实行大排行，一个复合家庭里同一辈的，特别是同一辈的男性，往往就从第一个最长的排起，一直排到最后一个。所以我们在唐诗里看到有"元十八"，就是姓元的家里的第十八个男孩；还有"李二十"，就是姓李的家庭里的第二十个男孩。这并不是元氏夫妇或李氏夫妇生了那么多男孩，而是这两个家族中多对夫妇生育的结果。比如说上面祖父、祖母下面有五个男子，他们组成了五个核心家庭，总共生了十八个男孩，这个大排行就可以从老大排到十八。如果一个曾祖父、高祖父繁衍的后代都生活在一起，用大排行，那么到第四代、第五代排到二三十就不稀罕了。分解到一个个核心家庭，每一个核心家庭的男孩不一定多，有的核心家庭甚至没有孩子。

第三种情况，的确是有一些特殊的现象。比如好多皇帝有几十个儿子，还有几十个女儿。但与皇帝占有的女性相比，平均每个女性的生育率极低，绝大多数是零。皇帝一般有几十位后妃、数千名宫女，历史上占有的最多的有两万多名宫女。其中有机会与皇帝过性生活的人只是个零头，这么多女性的生育能力都浪费了，同时却造成社会上很多人终身结不了婚。即使这样，皇帝中还有不少人没有孩子，或者未成年就死了。历史上也记载了一些宗室、贵族、高官、富人，甚至平民生了很多孩子的例子，但在总人口中的比例是非常之低的，完全缺乏代表性。小说、戏曲里那些子孙满堂的情节，往往是编造的，不足为据。

从人口发展的规律来看，在古代比较低的生产力条件下，公共医药卫生条件落后，普遍是高出生率、高死亡率，低增长率。孕妇和婴幼儿死亡率高，杀婴现象严重。一部分人口因经济原因或男女性别比不平衡，终身无法结婚，造成人口有偶率低。由于人均寿命短，一些人未到婚龄或未到育龄就已死亡。天灾人祸、严刑峻法，造成大量非正常死亡人口。种种因素综合下来，中国历史上正常的人口年平均增长率大概在千分之七左右，一般不会超过千分之十。这就决定了实际的家庭规模维持在五口上下，而其中还包括了一部分复合型的家庭。

## 第四节　明朝的户籍制度与预编了十年的户籍册

　　清朝顺治十三年（公元1656年），有一位监察御史在整理明朝崇祯十五年（公元1642年）的黄册（户籍册）时，发现已经预先编到了"崇祯二十四年"。我们知道，崇祯总共只有十七年。但是，在崇祯十五年编黄册时，大概那些官员要为后任的官员省事，或者认为自己十年后还不到退休年龄，不如现在同时预编一份，到时可省事清闲，居然预先把十年以后的黄册编好了，他们绝对没有料到崇祯只有十七年的气数，才闹出这样的笑话来。

　　照理说，黄册是登记户籍的实际数字的，那些官员怎么会知道十年以后的户口数字呢？要是编错了，岂不是会影响国家重要档案的准确性？会不会被追究责任呢？其实我们多虑了。因为从明朝中期以后，每十年一次的黄册编审，看似十分隆重，动用大量人力物力，但早已不能反映户口变化的实际状况，除了固定不变的军籍（卫所将士的户籍，归都督府管辖，但身份记录在黄册中，世代不能改变）可以作为核对原来身份的依据外，其他数字已经毫无用处。由各省按期解送到南京玄武湖后湖收藏的数万本黄册，早已如同废纸。主管官员无论怎样胡编乱造，根本不会有上司来检查，更不会被追责。

明朝的开国皇帝朱元璋，他自己出身底层贫民，来自民间，深知老百姓受够了赋役不均匀的祸害，知道以前征集赋税、征发劳役并不是真正根据百姓家里人口的实际数量和状况，而是经常加重百姓的负担，让他们承担过度的赋税徭役；而官员和有钱有势的人反而享有免除赋役的特权，或者可以通过种种舞弊手段逃避，甚至完全不承担赋税，这一切弊病的根源就是户籍不实，通过户籍弄虚作假。

所以朱元璋做了皇帝以后，下决心要把户口查清楚，以便能够做到赋税均衡，老百姓该承担多少就承担多少。他专门下了一道命令，为了让老百姓都看得懂他的圣旨，特意用白话记录下来后颁布。大家一看就会明白：

户部洪武三年（公元1370年）十一月二十六日钦奉圣旨：说与户部官知道，如今天下太平了也，止是户口不明白俚。教中书省置天下户口的勘合文簿、户帖，你每（们）户部家出榜，去教那有司官将他所管的应有百姓都教入官，附名字，写着他家人口多少，写得真着。与那百姓一个户帖，上用半印勘合，都取勘来了。我这大军如今不出征了，都教去各州县里，下着绕地里去点户比勘合。比着的便是好百姓，比不着的便拿来做军。比到其间有司官吏隐瞒了的，将那有司官吏处斩。百姓每（们）自躲避了的，依律要了罪过，拿来做军。钦此。除钦遵外，今给半印勘合户帖，付本户收执者。

◎洛阳龙门石窟

◎南都繁会图卷（局部），明代，图卷描绘了明代南
京城市商业兴盛的场面。现藏中国国家博物馆

◎南京皇城校尉铜牌，现藏中国国家博物馆

◎拱宸桥，京杭大运河到杭州的终点标志

◎金山岭长城

◎《明版彩绘孔子圣迹图》之问礼老聃，明代，现藏孔子博物馆

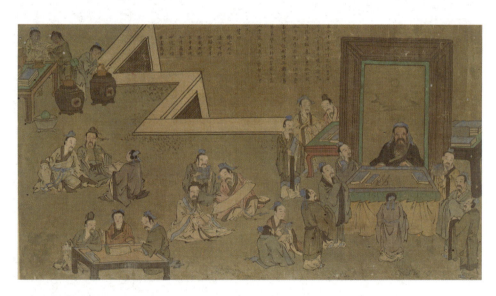

◎《明版彩绘孔子圣迹图》之删述六经，明代，现藏孔子博物馆

◎《三圣像》，明代，画面中间老者为孔子，左为弟子
颜回，右为弟子曾参，现藏孔子博物馆

◎"熹平石经"残石，东汉，"熹平石经"是中国历史上最早的官定儒家经本石刻。现藏中国国家博物馆

◎《客使图》，唐代，位于章怀太子墓道中部东壁，画中前三位是鸿胪寺官员，均穿着初唐时期的朝服，后三位推测为外国使节。现藏陕西历史博物馆

手段非常严厉，他的军队反正不打仗了，就让军人都到"地"里，就是到基层，挨家挨户去对照户口记录，一个个核对，如果发现官吏隐瞒就抓来杀头，百姓如果敢隐瞒的就抓来充军。在朱元璋这么严厉的命令下，又出动了军队，官员们战战兢兢，老百姓更不敢隐瞒，这一次户口调查的结果肯定是非常准确的。

这里提到的户帖和半印勘合，也是当时运用的一种确保户籍人口能够准确，而且今后有变化的话可以随时修正的切实措施。所谓户帖和半印勘合，就是每一个民户都要发给他一张公文，上面将该户的户口资料抄成一式两份，在骑缝上面盖上官印，并且由经手人员在上面画押，在骑缝处裁开后，一半留在户主那里，另一半由官府保存。到下一次调查的时候，要把官府保存的一半拿去和他家里的一半合起来，官印和画的押必须连得起来。然后再根据实际变化修改，形成新的户帖。

至今还有明朝初年户帖的原件或抄件传世，从上面可以看到调查和登记的确非常仔细，家里有几口人、有几亩地、有几间房都清清楚楚，连不满一岁的婴儿也没有遗漏。例如：

一户张得肆，系嘉兴府崇德县梧桐乡二十九都赀字围，本户计今四口。

男子二口：成丁一口，本身，年三十四岁。

不成丁一口，男阿狗，年一岁。

妇女二口：妻宋大娘，年二十六岁；女阿胜，年四岁。

事产：民田三亩五分一厘，房屋壹间壹厦。

全印　右帖付张得肆收执，准此。

洪武　年　月　日。

半印　半字贰佰三十六号。押押押　押押

　　在这次调查的基础上，洪武十四年（公元1381年）朱元璋又规定今后每十年要进行一次全国性的户口普查，并且按照统一的规格编成户籍册，所有这些户籍册都要送到南京玄武湖后湖的一座岛上集中保存。

　　户口册为什么叫黄册呢？因为它的封面都是用黄颜色的纸。编审的过程相当严密：先由每户在规定的时间内填写"供单"，有十多项具体内容以及与十年前比较的增减数。每十户设一个甲首，每十个甲首设一个里长，供单填妥后交给甲首，甲首审核后交给坊长、厢长、里长，里长将本里十甲的供单装订成册报州县衙门，州县汇编为县总册，呈报府衙。按各省距离南京的远近规定送到期限，最近的浙江20天，最远的云南180天。迁都北京后，黄册库还是留在玄武湖后湖。

　　到明朝末年，已经集中了一百七十余万本黄册，根据留下的黄册的重量估计，总重量达到四千吨，可以说是当时的一项世界纪录。

　　既然明朝初年的户籍调查那么仔细、认真，规定那么严格，怎么会到了后来出现可以预先编十年的户口册的怪事呢？我们知道朱元璋花这么大的精力，出动那么多人力物力来编户口册的目的，并不是为了我们今天把它作为人口史的资料来研究，或者作为一样重要的档案，根本的目的就是为了征收赋税。

　　但是明朝征收赋税的制度很快就发生变化，到第二次编黄册以后，朝廷最关注的已经不是实际上有多少户、多少人，而是承担赋役的那些人口有什么变化。并且已经把这些承担赋役的人口折算成为赋税的指标，也就是"额"。这样一来，各级政府对这些"额"以外的人口已经不感兴趣，所以从第三次编黄册开始，朝廷的基本要求就是，"务求不亏原额"，确保征收赋税的额度不能减少。譬如某一个"里"，100户人家，原定的"额"是30个，那么新一次编审时必须不少于30个。这个"里"在编审时，自然没有必要再一家一户填供单，再具体查与十年前的比较，只要将本"里"承担的"额"定在不少于30个的合理变化范围内就可以了。不仅与"额"无关的妇女、儿童、老人、残疾人、畸零户（不完整的家庭）可以随便填写，就是本来应该是确定"额"的依据的适龄男子也不必真正调查核实，只要编得与"额"适应就可以了。

由于这个"额"已经折算成为一定数量的银子、粮食或某种具体物资，实际上已经是一项财政指标，所以从基层到各级政府，都只关心如何"不亏原额"，完成财政指标，又不至于加重地方的负担，早已与实际户口数脱钩。

在这种情况下，不要说贪官为了中饱私囊要造假，就是清官，为了不增加地方的负担，也要尽量将这个"额"在"不亏原额"的前提下尽量做低，这样的户籍当然可以随便编，提前十年编好也没有什么关系。

由于这项制度是太祖高皇帝亲自定的，所以一直维持到明朝灭亡。每隔十年，全国各地都会逐级大规模编造黄册，浩浩荡荡地送到后湖。主管官员一本正经地汇总统计出各项数据上报朝廷，实际上已经连赋税制度的意义也没有了。因为在"额"满足不了朝廷的需要时，与其向地方政府追加"额"，还不如提高每个"额"的含量简单。或者直接给某些地方增加"额"，地方上也不敢不服从。既然这样，何必再与那些本来就没有什么价值的假数字较真呢？

所以明朝大多数地方志里记录的户口数字都是相当奇怪的，不仅一个府、一个县总的户数在不断减少，口数的减少速度更快，以至户均口数也在不断地减少。比如说永乐年间（公元1403年—公元1424年）这个地方平均每户五口人，到了嘉靖年间（公元1522年—公元1566年）减到了每户四口人，万历年间（公元1573年—公元1620年）又减到了每户三口人。我们知道这种情况实际上是不可能发生的。还有些方志中记录的男女性别比严重失衡，女性人口数总是越来越少。

只有明白了明朝户籍制度与赋役制度之间的关系，明白了户籍中的"户""口""丁"的实际含义，才能解释为什么明朝实际人口由明初的七千万左右增加到了两亿，但黄册和方志中反映的户口数却是一直下降的，始终低于七千万。

# 第六章
# 人物

由 人 " 铸 就 " 的 时 代 现 象

## 第一节　孔子：历代统治者肯定的"春秋笔法"

　　孔子是伟大的教育家、思想家，也是伟大的历史学家，他对历史的贡献主要是编订了鲁国的历史《春秋》。《春秋》是根据鲁国历代的史官记录下来的史料编纂的，已经成书，孔子只是重新整理定稿。但这件事成为孔子对历史最大的贡献，他所开创的"春秋笔法"被历代正史奉为典范。

　　历来有一种说法："孔子作《春秋》而乱臣贼子惧"。为什么孔子修订《春秋》就能够使乱臣贼子都害怕呢？这还要从历史的作用说起。

　　我们现在看历史，都以为历史是古人特意留给我们后人看的，或者是为了让子子孙孙都了解，或者是为了总结历史的经验教训。其实最早记录历史的目的是向天、神、祖宗报告，以便得到他们的庇佑，获得利益；或者取得他们的宽恕，消除灾害。那时的人，即使是拥有最高权力的统治者都明白自己的能力有限，离不开天、神的保佑。另一方面，统治者又认为自己受天、神的派遣，甚至认为是他们的代表，得绝对服从天、神，所作所为必须如实向他们报告。当时人还认为，人死以后生活在另一个世界，不但同样有知觉，而且能起作用。所以对祖宗"视死如生"，像生前一样尊重侍奉，要定期祭祀，也要如实报告。

向天、神、祖宗报告的任务最初是由巫师承担的，因为只有他们才能沟通人与天、神、祖宗之间的联系。还没有文字时，古人怕忘了重大事情，采用结绳的办法，每件事在绳上打个结，重要的事、大事，打个大结，以巩固记忆。有了文字，就刻在龟板上、牛骨上，写在简牍上，铸在青铜器上，刻在石头上。花那么大的代价做记录，就是为了向天、神、祖宗报告。以后要记的事多了，巫师忙不过来了，"巫"与"史"才分工，"巫"只负责沟通报告，"史"负责记录收集，这才有了专职史官。史，是个象形字，一个人站着，手里捧着一块记录用的板。史官记下来的内容也被称为"史"，将这些"史"按日历（繁体"曆"）编排，就称为历史。繁体字的"歷"与"曆"是相通的。

史官的职业道德就是如实记录，要对天、神、祖宗负责，而不是对统治者负责。而当时的人，从最高统治者到普通人，没有人敢不保持对天、神、祖宗的敬畏，因此也都保持着对史官记录内容的敬畏，当时的人特别害怕因史官记录了自己的恶言劣行而在生前死后得到惩罚，更害怕祸延子孙。

正因为这样，孔子的"春秋笔法"历来被认为非常严厉："一字之褒，荣于华衮；一字之贬，严于斧钺。"如果孔子对你的评价用了一个褒义字，那就相当于穿戴上华丽高贵的冠服那么荣耀。如果孔子对你的评价用了一个贬义字，那就比刀劈斧砍还要严重难受。因为这不仅是一辈子的事，还要带到另一个世界，并且影响到子孙后代。

那么孔子在编订《春秋》时采取什么具体办法呢？

首先是"为尊者讳，为贤者讳"。对"尊者"——地位高的人，"贤者"——品德高尚又有本领的人，要隐藏遮盖他们的缺点和错误。尊者的标准，是孔子根据心目中的《周礼》，按照《周礼》规定的等级和秩序来定的。而贤者的标准自然是根据他自己认同的价值观念来定的。至于"讳"到什么程度，哪些该"讳"，哪些可以不必"讳"，孔子并没有留下具体的标准，只有靠后人自己体会了。

其次是"笔则笔，削则削"。如果"讳"了还不够，有些内容就干脆删掉，所以说该记的就记，不该记的就削，就删掉。为什么称"削"呢？因为当时这些内容都记在竹简木简上，已经写好的内容要把它涂掉改掉比较麻烦，所以同时会准备一把小刀，如果一片简上面这几个字不要了，就把这一段用刀子削掉。我们看到出土的或者传世的那些简牍，有的就不是整片的，缺的这一半或一段就是因为上面的内容被削掉了。孔子在编订《春秋》时用的原始简，大多应该就是鲁国史官记录整理的原件，经过孔子的"削"，这部分原始史料就永远消失了。

可以看出，孔子"作春秋"，重视的并不是历史事实本身，而是价值观念。对事实他可以按自己的标准选择，可以用，也可以不用，甚至可以毁灭史料。即使是对同样的事实，可以加以褒扬，也可以进行贬斥。他所孜孜以求的不是历史事实，而是要有利于确立、巩固、宣扬他的价值观念，通过修历史来实现他自己的政治抱负，宣扬他的价值观念，谴责他所面临的"礼崩乐坏"的局面。这也就证明了，历史绝不是简单地记录以往存在和发生过的事情，而是历史学家有选择的、有意识的记录。

可以具体举一个例子。《春秋》僖公二十八年（公元前632年）里记了这么一件事："天王狩于河阳。"从字面看并不难懂，"天王"就是周天子，"狩"我们现在理解为狩猎，在当时是一个以打猎为形式的隆重活动。在秋冬之交挑选一个黄道吉日，天子或诸侯、贵族在仪仗队和警卫的护卫下到郊外预选的地点，先围猎，然后用猎物和准备好的祭品祭祀，宴饮、娱乐后返回。选择秋冬之交，是因为秋收后民众有空闲，粮食物资比较丰盛，动物经过春夏的生长也比较丰满。河阳（今河南孟州市西北）是黄河边的一个地名，离东周的都城洛阳不太远。一句话，周天子去河阳举行"狩"的活动了。

但真相是什么呢？

实际上是当时晋文公的势力已经很大，想当诸侯的霸主。城濮之战后，他本来想率领诸侯去洛阳朝见周襄王，造成他是诸侯盟主的事实。但又担心自己的威德还不足以服众，万一有些诸侯不随从就达不到目的。所以他请周襄王离开都城到河阳来，自己就近在践土（今河南原阳县西南）率领诸侯朝见，实际是让周襄王为他的盟主地位做背书。周天子虽已名存实亡，成了一具傀儡，毕竟还有形式上的尊严。本来应该晋文公率领诸侯去朝见，晋文公却公然违背制度让周襄王听从他的摆布，而周襄王不得不顺从。孔子看到这段历史，认为从来诸侯没有召天子的资格，这是"礼崩乐坏"的典型，绝不能在《春秋》中留下这个恶例，对周襄王这位尊者遭遇的不幸必须隐讳，所以就记上了这么一句与事实完全不符的话。周襄王被要挟羞辱的事，成了他主动进行的正常活动。

这种"《春秋》笔法"既维持了天子的尊严，同时也使理解孔子苦心的后人明白背后不光彩的事实，所以被后世的史官们模仿沿用。各位如果有机会看"二十四史"等正史，千万要注意，凡是皇帝被称"狩"，那就绝对是遇到大祸。

比如，《宋史》里写到宋徽宗、宋钦宗"二帝北狩"，不是他们跑到北方去狩猎了，而是在北宋覆灭后被金朝俘虏，押送到黑龙江五国城去，最终死在异乡。《明史》里写到明英宗"北狩"，是指他出京"亲征"被蒙古也先俘虏。而清朝的官方史料称慈禧太后"西狩"或"两宫西狩"，就是指八国联军打进北京后，慈禧太后带着光绪皇帝仓皇出逃，一直跑到西安。在孔子以后，这个"狩"字已经成了帝王蒙难、被俘、离开首都受到羞辱的代名词。

同样，被孔子赞扬为"良史"（优秀史官）的，并不是因为他们如实记录历史，而是他们的写法符合孔子要维护的价值观念。如晋国的史官董狐记载"赵盾弑其君"，实际被杀的晋灵公是位昏君、暴君。因赵盾屡次劝阻，他怀恨在心，派刺客行刺未遂，赵盾不得已出逃。在此期间晋灵公被杀。赵盾曾责问董狐将他记为"弑"的理由，董狐给他列了两条："亡不出境"（逃亡但未离开国境，所以还得负责），"返不讨贼"（返回后没有惩办凶手），赵盾只得接受。孔子也称赵盾是"良大夫"，为他没有"越境"而蒙受恶名而惋惜，但充分肯定董狐将此事定为"弑"的价值观念，这正是他一心要维护的"礼"。

所以我们看《春秋》以后的"正史"，一定要用这样的标准来理解。新建立的朝代花费很大的人力物力，隆重地为前朝修史，其目的不仅是要维护自己的价值观念，更是为了证明本朝得了天命，拥有政治上的合法性。从这一意义上说，都是孔子"作《春秋》"的延续。

## 第二节　伏生：文化的保护与传承者

　　秦始皇焚书坑儒，将古代流传下来的像《尚书》这样的典籍统统收缴销毁，而且禁止民间收藏，官方还专门设立了一批"博士"负责保管，或许还要求他们做些研究。其中有一位伏生，他的名字大概没有流传下来，或者因为后来尊敬他称他为"伏先生"，反而不知道他的名字了。在秦朝覆灭时，伏生利用职权从办公场所取回一部《尚书》，偷偷藏在自己家的墙壁里。后来天下大乱，他不得不外出流亡。等汉朝建立，重新安定，他回到家里，发现墙壁已经被破坏了。他收藏的这一部《尚书》丢了几十篇，还剩下来二十九篇。他就靠着这二十九篇《尚书》，结合自己的研究和解释，在齐鲁一带传授。

　　汉文帝（公元前180年—公元前157年在位）时，征求研究、传授《尚书》的学者，在其他地方都没找到，听说伏生还在，想把他召到首都长安去。但是伏生已经九十多了，没有办法出门远行，朝廷特意派晁错到他家里听他讲述，做记录，接受传授。因为伏生年纪大了，口齿不清，只好靠他女儿一句一句地传达。但是伏生和他女儿讲的是山东口音的话，而晁错是颍川（今河南）人，所以他们讲的话晁错并没有全部听懂，估计有百分之二三十是靠猜测，然后把它记录下来。但是无论如何，《尚书》以及伏生的解释和研究成果通过这样一种特殊的方式，保存流传下来了。

在印刷术没有普及以前，这些经典和其他书都只能靠抄写流传。而且在没有纸的情况下只能抄在竹简、木简、帛（丝织品）上面。不仅费材、费时，而且这些材料都不容易长期保存，传抄过程中也难免不断产生新的错误。所以学者在传授这些知识和研究这些典籍的成果时，大多数只能靠口头流传，这样就形成了不少错乱或者遗漏，或者产生歧义或不同版本。如《书经》（即《尚书》）就曾经出现过两个版本，《诗经》有三个版本，在齐地流传的《论语》与在鲁地流传的就不同，尽管两地相距不远。《春秋》更有好几家不同的版本。其他典籍更加混乱。

秦始皇时曾经颁布过限制民间收藏书籍的命令，到汉惠帝（公元前195年—公元前188年在位）时撤销了，百姓可以随意收藏了。但是经过秦始皇的收缴和秦汉之际的战乱，实际上留下来的书已经不多，所以汉朝初年就曾经在民间广泛征集图书。到了汉武帝（公元前141年—公元前87年在位）时，又把太史（史官的办公场所）作为收藏的专门机构，收藏全国献上来的图书。像司马迁和他父亲司马谈，就是充分利用了太史所收藏的史书，最后撰写成了一百三十卷的《史记》。

到了汉成帝（公元前33年—公元前7年在位）的时候，这些藏书又流失了不少，因而就派了一个官员陈农到全国各地收集散落在民间的图书，又命令刘向专门负责校验整理。刘向死后，他的儿子刘歆继承父业，终于将三万三千零九十卷的书分成七类，编成了一部《七略》。

公元23年，王莽覆灭时，皇宫中的图书又被焚烧。东汉的光武帝（公元25年—公元57年在位）、明帝（公元57年—公元75年在位）、章帝（公元75年—公元88年在位）都很重视学术文化，特别注重儒家的典籍，各地又纷纷献书，皇宫中石室和兰台的藏书又变得相当充足。于是朝廷将这些新书集中在东观和仁寿阁，命令傅毅、班固等人根据刘向父子编订的《七略》分类整理，编成了《汉书·艺文志》。

可是到了东汉末年，董卓强迫汉献帝西迁长安，军人在宫中大肆抢掠，他们把缣帛写成的长卷当作帐子和包袱，但是运到长安的书还有七十多车。以后长安也沦为战场，这些书被一扫而光。

三国曹魏建立以后，又开始收集散在民间的图书，由中央机构秘书负责收藏整理，根据不同的内容，分为甲、乙、丙、丁四部。

西晋初年有一个重大的发现，在汲郡（治所在今河南汲县西南）的古墓中，居然发掘出来一大批古书，共有两万九千九百四十五卷，这是一个重要的收获啊！但是不久"八王之乱"和"永嘉之乱"爆发，首都洛阳饱受战祸，成为一片废墟，皇家的图书荡然无存。

东晋在南方立国以后，又陆续收集到了一些书。但对照原来的"四部目录"，只剩下了三千零一十四卷。以后北方的遗书陆续流到了江南，像东晋末年刘裕攻占长安的时候，曾经从后秦的府藏中收集到四千卷古书。所以到了刘宋元嘉八年（公元431年）时，秘书监谢灵运就编成了新的《四部目录》，已经登记到了六万四千五百八十二卷。但是齐朝末年，战火燃烧到藏书的秘阁，图书又受到很大的损失。

梁朝初年，秘书监任昉在文德殿集中整理图书，除了佛经以外，共有两万三千一百零六卷书。由于梁武帝非常重视文化，加上江南维持了四十多年的安定局面，民间藏书也大量增加。

"侯景之乱"被平息以后，当时的湘东王萧绎（即以后的梁元帝）就下令将文德殿的藏书和在首都建康收集到的公私藏书总共七万多卷，运到了他的首都江陵。梁元帝也一直注意收集典籍，他自己的藏书也有七万卷，合在一起就有十四万卷。可是当他被西魏军队包围时，居然下令一把火把十四万卷藏书全部焚毁，造成一场空前的浩劫。因为如果被对方抢劫，或者是搬运中散落，多少还有一些留下来的，但主动的焚烧使片纸无存。他把在南朝的全部公私积聚，加上自己历年的收藏，一把火全都烧了。所以到北周在关中建立之初，藏书只有八千卷，以后逐渐增加到一万多卷，后来灭北齐时又缴获了五千卷。

到隋朝统一，隋文帝接受秘书监牛弘的建议，派人到各地搜访"异书"，还规定原来的书可以在抄录以后照样发还，并且每一卷书可以发一匹绢作为奖赏，因此这次收获很大。在隋灭陈的时候，又获得了南方的不少藏书，但这些书因为都是新抄的，用的纸墨质量比较差，内容也是错误百出。这说明经过梁元帝焚书以后，南方的古籍已毁灭殆尽。但经过整理，隋朝的皇家图书馆还收藏了三万余卷。隋炀帝怕这些书再遗失，还下令将每一部藏书都抄写了五十份副本，并且在东都洛阳建立观文殿作为藏书之用。抄写那么多副本，还是起了很大作用的，因为分别收藏在不同地方（如长安和洛阳）的副本不可能全部都毁灭。在印刷术没有产生和应用前，抄这么多副本也属创举，为保存书籍起了很大作用。历来被称为荒淫无道的隋炀帝却因为个人爱好图书，做了这么一件好事，使隋朝皇家收藏的三万余卷图书基本保存下来。

唐朝灭王世充时攻占洛阳，将所有的图书装船运到长安。但是过三门峡的时候翻了船，大多数图书落水漂没，留下的只有一二成，连目录都残缺不全。唐朝初年修《隋书·经籍志》时，收集到的书有一万四千四百六十六部，共八万九千六百六十六卷。这个数量还达不到梁元帝烧掉的总数，何况这些书中有的都是以后再产生的，还有的可能是重复的。

所以不管是出于什么动机，梁元帝把这么多书一把火烧掉，不仅是对书籍本身的破坏，也是对人类文明犯下的不可饶恕的罪行。

到唐朝末年、五代，雕版印刷开始运用。宋朝时书籍的印刷日益普遍，所以我们今天还可以看到好多部宋朝时候印刷的古籍，还有以后翻刻的宋版书。有了这些印刷的书，书籍的流通就广了，大多数书都有很多复本，即使有天灾人祸，总有一两本书能够幸存下来。所以从宋朝以后，只要曾经印刷出版过的书，一般都不会再消失。像清朝曾下令销毁一些禁书，收缴上去的书连同书版一起销毁，但民间总会千方百计地保存下来。又如有些宋版书在中国已经找不到了，却因为流传至日本，至今保存完好。

没有印刷或复制的书就没有那么幸运。明成祖时编纂的《永乐大典》的原本，到明末就已不知所踪，只留下一部近两万卷的副本在1860年英法联军和1900年八国联军侵入北京时被焚烧、掠夺，目前所存仅八百余卷。

但任何时代，中国都不缺像伏生那样历尽艰辛，毕生保护书籍，传承文化的人，薪火相传，千年不断。加上造纸术的进步和纸的普及，印刷术的发明和不断完善，先秦的主要典籍得以流传至今，唐宋以降的书大多得以保存。

## 第三节　海瑞：为何只有海瑞一位清官？

　　历来都把海瑞看作清官的典型。所谓清官，尽管没有明确的定义，但最基本的标准是"清"，就是个人的生活清廉俭朴，为官清正廉明。当官的不贪污，不受贿，不徇私枉法，洁身自好，就可以算清官了。如果要求再高一点，还应该包括刚正不阿，疾恶如仇，不畏强暴，打击贪官污吏，为百姓申冤做主等条件。无论根据哪一种标准，海瑞都是当之无愧的清官。

　　如在当淳安知县时，他穿的是布袍，吃的是粗米饭，他让老仆种菜自给，为母亲祝寿时才买两斤肉。万历年间首辅张居正派御史去看他，他只用"鸡黍"招待，粗米饭，大概还杀了只鸡。

　　海瑞没有子女，到他死后，人们发现他用的是葛布帐子和破竹箱，比穷书生还不如，丧事还是别人集资为他办的。

　　他以右佥都御史巡抚应天十府时，疏浚了吴淞江和白茆河，使得老百姓得到实惠。他打击地主豪强，救抚贫民和受欺压的人不遗余力，富家占有的贫民土地都被他夺回发还。正因为如此，海瑞深得民心。他做巡抚虽然只有半年，但百姓听说他调离的时候，沿途都是哭泣的人，百姓还在家里供上他的画像。

海瑞在南京逝世以后，载灵柩的船在江上经过时，两岸满是穿着丧服送灵的人，哭着祭奠的人延续到百里之外。

但海瑞却非常不得官心，跟同僚上下级的关系都很差，他在官场和朝廷是相当孤立的。明朝的官员按惯例可以为自己的父母申请封赠，一般只要没有犯罪或者受过处分朝廷都不会不批准的，但是官居正二品的海瑞却没能够为他的母亲请到"太夫人"的称号，在当时是少有的例外。

海瑞一生提出过不少治国施政的意见和方案，但被采纳的几乎没有。他能够大刀阔斧地实行自己的政见，只有在巡抚应天十府任上的短短半年时间，而且除了疏浚江河的成果得以保持以外，其他的措施在他离任以后全部被废止了。

我们如果用政绩来评判明朝人物的话，海瑞不过是一个一般的清官，对明朝的政治、经济和社会并没有多大的影响，很大程度上他只是一个道德典范。民间流传的很多海瑞的故事，大多是出于百姓的良好愿望而编造的。

海瑞为什么不得官心呢？因为他的所作所为得罪了大多数官员。贪官当然恨他，比如说总督胡宗宪的儿子，路过淳安县的时候作威作福，海瑞就把他扣留了，没收了他带的几千两银子，还说："以前胡总督巡视的时候，命令路过的地方不许铺张，现在这个人行装豪华，一定不是胡公子。"并派人报告胡宗宪。胡宗宪哭笑不得，又不能治海瑞的罪，但心里不会不恨。

都御史鄢懋卿巡视过县的时候，海瑞声称县小容不得大人物，招待很差。鄢懋卿很不痛快，却不便发作，但回去以后还是授意下属诬陷海瑞，使他降了职。

他出任应天巡抚时，下属官吏有贪赃行为的连忙辞职，有的地主豪强甚至闻风逃往他乡躲避，原来将大门漆成红色的豪强吓得把门都漆成黑色，连负责监督南京织造的太监也减少了轿子和随从的排场。

海瑞曾向皇帝建议恢复明太祖时惩处贪官的法律，也就是说贪赃枉法所得满八十贯钱的，就处绞刑，更严重的贪官要"剥皮实草"；这自然引起大小贪官极大的怨恨和恐慌，连皇帝也觉得实行不了。

问题是恨他、怕他的还不止贪官，他在应天十府打击豪强的时候，据说一些"奸民"乘机诬告，使一些官僚大姓都被错罚。他裁减了驿站的费用，也使过路的官员得不到相应的招待，纷纷表示不满。

平心而论，尽管海瑞有良好的主观愿望，他的措施和建议却往往是不现实的。在几乎无官不贪的情况下，如果真要实施明太祖时的法律，大概很少有人不够处绞刑的资格。取消各地驿站的招待，虽然节约了经费，也使贪官少了一个揩公家油的机会，但正常往来的官员人等，包括与海瑞一样的清官，肯定会感到不便，甚至影响公务。

但是海瑞的悲剧主要还不在于他的偏激，为什么海瑞这样一个清官会受到如此大的抵制和孤立呢？隆庆年间的首辅高拱、万历年间的首辅张居正和此后的执政者，无不在私底下尽力阻止皇帝重用海瑞。

为什么明朝吏治那么腐败，以致到了无官不贪的地步，海瑞成了凤毛麟角呢？其实这还应该考虑制度本身。

明朝的开国皇帝朱元璋出身贫民，对百姓的疾苦记忆犹新。他当了皇帝后，一方面为了打击官吏的贪赃枉法，另一方面也为了树立自己的绝对权威，对贪官污吏的惩处采取了空前绝后的严酷手段。他规定官吏贪赃额满六十两的一律斩首示众，还将皮剥下来，中间塞上草，制成一具"实草"的皮囊。他把府、州、县衙门左面的土地庙作为剥人皮的场所，称为"皮场庙"。他又在官府公座的两侧各挂上一具皮囊，使办公的官员随时提心吊胆，不敢再犯法。他采用挑断脚筋、剁手指、砍脚、断手、钩肠、割生殖器等酷刑。有时还让犯贪污罪的官员服刑以后继续任职，充当反面教员。他还屡兴大案，比如洪武十八年（公元1385年）户部侍郎郭恒的贪污案，牵连被杀的就有万余人。

朱元璋又把官吏的俸禄定得极低，如洪武二十五年（公元1392年）确定的文武百官的年俸，最高的正一品只有一千零四十四石（米，部分折成钱支付），最低的从九品才六十石，未入流的只有三十六石。比如一省之长的布政使是从二品，知府是正四品，知县是正七品，他们的年俸分别是五百七十六石、二百八十八石和九十石。相当于全国最高学府校长的国子监祭酒是从四品，年俸是二百五十二石。按照惯例，官员的部分幕僚、随从的报酬和一部分办公费用都要在这年俸中开支，所以官员们依靠正常的俸禄过不上舒适的生活，低级官员更连养家糊口都有困难。

官员的正常收入太低，尽管朱元璋惩处的措施十分严厉，贪污还屡禁不绝。随着这位开国皇帝的去世，后继者既不具备那样的权威来执行如此严厉的法律，也没有兴趣来对付越来越普遍的贪污现象。稍有作为的皇帝明知低俸禄的弊病，但又不能更改"太祖高皇帝"的制度。而昏庸的皇帝自己沉溺于奢侈享乐，除了朝廷的正常开支外，还经常要大臣和地方贡献，自然不会管他们的钱是从哪里来的。

明朝初年以后，大小官吏贪污成风，几乎无人不在俸禄以外设法搞钱，真正的清官就相当拮据。

海瑞去世前的两年担任了南京右都御史，年俸是七百三十二石，是高级官员中第三位的高薪，但相当多的下属是要由他支付薪水的，可以肯定他也不会像其他官员那样让下属自己去办"三产"挣钱，而他生活又极其节约，死后却毫无积蓄，可见官员们靠正常收入是没有办法维持生活的。

要让一般官员这样严格地遵守本来就不合理的俸禄制度，既不合情理，也完全不可能。明朝的奸臣赃官自然不用说，就是一些在历史上有影响的人物，也免不了广为聚敛。如江南名流、东林领袖钱谦益，在清兵攻下南京以后，率领文官投降。为了表示自己的廉洁，他向清军统帅多铎送了一份最薄的礼品，也包括鎏金壶、银壶、玉杯及古玩等二十种，而其他大臣的礼物大多价值万两以上。

明朝的权臣和太监迫害政敌或者清流常用的手段就是给对方栽上"贪赃""受贿"的罪名。这固然出于诬陷，但也说明当时像海瑞那样的清官实在太少，清流们也未能免俗，要说他们贪污受贿是最容易的。

清朝初年沿用明朝的制度，官员还是贪污成风，大权在握的官员肆无忌惮地贪污公款、收受贿赂。康熙皇帝一度惩办了一些贪官，还树立几位清官作为典型。但后来他发现，不但贪污无法肃清，连自己树为典型的清官也并非两袖清风。比如张鹏翮在山东兖州当官时就曾收受别人的财物；张伯行喜欢刻书，每部至少得花上千两银子，光靠自己的官俸肯定不够。晚年的康熙也意识到这个问题没有从根本上解决，反而认为："若纤毫无所资给，则居官日用及家人胥役，何以为生？"如果不稍微有点贪污或者受贿，官员日用开支和家人、衙役靠什么过日子？

既然知道要维持官员正常的"居官日用及家人胥役"的开支无法靠正常的薪俸解决，为什么不对这个制度进行改革呢？

雍正皇帝继位以后，下决心改除积弊，在严厉打击贪污、整顿吏治的同时，他进行了一项重要的改革。具体办法就是实行"耗羡归公"，将全国的耗羡——在征收粮食或上交库银的过程中间，损耗量原来是不统一的，有的甚至加征相当高的比例，改为每两统一加征五分，列入正常的税收，存留在各地的国库。官员按照级别，从这笔五分加征中间提取"养廉银"，作为生活补贴和必要的办公开支。"养廉银"的数量一般大大超过原来的俸禄，官员们完全可以靠"养廉银"过上体面的生活，开支必要的办公经费。这并没有增加国库的开支，只是化暗为明，把原来不规范的惯例改成全国统一的税收，所以百姓的负担也没增加，相反，不少地方的负担都有所减轻。

贪官污吏想再在耗羡上做手脚，既直接犯法又不易隐瞒，所以在雍正期间吏治有了明显改善，贪污虽不能说就此绝迹，但的确大大减少。

但随着行政机构的膨胀和老化，吏治的腐败，朝廷对贪官污吏的纵容姑息，特别是一些不规范的开支没有被纳入正式的预算，所以到清朝后期，"养廉银"已养不了廉，这个制度也名存实亡。

## 第四节　王二：吏统官的奇特现象

清人许仲元的《三异笔记》中记载了一位"王二先生"的故事。这位王先生是绍兴人，善于写奏折公文，不管是刑事还是财政方面的事都非常内行。他在云南的时间很久，熟悉当地的风土人情，成为当地的首席幕僚。他的家就在省衙附近的一座花园里，亭榭戏台，奇花异草，样样齐备。总督、巡抚有事还可以批条子召见他，但道台、知府以下的官员就只能登门求见了。

云南的布政使是浙江德清人许祖京，按察使是湖北江夏人贺长庚，都是他的儿女亲家。省会所在的云南府知府是杭州人庄肇奎，与他的关系更加密切。平时他的左边一个皮包里放刑事方面的文书，右面一个皮包中放财政方面的文书，签订意见后就让仆人报到布政司和按察司衙门去，两位长官一般不会再有任何改动。

各府、厅、州、县的官员到总督、巡抚衙门参见以后，中午必定要聚集到他家中，有的拜见上司和要人，有的会见朋友，审理案子的也跑到他家，消遣娱乐的更离不开他家。他家里常常是一个厅上在审讯，鞭打声和吆喝声一片喧哗；另一个厅上却是笙歌悦耳，舞姿婀娜；彼此互不干扰，各行其是。

王先生每天晚上都要设宴请客，用具也与众不同，有专门设计的大方凳、宽茶几，每人用一套。送上菜单后可以各人自点，每人有一把酒壶、一个菜盘，各吃各的，专品一种还是每样都尝悉听尊便。

王先生是位绍兴师爷，虽然是省里的首席幕僚，却是毫无官职的，当然属于吏，而不是官。但他的权势却远在省里绝大多数官员之上，除了总督、巡抚这两位最高首长，谁也不能不听他的。他的家俨然就是处理省内日常事务的衙门，也是实际上的行政中心。他的生活在省里也肯定是第一流，并且十分新潮，推出当时绝无仅有的高级自助宴会。不用说一般中下级官员，就是省中大员也未必能有如此排场。

王先生这样的例子或许只是个别的，但吏的权力之大，并且往往在实际上操纵着官，却是相当普遍的现象。

朱克敬的《瞑庵杂识》里面记载了清朝末年一个吏所说的话，其坦率和自信的程度简直到了令人吃惊的地步。他说："来办事的人就像乘客，政府各部门就像车子，我们这些人就像是车把式，各部门当官的就像是骡子，我们用鞭子抽着他们往哪儿走就行了。"本来应该高高在上、发号施令的官却会被名义上的下属和附庸的吏当成拉车的骡子，用鞭子抽着，爱往哪里赶就往哪里赶。这些吏居然还敢公开说这样的话，这不能不使我们考虑一下：官和吏，究竟谁管谁，谁服从谁？古代为什么会出现这样名实不符的怪事？

要说官员们都心甘情愿，那当然不可能。哪一位当了官的人愿意做自己下属的傀儡？又有哪一位官员会主动让幕僚来摆布自己？但有时却不得不接受这样的事实，清朝雍正年间河南总督田文镜的故事就

very說明問題。

很说明问题。

据说当时有位绍兴师爷邬先生，本领极大，但脾气也不小。田文镜请他做自己的幕僚，专门给雍正皇帝拟奏折。邬先生提出的要求是，放手让他写，保证对田文镜有利，但写些什么不许田文镜看。田文镜同意了，邬先生就任幕僚，几道奏折呈上后，果然皇帝龙颜大悦，田文镜一下子成了宠臣。

原来邬先生认准了雍正一心要除掉了解他篡位隐私的顾命大臣隆科多，所以以田文镜名义接连上奏揭发，使雍正获得借口消除了这个隐患。但不久邬先生脾气越来越大，田文镜受不了，打发他回老家去了。从此以后，田文镜上的奏折无不受到雍正的批驳，弄得他胆战心惊，只得再次请邬先生出山，并且答应了他的苛刻条件。邬先生重新操起刀笔，果然身手不凡，为田文镜起草的一道请安折奏上，雍正居然认出了他的手笔，亲自用朱笔批上："朕安。邬先生安否？"田文镜对这位幕僚自然只能奉若神明了，哪里还敢说个"不"字？

此事究竟是否是历史事实，现在已很难查考了，但类似的故事很多，足以说明绍兴师爷们的威力，也说明无论职位多高的官员都离不开吏的辅佐和指点，经验丰富、办事干练的吏更是不可或缺。

说奇怪其实也并不奇怪，只要看一下古代时的官员是如何培养和选拔的，就不难找到问题的答案了。

在隋唐全面推行科举制以前，选拔官员主要是采用世袭制和荐举制。世袭制一般限于皇室、贵族和少数门第高的世家大族，这些家族的子弟到了法定年龄，甚至无论多大，就能继承某一级官职，或被任命为某一方面的官员了。这些人中虽也不乏人才，但大多数却是养尊处优的纨绔子弟，或者还是不懂事的儿童，甚至根本就是个白痴。他们出任的官职既有中央政府的具体部门，也有地方的军政大员，如果没有各种吏替他们效劳或者包办一切，可能连一天也混不下去。

荐举制是由官员向皇帝或上司推荐，且不说不少人趁机扶植亲信、结党营私，就是完全出于公心，采用的标准也主要是道德和学问，而不是行政能力。如一个人父亲死后在墓旁搭草棚守孝三年，这期间不吃鱼肉荤腥，不喝酒，不亲女色，没有娱乐，整天哀伤哭泣，人消瘦得连路也走不动了。地方官认为这个人是大大的孝子，极力向皇帝推荐，于是此人被任命为官员。当然如果只是把他树为典型，或让他到处做报告介绍经验问题并不大，可是如果派他为地方官或朝廷某一部门的负责人，这位孝子就未必干得了，要不出洋相就只能请吏来代劳了。

实行科举取士解决了很多世袭制和荐举制的弊病，但科举考试的内容却与行政管理根本无关，也就是说，未来的行政首长并不是根据管理能力挑选出来的。从隋唐到明清，科举考试的内容虽然不尽相同，但基本是这几项：书法、八股文、诗、策论。

书法是基本要求，考官对字写得太差的考卷往往连看也不看。八股文是用自己的话为四书五经上的一句话、一段话做解释，文章必须按规定次序写出八个小节，连字数也有规定。诗是根据命题和规定的韵目、长短写一首规范的诗。策论则根据提出的问题写一篇对策性的论说文。书法和八股文是最基本的要求，其次是诗，用得最少的倒是多少有些实际内容的策论。

但一旦考上进士，他们就会被委以具体的政府部门如军事、刑法、财政、赋税、户口、建造、仓储、漕运、水利、档案等各方面的行政职务，或者被派为县级或县以上的地方官。在任期届满以后，一般还要调动。这些人原来根本不掌握专业知识，又没有经过任何行政管理的训练或见习，每次升迁还调动部门或地方，靠他们自己的本领是绝对无法胜任的，所以也只能依靠吏。

另一个主要原因是专制、集权、官僚的体制。皇帝或朝廷的命令等于法律，既不能更改，更不能反对。但这些决定往往有很大的随意性，有的根本不符合通行的法律，也不符合各地的实际情况。

从汉朝以后的各个王朝都标榜以儒家经义治天下，各种典章制度都必须符合儒家的经典教义，至少在字面上应该如此。但统治者的真正目的往往与这些教义相反，儒家经典也不能包罗社会生活中的一切事务。官场上长期形成的各种惯例、不成文的条例、办事程序、人际关系更加复杂，并且因时因地而异。各种机构必须处理的文书、簿籍、档案也名目繁多、数量巨大，既有严格的规范，又必须弄虚作假。由荐举或科举出身的官员在这些命令、制度、惯例和公文面前往往一筹莫展，而经验丰富、手段灵活的吏却能大显身手。

以原籍绍兴的师爷为代表的吏们一般都没有进入比举人更高的科举，也没有得到过朝廷的正式任命，但他们通过家庭或师徒间的口耳相传和长期的实际操作，已经谙熟一切与自己的部门或地方有关的成文的和不成文的法律、历史和现状、各种习惯做法和官场的微妙关系，完全能够在不影响皇帝和法令尊严的表面下，维护本地区、本部门的实际利益和习惯做法；在不改变制度条文的前提下，实行完全不同却切实可行的对策。他们既能成全好事，为主人、部门、地方谋利消灾，也有办法把坏事做绝，不留把柄。

再一个原因是尽管从秦汉以来各个中央集权政权都有相当完整的职官制度，却一直没有形成一套吏的制度。以明朝为例，主管全国刑法的刑部正式编制只有一名尚书（二品）；左右侍郎（三品）各一名；司务厅司务（从九品）二名；分管各省的十三个清吏司各有郎中（五品）一人、员外郎（从五品）一人、主事（正六品）二人；照磨所照磨、检校（九品）各一人；司狱司（管监狱的）司狱（从九品）六人；合计六十五人。主管一个省的政务的布政司的正式编制也只有二十余人和若干派出人员。一个县的编制只有知县（七品）、县丞（八品）、主簿（九品）和典史共四人。当然从中央到地方的衙门远不止这些人员，但其余的都是没有正式品级和编制的吏了。他们不是朝廷命官，而是官员聘请或招募来的；不领国家发的俸禄，只有主人给的薪水；高级幕僚与官员是宾师关系，一般的吏则是雇佣来的，或者是高级幕僚的徒弟。高级幕僚一般都随主人进退升迁，一般的吏也没有固定的任期或升退制度。所以官员到了新的任所并没有现成的幕僚和办事班子可用，只能自己随带或重新聘请招募。而官员又不可一日无吏，所以更不得不依赖自己的吏了。

千百年来中国形成了这样一种奇特的现象：大大小小的吏组成的管理系统长期管理着中央和地方政府的具体事务，即使是改朝换代时也很少受到影响。从理论上说，这一管理系统应该听命于大大小小官员组成的决策系统，但实际上官员往往不了解吏做了什么，或者是怎样做的。在很多情况下，吏反而成了一个部门或一个地方实际的主宰者。没有吏，朝廷和地方官的决策根本无法变为现实；但有了吏，也使一部分决策无疾而终，或者变得面目全非。

这种奇特现象已经随着封建制度的灭亡而成为过去，但在一个国家如何建立起一套稳定而有效的公务员制度，主管官员与幕僚属员、决策者与执行者之间应该形成何种关系，官员与幕僚属员应该分别具备什么样的素质、发挥什么样的作用等方面，我们还是可以从中吸取历史的经验。

## 第五节　燕荣："上有政策，下有对策"

　　隋朝时候有个叫燕荣的，出生将门，武艺高强，性格刚强，立下赫赫战功。在隋朝灭陈的战役中，他被任命为行军总管，率领水军从今天的山东沿海而下，进入太湖，直取吴郡（治所在今江苏苏州），一路包抄南朝，直到把南朝的江南地区全部平定，立了大功。之后朝廷又让他防卫北方边疆，屯兵幽州（治所在今北京城西南隅）。但这个人生性残暴，特别喜欢用各种手段打人。他在辖区里面抓到的盗贼，都是要重打，打到皮开肉绽露出骨头，所以那些盗贼吓得都逃到其他地方去。连其他地方经过他的辖区的那些行人都不敢休息，怕万一得罪了他被处罚。

　　燕荣在外面看到一束荆条，他觉得打起人来肯定很管用。就当场采下荆条，找了个属员说："来，你来试试看。"那个属员向他哀求："我今天没有犯什么过错，干什么打我？"他说："这样吧，今天打了你，下次有过错的话可以免除。"下一次那个人真的有了过错，燕荣抓了他要打他，他说："你不是答应过我，上次打过了下一次可以免掉的吗？"这个时候燕荣话就变了："上次没有错也得打，何况这次真有错呢。"照打不误。他打人经常是动不动打上千下，打得那些人鲜血直流，但他坐在旁边照样喝酒吃肉，神态自若。

因为他有这样的恶名，所以当元弘嗣被派去做他的属员——长史的时候，非常害怕，再三推辞。

隋文帝说："你别怕，我会下一道保护你的命令。"他传令给燕荣：元弘嗣如果犯了错，要打他十下以上，都必须上报我批准。他对元弘嗣说："这下你放心去了吧。"元弘嗣不好再推辞，只好赴任。

燕荣听到这个消息气得不得了，说这个家伙竟敢在皇帝面前告我的状，戏弄我。等到元弘嗣报到以后，就派他去管粮食仓库，然后经常派人去检查，只要找到一点差池，比如在粮食里发现一点糠，找到一粒石子，就毫不客气，下令打，但是每次总不超过十下，都没有违背隋文帝的规定。但是有时一遍接着一遍，元弘嗣很可怜，刚刚挨过打，衣服还来不及穿好，又得打第二遍了，有时一天会打三次。

一年下来，两个人结怨越来越深，一方面元弘嗣受不了，另一方面燕荣觉得还不够，干脆把他抓到监狱里面去，并且断绝他的粮食。元弘嗣饿得不行了，把衣服里的棉絮抽出来，和着水，咽下去充饥，他的妻子不得不跑到京城为他鸣冤。

这时候，隋文帝才派一名官员到当地去查问，结果调查下来，燕荣的确罪行严重，除了打人以外，他还贪赃枉法、奸淫妇女。此时隋文帝才把燕荣抓到京城，逼他自杀。

这件事表面看来是燕荣格外残暴，但实际上罪魁祸首还是隋文帝。首先他在下命令的时候犯了一个很大的错误，他规定每次打人不超过十下，表面看来是防止燕荣把更重的处罚加在元弘嗣头上，但是他竟然没有规定一个总数，没有规定比如每天或者每个月最多能够打几下，只是规定每一次不能超过十下，这样就让燕荣有机可乘。

实际上，完整的法律条文都有单项罪做什么处罚，合并起来最高不能超过什么处罚这样的规定。我们看隋朝以前的法律条文已经有这样的规定，但隋文帝下命令的时候，居然没有考虑到这一点，被燕荣钻了空子。更严重的是，燕荣的这些罪行隋文帝并不是不知道，特别是元弘嗣不愿去当他的属员，就是因为害怕他随便用刑，随便用残酷的、超过法律规定的处罚。但是因为隋文帝只看到了燕荣的功劳，以及他防守边疆、治理地方的政绩，对他另一面违法的事根本不去追究、不去处理，只是想通过一个具体的限制能够保护元弘嗣，而放弃了根本的原则。

现在我们有的时候讲到有些事情是"上有政策，下有对策"，关键还是政策到底对不对，政策它本身有没有漏洞，特别是政策的前提对不对。比如说对待燕荣这样的人，既然元弘嗣已经提出了他的这种担忧，真正解决问题的办法应该是首先调查处理燕荣，而不是采用一种姑息纵容的办法，并且做出一个有漏洞的决定。

不过如果我们再深入考虑一下，即使隋文帝做了具体规定，比如说每次只能打几下，在多少时间里面总数不能超过几下，那么像元弘嗣那样的遭遇是不是就可以避免了呢？

其实汉文帝的时候就废除了更加残酷的肉刑，用笞刑来代替割鼻子和砍脚，应该说是很大的进步。但不久就发现，犯人的鼻子和脚虽然保全了，却有不少犯人在执行笞刑的过程中被打死了。甚至规定的数量还没打完，人就已经死了。每年被打死的犯人居然有一万多，大大超过了原来判处死刑的人数。所以到他的儿子汉景帝的时候，就下令减少打的数量，但是被打死的犯人还是不少。于是汉景帝做了非常具体的规定，规定打人的刑具要用竹子来制作，五尺长，一寸宽，半寸厚，竹子上的节要刨平。行刑的时候只准打臀部，每个犯人施刑的过程中间不能换人，打完一个人才能换。

以后有的朝代还制作了标准的刑具，派人拿到各地检查比较，一定要照这个标准。秦始皇当年推行统一度量衡的时候，制作标准的量具、衡具，制成标准的打屁股的竹板子，拿到各地去比较。明朝干脆实行专业化生产，规定每年由江南的官府提供三千块标准的竹板，供全国各衙门使用。

这些规定不能说不具体，制定者的用心也不可谓不周到，但是任何规定都没有办法确定打手该用多大的力，也没有办法测定挨打的人有多大的承受力，所以就给徇私枉法的官员以至衙役，留下了足够的余地。

比如说有的就在竹板上做手脚，绑上重的东西，甚至在中间灌铅，还有的在行刑以前把竹板浸在水里面，甚至浸在小便里面，这样不仅可以打得重，而且一旦皮破了还可以通过小便中间的盐分刺激伤口，造成更大的痛苦。

另外就是在"打"上下功夫，比如明朝的锦衣卫、东厂这些特殊衙门，在招收打手的时候都有一项奇特的考试：在砖上面铺上一层纸，打手必须在规定的数目中用标准的刑具将砖头打得粉碎，但是不能把这层纸打破。可见这些打手日后在行刑的时候会做出什么事来，结果可想而知。所以明朝的官员在接受"廷杖"（由皇帝亲自下命令在午门外打屁股）时，如果监刑的太监说一声"用心打"，或者两只脚尖相对，那个人肯定会被打死。各地的衙役虽然不会人人都有这手绝招，但几乎都有把坏事干得教人抓不到把柄的本事，既可以把人打死，也可以为人消灾。

　　比如说明清时候，几乎所有地方的衙门，都可以花钱雇人代挨打。江南有些富户欠了赋税，一般都派仆人代替上堂受审，如果被判处要受笞杖，就可以出钱找个乞丐去代挨打，根据被打的数目付钱就可以了，所以就出现一些代人挨打的专业户。明朝中山王徐达的后人徐青君，入清后家产被没收，一度沦落到与乞丐为伍，就曾干过这事。

　　如果事先买通行刑的衙役，也可以两三下就打得皮破血流，声音山响，实际却不受多大损伤和痛苦，更不会有性命之忧。

　　还有一个很大的问题，同样地打那么几下，或者用同样的力量，每个挨打的人的承受力，他的身体状况、精神状况，都是不同的，很难判定究竟是行刑过分了还是他本人缺乏基本的承受力。

　　所以我们看到历史上的有关事实，一定要认真思考。要考虑在一个专制集权的社会，在一个法律往往是通过皇帝或者官员的个人意志来实施的情况下，在执法者有很大运作余地的情况下，在一个没有公众监督的情况下，这些问题有没有正确的答案呢？"上有政策，下有对策"在中国历史上的专制社会中是有相当长的传统的。背后的原因是什么呢？希望大家进一步考虑。

# 第七章
# 外交

"开而不放，传而不播"的古代人

## 第一节 与"开放"失之交臂的汉朝

东汉永元九年（公元97年），驻守在西域（今新疆和相邻中亚地区）的军政长官西域都护班超派他的下属甘英出使大秦（罗马帝国）。甘英从西域都护府的驻地——今天新疆新和县的西南出发，经过长途跋涉到达了条支国的海滨，一般认为就是今天的波斯湾。就在他准备渡海的时候，安息的船员对他说："海上非常辽阔，如果遇到顺风要三个月的时间才能够渡过去。如果遇到逆风那就得花两年的时间，所以到海上去航行都得准备三年的粮食。而且在海上航行的时候容易得思乡病，经常有人死在海上。"听了这一番话，甘英就不敢继续往前走了，只好返回。就这样，汉朝和罗马帝国失之交臂，东方和西方两大文明的直接交往至少推迟了七十年。

安息人为什么要阻止汉朝和罗马帝国直接来往？有人分析认为，他们想垄断丝绸转口贸易的利益，因为汉朝的丝绸都是先被运到安息，然后从安息再继续往前运到罗马。这种说法是不是有道理呢？其实根据并不足。因为在整个丝绸贸易的过程中，中国方面，包括汉朝和以后的唐朝，都没有什么自觉性，都不当一回事，而且实际上也从来没有从丝绸贸易中获得什么重大的利益，都是当时外国的商人在做这个买卖。所以是不是通过安息转口，只跟那些从事丝绸贸易的商人有关，与汉朝本身是没有关系的。而且从甘英回来报告的内容看，安息人讲的情况也是符合当时实际的。在一个没有动力船的情况下，要渡过波斯湾或者到地中海，的确都是要靠风力、风向、洋流。就算他们说的情况稍有夸大，甘英回来以后也没有因此受到追究，事后班超再没有派其他人去完成这项使命。可见班超并不一定希望打通与大秦的关系，更不是汉朝的朝廷让他去做这件事，看来只是一个偶然事件，所以过去就过去了。

我们还可以注意一个情况，对甘英这次畏难退却，一直到清朝，也没有见到哪一位专家学者评论这件事，或者认为他犯了一个重大错误，认为汉朝失去了一个重要的机遇。

不仅如此，在甘英以后，除了特殊的军事使命，或者特殊的外交活动以外，中国历朝历代从来没有派出什么人专门去考察、了解境外的情况。更不会像西方国家，或者像有些地方的人那样，孜孜不倦地去寻找新的交通路线，寻找新的出海口，寻找新的殖民地，或者致力于对外的侵略、掠夺。其实根本的原因，就是中国长期以来缺少一种对外开拓的动力，甚至连了解外界的兴趣和积极性也不存在。

中国古代文明主要的发祥地是黄河中下游地区，现在"中华文明探源工程"的初步结论已经告诉我们，中华文明完全可以说有五千年，早期的文明甚至超过五千年。早期文明的发源地像满天星斗散布在中国各地，但到了四千年前后，早期的文明汇聚在黄河中下游，形成中华文明的主体。为什么会集中到这个地方？根本的原因还在于，这片土地是黄土高原以及由黄土冲积形成的平原。当时的生产力很低，还没有有效的工具，如最早只有石器，以后有了木制农具，这样的土地因为土质疏松，一般没有太茂密的植被，更不会有大片森林，最多有一些稀疏的草原，所以比较容易开发。如果是热带丛林，或者茂密的森林，黏性土壤，沼泽地，在当时没有有效的工具的情况下怎么清除开垦呢？而且当时黄河流域的气温比近代偏高，降水比较充分，依据这样的地形，可以比较容易地实行自流灌溉。又由于土地面积大，连成一片，便于开发，便于管理，也为形成中央集权的体制打下了地理的、物质的基础。这一片土地总面积远远超过从尼罗河三角洲到中东两河流域这样一个新月形的地带——这是公认的在中国以外的、地球上的主要农业区。

所以，中华民族早期的先民在黄河中下游地区可以生产出足够的粮食和生活资料，就是在人口不断增加的情况下，也还有非常大的开发余地。

到了汉朝，汉武帝在军事上压倒了匈奴人，取得决定性的优势。汉朝的军队好几次都打到了蒙古高原，但是结果并没有留驻在那里，也没有长期占领它，而是很快撤退回来了。而且，汉朝开疆拓土的标准，就是看这块地方是不是符合农业生产条件，否则在军事行动结束后、在自己的安全能得到保障后就放弃了。

在中国的农业社会，黄河中下游这片土地的确可以在很长的时间内生产出足够的粮食和物资来满足人口的基本需求。最早的一次次人口南迁，并不是出于人口的压力或者土地资源的不足，而是在战争、动乱发生的情况下，黄河中下游这一带的人口才会外迁。但是在战争结束或者动乱平息以后，他们大多数人又会回来。

正因为这样，早期的中国人不具备对外扩张的愿望和动力，也没有探索、了解外界情况的兴趣和勇气，甘英现象的出现不是偶然的，所以他的行为并没有受到追究或者被后世谴责。

退一步讲，即使甘英到了罗马，难道汉朝就能够和罗马建立密切的联系吗？因为汉朝没有这个必要，汉朝与罗马隔得那么远，罗马并没有对汉朝构成威胁。从另一方面讲，汉朝对罗马也没有什么具体的需求。

也许我们会问，为什么外界，比如西域、两河流域、欧洲，那里的人会有这样强烈的扩张要求？为什么产于两河流域的小麦、牛、羊、青铜，早在四千年前后就已经传到了中国？

我们不妨对比一下，这些地方其实大多数是半干旱地区，可开垦、可灌溉的土地面积有限。等到当地人口增加到一定的程度，当地的资源、当地的农业生产往往就满足不了当地人的需求，或者仅仅能够维持他们的生存，而不可能使他们获得更多的财富。在这种情况下，就促使那里的人要往外扩张，向外寻求新的土地和资源，或者向外推销自己的产品以获得更多利益。

我想，当初青铜就是作为一种贵重的物资，慢慢从两河流域往东传播的。这是受利益驱动，绝对不仅仅是为了向外界展示，或者是为了所谓的和平友好。一开始当地人不会有明确的目的地，是随着需求一步步往东贩卖过来的。而黄河流域更大量的需求，又驱使一批商人，在高额利润的驱动下，将更多的青铜输往东方。小麦也应该是这样，由于它比其他农作物有更大的优势，可以卖更高的价格，或者交换到更多更贵的物品，才可能一步步往东扩散，最终到了黄河流域。

历史上人类的交往，人类的对外扩张，无非出于几种目的：

个别人是出于好奇，就像我们今天有的时候想看看外面的世界。这本来是人类的天性，大多数人都有，但没有满足好奇心的条件。仅仅有好奇心，没有其他利益追求，是走不远的。因为走远的话是要成本的，特别是在古代，没有机械动力的交通工具，多数情况下也没有现成的道路，一般人出于好奇心，除非本人是统治者，或者拥有强大的人力物力可以动用，否则是走不远的。即便如此，如果仅仅是好奇，最终没有获得什么利益或想要的结果，也不可能持久。

而更强的动力来自利益，或者要解决生存的问题。早期还不具备生产能力的人群，光靠采集或者狩猎过日子，如果他们附近能够利用、捕捉到的小动物，可以采集的果实消耗完了，出于生存的压力，他们会往外迁移或者扩张。有了生产能力，当原来的土地和资源耗尽，或者是不足以供养本身人口的时候，扩张或外迁就是必然的选择。

还有就是来自贸易，要使自己的产品获得更高的利润，必定要寻求新的市场和顾客。为了达到这一目的，往往需要寻找新的陆上或海上的路线，制造出更高效的交通运输工具，不断推出新的商品，更新推广、销售的方式。如果贸易受阻，或达不到预期，很可能诉诸武力，用战争解决问题。

再有就是来自少数人的贪欲，要通过扩张、战争、掠夺，寻找并占有新的土地、资源、奴隶、劳动力。

出于对某种宗教的信仰，虔诚又狂热的信徒要将这种宗教扩张到世界。但这种扩张同样需要以经济实力和军事力量为后盾，或者直接发动宗教战争。

中国古代享有比较优越的地理环境，有足够的生存空间，又缺少上面这几种需求，所以甘英现象的出现不是偶然的。

## 第二节　古代中国对外影响如何？

　　我们一直以为，既然中华文明源远流长，中国文化博大精深，那么在古代，中国文化、中华文明对外的影响一定很大，一定对周边甚至对世界的发展起过重大的作用。但我们认真研究周边地区、外国的、世界的历史，就发现并非如此。

　　改革开放以后，我们有比较多的机会到外国去，到世界各地去，应该承认在大多数国家找不到古代中国和中国文化的影响，除了亚洲"汉字文化圈"中的朝鲜、越南、琉球，或者包括日本。而在其他国家中，包括华人华裔比例很高的国家，它们的主流文化也不是中国文化，宗教信仰也不是汉传佛教。

　　在信息不发达的古代，文化是要靠人传播的，影响也主要靠人造成。中国可考的对外群体移民只能追溯到16世纪的明朝中期，在东南亚的今印度尼西亚等地有数以万计的华人迁入并定居。但他们绝大多数是底层贫民，一部分人因种种原因逃亡，都是非法出境，得不到明朝的承认和保护。他们能传带的只是代表底层的通俗文化和地方文化，影响局限于他们自己的聚居地。

原因何在？我们还是要对古代中国所处的环境和周边的人群的关系做个比较全面的了解。

前面已经提到，中国的早期文明是以黄河中下游地区为核心、为基础发展起来的。这是当时世界上面积最大的连片农业区，比从尼罗河三角洲到中东两河流域的新月形农耕地的面积还大。早期黄河流域农业的开发，不仅可以养活更多的人口，并且导致农业人口以更快的增长率增加，也加快了农业和牧业的分化。原来杂居在黄河流域的牧业人口，或者转而从事农业，或者只能迁离，农牧业的界线由此基本形成。

农业的范围不断扩大，从事农业的夏人部族聚集在中原，他们的后人自称"夏""诸夏"（不止一个部族）。即使在夏朝以后，他们所处的优势地位也没有改变，始终是商、周人口的主体，所以自称"华夏"。华，同"花"，引申出来就是美丽的、美好的、伟大的意思。用"华"字修饰"夏""诸夏"，自然再恰当不过。

农业区占据了中原这片最适宜的地方，牧业区处在蒙古高原及其南部的边缘、西北、东北地区，牧业区本身干旱、高寒，牧民只能"逐水草而居"，生存不易，一遇到天灾，往往不得不进行长距离迁移，或者南下劫掠为生。

南方不少部族还处于披发文身、刀耕火种，或者采集狩猎的阶段。东部沿海还残留着夷人部落。

早在春秋时期，华夏就将周边的牧业民族和非华夏部族称之为"东夷""西戎""北狄""南蛮"，或者通称为"戎狄""夷狄""蛮夷""四夷"。划清夷、夏之间的界限，已经被华夏当作重要的原则，被称为"大防"，决不允许混淆。比如孔子说的"四海之内皆兄弟"，只是指华夏之间，并不包括夷狄。而夷狄中间只有个别已经"向化"的人，就是完全接受了华夏文化，完成了"由夷入夏"过程的人，才能变为华夏的一分子。

从秦朝到清朝，即使在自己的统治范围之内，凡是还没有被正式编入户籍，并由正式行政区管辖的非华夏人口，比如在都护府、羁縻州、羁縻府、土司辖境内的部族，还是被当作蛮夷的。外国人除了朝鲜、越南、琉球以外，更被认为是蛮夷，只是开化程度稍有差别而已，他们居住的地方、所在的国家通通被当作"四裔（夷）""蛮荒之地"。

这样的观念根深蒂固，历代中原王朝从君主到臣民，一直认为自己的地方是"天下之中"，天朝无所不有，无须仰赖外人。周边凡是还没有接受华夏声教，成为华夏一部分的，都是蛮夷、蛮荒之地，不值得去占有，更不应该迁居到那里去。

在文化上，华夏认为蛮夷不配享受他们的文化，过他们的文明生活，而只有当蛮夷主动地来接受文明、接受教育，也就是所谓"向化"，他们才可以教他。所以不仅从来没有主动到外国去传播自己的文化，就是在他们国内那些少数民族聚居地区，也要等到那些地方"改土归流"，正式设立了府、州、县这些行政机构，才开始办学校，再给对方科举的名额。否则的话，也不属于传播华夏文化的范围。

尽管历史上有过"丝绸之路"之类的交通路线，提供了人员往来的便利，但古代中国从来没有向外派过一位文化使者或者文化教师，更没有在外国办过一所孔子学院。像朝鲜、越南、琉球、日本，都是它们的人自己主动来中国学习的。

日本了解到唐朝各方面的先进之处，特别是在制度和文化方面，所以前后派出几十批"遣唐使"，不畏风浪，前赴后继。其中包括官员、留学生、学者、和尚、工匠，到唐朝全方位地学习。有的人长期留在唐期，还担任了唐朝的官员，学习、考察相当深入。但唐朝官方没有主动派过一位文化使者或老师前往日本，鉴真和尚东渡弘法也是出于日本方面的一再邀请。

以前我们夸大汉朝、唐朝的开放程度，凭想象将唐朝称之为最开放的时代。其实汉唐的开放是相对其他朝代的不开放或者封闭而言，汉朝、唐朝都没有摆脱"夷夏之辨"的局限，不存在真正的开放机制。我将这种状况总结为"开而不放，传而不播"。

一方面唐朝的大门的确是开的，大明宫里出现了"万国衣冠拜冕旒"的盛况，进出朝堂的突厥人、外国外族人要占到官员的一半。长安城里到处是番将、胡商、胡姬、昆仑奴，长安城里的人听的是胡乐，看的是胡旋舞，吃的是胡饼、胡瓜、胡豆、胡麻。

但是唐朝从来没有放本国人外出，或者允许本国人出国贸易、游历、考察、学习、取经。迄今为止，我们能够查到的屈指可数的出国记录，都是出于偶然或者例外。比如玄奘，是发愿取经，在边境非法闯关。他回来时到了高昌，派人送信向唐太宗请罪，唐太宗正苦于不了解西域的情况，得知他在外面十几年的情况，不仅赦免他，还派人迎候。否则的话，恐怕他就无法重新踏上故土了。又如杜环，他是在怛逻斯（今哈萨克斯坦江布尔）之战被阿拉伯人俘虏的，幸运地得到优待，在十二年后搭乘阿拉伯商船返回广州。近年在西安发现一块墓碑，墓主到过大食（今阿拉伯半岛），碑文写得很清楚，他是作为唐朝的使者去的。所以唐朝只能说是"开而不放"，开着门，但是从来不放自己的人出去。而且唐朝人自己也没有走出去的意识，到自己的边疆地区已经是不得已，到蛮荒之地去干什么？

所谓"传而不播"，就是说你进来学习，我可以教你，可以"传"，但是没有必要主动到外面去宣传，去教，从来没有主动过。

比如说中国的造纸技术，到2世纪已经成熟。但是由于没有对外传播，这项重要的发明并没有影响到丝绸之路的另一端，更没有影响世界，西方继续沿用古埃及的纸莎草造纸。一直到公元751年怛逻斯之战，阿拉伯人从唐朝军队的俘虏中发现一批造纸工匠，才向他们学会了造纸术，取代了纸莎草造纸，以后又传到欧洲。

又如契丹人兴起以后建立辽朝，辽朝与宋朝以今天河北、山西中间为界。照理说宋朝出版的书流传到那里很容易，但宋朝规定书籍不许出口，契丹人就没有学习并采用汉字，而是创造了自己的文字。这种文字是在汉字的基础上复杂化，所以到辽朝亡了，契丹文字也就失传了，成了死文字。宋朝也不许书籍出口到西夏去，党项人也只能自己造文字。西夏文字也是在方块字的基础上复杂化，结果西夏亡后也成了死文字。

为什么有些国家、民族在古代就大力对外传播自己的文化，进行文化扩张呢？这些国家、民族的观念与古代中国截然不同，并且无不借助于宗教与战争。

比如基督教，它的教义是要将上帝的福音传递给每一个人，传到世界的每个角落，不会嫌你野蛮落后，是蛮荒之地。传教人会深入穷乡僻壤，用各种手段传播，应用语言、文字、音乐、艺术，它的文化也得到广泛、深入的传播。

有的宗教认为其他异教和文化都不应该存在，推广自己的宗教可以采取武力，采取行政手段，强制皈依，强制接受，结果迅速扩张。

有的政权扩张到哪里，就强制推行自己的语言文字、文化艺术、价值观念。公元前6世纪波斯帝国扩张到帕米尔高原，至今塔吉克语还属波斯语系。沙俄扩张到中亚，掠夺了中国的土地，就在那里推广俄语。到今天，俄语还是那里的通用语言。有些国家独立后想将母语定为官方语言，但发现会讲本族母语的人口还不如讲俄语的人口多。

通过这样的比较，我们就可以明白，一方面，中国文化的确有强大的生命力，在我们自己的人民中、在自己的国土上，可以说是生生不息。但另一方面，从先秦时期就形成的"夷夏之辨"，使我们一直持"开而不放，传而不播"的态度。既然如此，古代中国和中国文化怎么可能对外产生影响呢？

## 第三节　唐朝长安是世界的中心吗？

最近一段时间，人们对唐朝和唐朝的首都长安的评价越来越高，一些人甚至提出唐朝和唐朝的首都长安曾经是当时世界的中心，其实这个结论是不符合史实的。

首先，世界还没有连成一片，还没有形成世界，怎么可能有世界的中心呢？其次，无论从政治还是军事角度看，唐朝能够发挥中心作用的范围还是有限的，并不包括当时世界的其他部分。

唐朝的疆域在历代王朝中间的确是比较大的，但是唐朝并不始终拥有那么大的疆域，而且曾经拥有的地方也并没有真正去行使主权，实施行政管辖。唐朝最西的确曾经到过咸海之滨，控制了阿姆河流域、锡尔河流域，但这主要是军事上打败西突厥的结果，唐朝并没有真正把那里作为自己的领土去管理、去经营。除了少量军事驻防以外，并没有实施有效的移民，或者去传播自己的制度、文化。基本只是利用了当地现存的部族首领、军事长官，给他们一个羁縻都督或刺史的名义，内部的、具体的事务是不去管的。

而且这一疆域维持的时间比较短。如唐朝能够到达咸海之滨的时间，也就三年。因为这片土地原来的主人是波斯的一个王子，波斯发生内乱，王子带着这片土地投降唐朝，唐朝就让他继续管理。三年以后，波斯内乱平息，以后阿拉伯人又扩张过来，唐朝就失去了这片土地。

又如公元751年，也就是安史之乱的四年前，由高仙芝率领的唐朝进攻石国（今乌兹别克斯坦塔什干一带）的军队突然遭遇"黑衣大食"（阿拉伯阿拔斯王朝）的军队，唐军毫无准备，全军覆没。除高仙芝带了少数人逃回，其他几万名将士不是被杀，就是被俘。以后唐朝再也没恢复对这些地方的统治，而是退到葱岭（帕米尔高原）。

安史之乱以后，连今天新疆的大部分、河西走廊、青海、甘肃、四川西部、云南西北，甚至陕西的一部分，都被吐蕃占据了，有一次甚至被吐蕃军队攻占长安。这时候，唐朝或者长安，还是这片土地的中心吗？

如河西走廊，虽然一度由张义潮率领这一带军民起义，摆脱吐蕃控制，回归唐朝。但是到了唐朝后期，这些地方又成了孤悬于唐朝以外的地方政权，与唐朝的联系也基本断绝了。唐朝还是河西走廊的中心吗？长安对他们还有什么中心的作用？

又如朝鲜半岛，唐朝一度征服了朝鲜，并且把它的国王和几万民众内迁，唐朝在那里设立安东都护府，这个时候可以说长安是朝鲜半岛的中心。但三年以后，安东都护府不得不从平壤迁到了鸭绿江以北，以后甚至从辽河以东退到了辽河以西，朝鲜半岛上的朝鲜遗民与靺鞨人联合建渤海国，实际脱离唐朝。此时还能说长安是朝鲜半岛和辽东的中心吗？

应该讲，在唐朝疆域极盛的时候，长安的确是唐朝疆域的中心。但是形势是变化的，到了安史之乱以后，唐朝再也没有恢复到原来的疆域，所以长安只能是那片残山剩水的中心。

比如阿拉伯兴起了以后不断东扩，根据现有的史料，唐朝与阿拉伯并没有发生什么交往，更谈不上可以影响阿拉伯，唯一的一次战争唐朝大败，以后阿拉伯继续东扩，你说唐朝与阿拉伯谁是中心？长安可能是阿拉伯的中心吗？

一般认为，在古代曾经建起的那些大帝国里，它们的首都、行政中心就是它们的中心，但不能说就是当时世界的中心。这些帝国虽然曾经跨欧亚大陆或者跨欧亚非三个洲，实际上还只是这三个洲里连成一片的一部分，有的还只占了某一洲的一个角落。比如波斯帝国，它的东边只到了帕米尔高原，没有影响到当时的中国。又如亚历山大帝国，它往东还没有越过开伯尔山口，也没有影响到东亚。

到成吉思汗的蒙古军队西征，以后蒙古人建立了连成一片的元朝和四大汗国，把它的控制范围一直扩展到东欧，这是人类历史上第一次真正打通了欧亚大陆。在这种情况下，也许有一个地方可以说是欧亚大陆的中心。但由于元代与四大汗国并不是统一的政权，哪一个国家的首都也只能是中心之一。唐朝时还没有出现这样的形势，连当中心之一的条件也没有。世界的中心必然出现在世界形成以后，没有世界，当然不可能有世界的中心。

有人说，唐朝和唐朝的长安在经济上总可以说是当时世界的中心吧！如果我们只看一方面，盛唐时经济繁荣、商业发达，而且在长安、扬州、泉州、广州这些城市的确有很多来自外国的商人、商品，通过这些贸易、商业活动和国际间的商人影响到周边。但不能说唐朝已经成为这些地区的经济中心了。一个主要的原因是唐朝缺少一种外向经济，唐朝无论是进口还是出口都不是主动的，从事国际贸易经商的几乎都是外国人。比如在长安城里做买卖的，最多的是粟特人，就是今天中亚费尔干纳盆地哈萨克斯坦、乌兹别克斯坦这一带的商人。又如唐朝后期在广州、泉州做买卖的，主要是阿拉伯人以及被认为是阿拉伯人的波斯人。据记载，广州城里外国商人和他们的家属、随员超过十万。有没有唐朝的商人去了阿拉伯、波斯或其他外国经商呢？到现在还没有发现证据。已经发现的往返于中国贸易的海上沉船，有的虽然是中国式样，或者是在中国制造的，但基本上都是外国的船，或者船主是外国人。著名的"黑石号"沉船，20世纪90年代在印度尼西亚附近的海上被发现，后来打捞成功。从船上还保存着的大量唐后期的铜钱和瓷器看来，这是一艘从阿拉伯来中国的贸易船，到唐朝卖掉货物后采购了大量瓷器、丝绸、茶叶等商品，带着还没有花完的唐朝铜钱，准备去南洋采购香料、胡椒，再返回阿拉伯，不幸在印度尼西亚附近沉没。这是一艘阿拉伯船。在广东阳江发现的整体打捞成功的"南海一号"，其船主也基本可以肯定是阿拉伯人。

这样一种单方面的由外国的商人将外国商品输入唐朝，根据他们的需求再把唐朝的商品贩运出去，主动权不在唐朝。这种贸易对于对方的影响有多大，决定于对方的需求，而不是出于唐朝的主动。即使对那些有直接贸易关系的国家和地区，唐朝或者长安也谈不上是它们的经济中心。

在文化方面，唐朝也从来没有主动地对外传播，扩大影响。唐朝从来没有派出一位文化使者或者派出一名官员到外国去传播自己的制度、文化、技艺。鉴真和尚东渡，那是出于日本的一次次请求，而且也不是官方派出的，主要目的是弘扬佛法，传播文化是顺便的。日本派遣"遣唐使"来唐朝学习，完全出于主动，派不派，什么时候派，派什么人，到唐朝学什么，学多久，回去后如何应用，推广到什么范围，取舍的标准，哪些学哪些不学，这一切都出于日本的自主，与唐朝无关。唐朝的文化、长安的文化，可以说是当时日本学习仿效的重要来源，甚至是唯一的来源，却不能说长安已经成了日本的文化中心。

实事求是地讲，唐朝时期的确是中国历史上国力比较强、疆域比较广，也相对比较开放的一个阶段。唐朝的长安也的确是当时世界上最繁荣发达的城市之一。但是唐朝和长安城无论在经济、文化、政治上，都没有积极、主动地影响外界，没有成为唐朝以外的任何国家或地区的中心，更不用说是世界的中心。

以前我们不开放，关起门来自娱自乐，经常说古代中国有多少世界第一、世界之最，对国人也许还有一点积极作用，可以提高一点自豪感、自信心。到了今天我们已经全面开放，包括在历史研究方面，与世界各国都有了联系和交流。如果还是不做认真调查，不做对比分析，轻率地提出耸人听闻的"新发现""新观点"，或者继续满足于自我陶醉，自娱自乐，那就丝毫起不了积极作用。一旦民众发现事实不是如此，或者他们直接了解到外界相反的观点，或者他们经过比较颠覆了原来形成的观念，只能产生消极的后果，甚至动摇文化自信。

居马上得之，宁可以马上治之乎？

且汤武逆取而以顺守之，文武并用，长久之术也。

第三编

# 古代中国的精神中枢

# 导　言
# 英明的开国皇帝为何会成为暴君?

公元前202年,刘邦统一天下,诸侯共同尊他为皇帝。即位大典在定陶(今山东定陶区西北)举行后,叔孙通奉命制定朝廷的仪式制度。但刘邦嫌秦朝留下的礼仪太烦琐,全部删除,只求简易。结果一帮大臣在朝堂上边喝酒边争功,喝醉后有的人大喊大叫,有的竟拔出刀剑在柱子上乱砍,刘邦觉得实在不成体统,担心没有办法收拾。

叔孙通知道刘邦心里头已经非常讨厌这种现象,就提出建议:"读书人在打天下时起不了什么作用,但可以一起守成,我可以召来鲁地的儒生,与我的弟子一起为陛下制定上朝的仪式。"

刘邦问:"会不会太难办了?"叔孙通说:"我可以用比较简单的办法。"刘邦同意试一试,但是要求"一定要容易学,按照我能做到的程度来订"。

汉高祖七年(公元前200年),长乐宫建成了,诸侯、文武百官齐聚新宫,完全按照新的朝仪举行朝会。天刚亮,警卫宫殿的兵车、骑兵、步兵就在庭院中排列整齐,举着武器和旗帜。负责指挥调度的官员——谒者,在检查合格以后,将诸侯百官依次序领进殿门。大殿的台阶两旁排列着数百名郎中，一声"趋"——意思是快步轻声上前，百官鱼贯而入，功臣、列侯、诸将和其他武官排列在西面，东向站定；丞相以下的文官排列在东面，西向而站。一切准备妥当后，在殿上的典礼官接受百官的逐级报告，又接力传声，请皇帝起驾。皇帝坐着轿子离开住所，有仪仗队开道，沿途警戒。皇帝在大殿坐定以后，典礼官引导诸侯王至六百石俸禄以上的官员依次拜贺，诸侯王和百官吓得大气都不敢喘，没有一个不毕恭毕敬的。朝见以后，皇帝赐酒，有资格坐在殿上的大臣都低着头，俯着身子，依照地位尊卑、官职高低，分九次向皇帝祝酒，然后谒者下令"罢酒"。在饮酒的过程中，始终有御史在监督，发现有不遵守仪式的人立即把他带走，整个朝堂上没有人敢喧哗失礼。刘邦好不得意地说："我今天才体会到做皇帝的尊贵了。"

当时另一位大臣陆贾，他认为要使新建立的汉朝能够长治久安，必须使刘邦了解治国安邦的道理，所以经常在刘邦面前引用《诗经》《书经》中的话。刘邦非常讨厌，有一天竟破口大骂："你老子是在马上夺取的天下，要靠《诗经》《书经》干吗？"陆贾反问他："在马上得的天下，难道可以在马上治理吗？"又说了一番大道理，把刘邦说得哑口无言，刘邦心里虽然不乐意，却也感到内疚，就对陆贾说："试着为我写一点秦朝之所以失天下，我之所以得天下的原因，以及古代各国成败的教训经验。"

于是陆贾就概括论述了兴衰的规律，写成了十二篇文章。每奏上一篇，刘邦没有不说好的，左右见皇帝高兴，一齐高呼万岁。陆贾奏上的书就被称为《新语》。

刘邦之所以从善如流，接受陆贾的意见，承认在马上得天下，不能在马上治天下，大概已经尝到了治天下的不易。而叔孙通为他制定隆重的礼仪，也使他享受到了皇帝的尊严，体会到治天下的妙处。

但治天下不易到什么程度呢？史书上没有明说，读史者往往缺乏具体的了解，我们可以做一个比较。

在民主政治制度建立之前，中国历代都是实行中央集权的专制政体。在这种条件下，要得天下，推翻一个现存的政权，取而代之，自然只能够依靠武力和阴谋。因为堂堂正正地进行政治斗争，无异与虎谋皮，不仅成不了气候，反而是自取灭亡，连试试这种可能性都不现实。但这些却成为企图得天下者的优势，因为只要能达到目的，手段可以不论。无所不用其极，反正不必承担什么政治、道义责任。即使真相暴露，也不难找到各种借口或者替罪羊。

治天下者做事就不能太过分，至少不能越过社会公认的底线。比如清朝初年，在关外反明，袁崇焕守住了边关，清朝军队屡次被袁崇焕打败。于是就使用反间计：派人到北京散布流言，故意泄露所谓袁崇焕与清朝勾结的密信。崇祯皇帝居然信以为真，再加上当时不同派别之间的斗争，袁崇焕成为牺牲品，不仅蒙了"汉奸""叛国"的恶名，并且被崇祯皇帝残酷地处以凌迟的酷刑。但等到要治天下的时候，到了乾隆年间，清朝方面自己披露了事实，而且为袁崇焕平反昭雪，因为统治者不这样做，以后就逃脱不了恶名，跟他治天下的身份，跟自己标榜的"自古得天下无如本朝之仁者"这样的形象是不相称的。

得天下的过程中可以以破坏为主，不计后果，而且破坏得越严重，对自己越有利。所以无论天灾还是人祸，巴不得闹得越大越好，搞得越乱越管用。治天下的人什么事都难辞其咎，人祸固然是治理不当、防范不力、政策错误、吏治腐败所致，天灾则更是上天的警告和惩罚，说明自己失去了"天命"，成了"天之所厌"，不仅会造成生命和财产的巨大损失，更会动摇人心，为反对派所利用。任何时候，破坏不知比建设要容易多少。

所以在得天下的过程中，惯于使用断绝粮食供应、屠城、杀俘虏、以水代兵、散布流言蜚语、美人计、反间计等各种手段，无所不用其极，而且总是握有主动权，可以随时随地应用。治天下者防不胜防，只能被动挨打。

得天下的人为了争取人心，煽动民怨，可以不顾实际可能，做出过高、过多的承诺，或者给自己的支持者、拥护者以现成的利益，反正是慷他人之慨。治天下者只能量力而行，在物质基础有限的条件下，满足一部分人的需求，还必须留有余地。

比如王莽在执政之初，就给社会各阶层许诺，并且一律给予优待，获得各阶层的好感和普遍支持，这使他顺利篡夺，当上皇帝，得了天下。但等到他治天下的时候，面对着虚假的数字和空虚的国库，那就只能用空话、假话应付天下人，号召臣民艰苦奋斗，以野菜代替粮食，结果原来的拥护者都成了反对者。

同样，李自成发动民众支持自己的口号是"吃他娘，用她娘，闯王来了不纳粮"，由文人加工为"盼闯王，迎闯王，闯王来了不纳粮"，反正开的是明朝的官仓，分的是别人的家产。但一旦他进了北京，就忙着"追赃"，搜刮金银财宝，连仓皇出逃的时候都舍不得丢弃。要是真让他治天下，百姓的负担恐怕绝不会比明朝时轻。

得天下的时候可以结成最广泛的统一战线，只要目标对着现政权，都能互相利用。其他方面的分歧或者冲突可以暂且不论。内部的权力斗争虽难以避免，但是大敌当前，首领还不能当孤家寡人，专制和残暴的手段不得不有所收敛。但到治天下的时候，皇帝和现政权就成了另一些人的唯一目标和夺取的对象。

赵匡胤在杯酒释兵权的时候对老部下说："皇帝谁不想当？……你们不想当，谁能保证你们的部下不想当？到时候把黄袍披在你们的身上，你们怎么办？"这话虽说得绝了一点，却是至理名言。一方面，五代时候那些短命的皇帝就算得了天下，可是却治不了天下，一个个像走马灯般下台或丧命。另一方面，当了皇帝就有了至高无上的绝对权力，以往的袍泽、同乡、师生、兄弟关系一笔勾销，更不必有什么顾忌。于是就大开杀戒，几万人甚至几十万人被杀也不在话下。

得天下的过程中，从上到下都还没有过多的要求，原来的贫民、罪犯只求活命。因种种原因投奔的也志在长远利益，被武力收降或阴谋收买的人会暂时隐忍。在物资有限和战事频繁的时候，各级首领还没有条件或者来不及太腐败。等到治天下的时候，个人的要求都要得到满足，统治者也不能一直提倡艰苦朴素。老是要求臣民"共度时艰"又不像个太平盛世。要天下太平，还得对一部分人实行赎买政策，对豪强做些让步，这些都需要真金白银，所以往往刚坐稳江山就开始捉襟见肘。

正因为如此，英明的开国皇帝往往在治天下时会成为暴君，当现成皇帝的人不少是昏君，或者成了权臣、宦官的傀儡和玩物，不幸当了末代皇帝下场就更惨，这些都是专制制度治天下的产物，是不可避免的。

# 第八章
# 天下

得 天 下 与 治 天 下

## 第一节 胡服骑射与骑兵时代

赵武灵王初年（公元前326年），日益强大的秦国成为赵国的主要威胁。赵国参加了韩、魏、燕、楚的五国联合抗秦，与魏、韩联兵攻打函谷关，以失败告终。赵武灵王九年（公元前317年），秦国军队打败了赵、魏、韩的联军，赵军被杀八万人，损失惨重。接着，赵国的中都（今山西平遥西南）、西阳（一作中阳，今山西中阳）等地被秦军攻占。赵武灵王并不是碌碌无为之辈，面对这样的形势，他不断地考虑要实行根本性的改革，增强赵国的国力。

赵武灵王十九年（公元前307年），他带军队大举进攻中山国（春秋时白狄别族所建，又称鲜虞，在今河北东北，当时建都灵寿，在今河北平山县东北），占据了一片地方。然后他亲自率军北上，从代北而西，在今天河套一带渡过黄河，登上了黄华山。这不仅使赵国获得大片的土地，也使赵武灵王进一步地了解了胡人的习俗，特别是胡人战斗力强的原因。于是他召来谋士楼缓，正式提出了他的改革计划。

他认为现在赵国一定要改穿"胡服"，也就是要模仿北方胡人的衣服，要改革赵国传统的服装。楼缓完全赞成，但是群臣却一致反对。于是赵武灵王只好与他的谋臣肥义再一次商量，在这个关键的时刻，肥义这位老臣一锤定音，他说："没有信心办不成大事，怀疑自己的行动就不能名正言顺，大王你既然已经准备承担不尊重传统的指责，那就不必再顾虑天下人的议论反对。智者自己做出正确的预测，你还有什么可犹豫的呢？"赵武灵王说："我不是对改穿胡服有犹豫，而是怕天下人会笑话我。改穿胡服的好处无可限量，纵然天下人笑我，胡人的土地和中山国必定会落入我的手中。"他下定决心，自己带头穿了胡服。但是赵武灵王深知反对势力的强大，为了顺利推动改穿胡服，他必须取得一些关键人物的支持，其中一位就是他的叔父公子成，于是他派了使者去传达自己的意见。

果然公子成表示反对。使者回报以后，赵武灵王说："既然叔父有病，那我亲自去向他说明。"因为公子成借口自己有病，实际上还是不愿接受。

到了公子成的家里面，赵武灵王又恳切地跟他说了一番道理，说明自己这样做的原因，又说明如果公子成能够带头的话，会起到关键的作用。听了这番话，公子成表示歉意："我太愚蠢了，不理解您这样做的道理，这是我的罪过。现在要继承先王的计划，实行先王的遗志，我怎么能不听命呢？"他恭恭敬敬地接受了赵武灵王赐给他的胡服，并在第二天穿着胡服参加朝会。于是赵武灵王正式发布了改穿胡服的命令。

　　大臣中还是有人反对，如赵文、赵造、周绍、赵俊等还是极力劝阻，认为还是原来的服装好，要求撤销改穿胡服令。为此，赵武灵王再次强调了他要改穿胡服的理由，同时不再理会一些大臣的反对，坚决实行"胡服骑射"（穿上胡服，骑马射箭）的政策，不久就开始见效。

　　赵武灵王二十年（公元前306年），他亲自率军队进攻中山，占据了宁葭（今河北获鹿北），然后又西征林胡，夺取了榆中（今内蒙古与陕西相交处一带），林胡王不得不向他献马。赵武灵王二十一年（公元前305年），赵军大举进攻中山，夺取了一大片土地，赵武灵王亲自率军队攻下了石邑（今获鹿东南）等城市，中山王献出四座城市求和，赵军方才暂停攻势。赵武灵王二十三年（公元前303年）和赵武灵王二十六年（公元前300年），赵军继续夺取中山国的土地，使北面到燕国和代国（今河北西北及相邻内蒙古地区），西面到云中和九原（今内蒙古阴山以南）的土地连成一片。四年后，中山国被灭，国君被迁到肤施（今陕西榆林东南）。至此，赵国的疆域和国力都达到极盛。

　　今天大家也许很难理解，一位国君要臣民改变服装竟会那么困难，而胡服竟有如此大的威力。其实改穿胡服并不仅仅是服饰的改变，根本的原因就是为了推广一种新的作战方式，就是骑射，也就是组建骑兵，是军事制度的根本性改革。

　　马传入中国的时间比较早，而且早就成为家畜，但中国的农耕民族与游牧民族对马的利用却形成了两种不同的方式：华夏诸族主要用来拉车，而胡人（泛指北方游牧民族，包括东胡、林胡、楼烦、匈奴等）主要用来骑乘。华夏诸族，包括春秋及战国前期各诸侯国军队主要的力量是兵车，步兵是兵车的辅助力量，而胡人基本上都是骑兵。骑兵的机动性和战斗力当然要远远胜过兵车，特别是在长距离和复杂地形条件下。比如兵车对道路要求比较高，兵车的机动性不如骑兵那么强。诸侯国之间的战争因各方都使用兵车，所以这两种方式的优劣难以显示。而当华夏与胡人发生战争，兵车对骑兵的劣势就非常明显。对这一点，赵武灵王必定比其他诸侯国君有更深的体会。因为当时赵国北面已经跟胡人接触，而且他自己深入前线做了认真仔细的观察。

由于马车普遍使用，所以"御"（赶马车）就成为当时成年男子一项必须掌握的技艺。因为无论贫富贵贱，人人都有驾车的可能和需要。如日常生活、婚丧礼仪、行军出征都离不开车，替贵族或者国君驾车得有一定身份，战时为主帅、主将驾车更不同寻常。所以孔子教学生的"六艺"，也就是当时定的六门主干课程，其中一门就是御，而孔子本人也是一位御术的高手。

射箭倒不是胡人的专利，比如孔子的"六艺"中也有一项是"射"。所不同的是，胡人习惯于骑在马上射箭，而华夏人都是站在车上或步行射箭，效率高低不言自明。胡人经常骑马狩猎，要射飞禽走兽，他们的弓箭威力也不是华夏人可比的。而华夏人除了打仗外，弓箭的利用机会并不多，往往成为一种装饰和单纯的技艺，结果是中看不中用。

赵武灵王特别能够意识到胡人骑射的优势，当然与赵国的地理位置接近胡人有关，但更重要的是他事先进行了长期深入考察。比如说他在十七年（公元前309年）和十九年（公元前307年）"出九门，为野台，以望齐、中山之境"，去观测中山国的情况；又到了代地，"北至无穷，西至河，登黄华之上"，到了黄华山。他当然不是为了游山玩水，而是做了十多年的准备，所以才要颁发胡服骑射令。

他要推广胡服骑射的"骑射"是没有人能公开反对的，也反对不了，找不到不赞成的理由。但是改胡服不仅遇到普遍反对，而且反对还相当的激烈。这两者究竟有什么关系呢？因为胡服是骑射的前提，不改服，骑射就推广不了。当时男子的服装是"上衣下裳"，下面的"裳"就是不分裤腿的裙子，站在车上或者坐在车上当然没问题，但怎么能跨上马，骑在马上奔跑呢？就是上身穿的"衣"，贵族所穿的也是宽袍大袖，站在车上挥戈指挥还没有大碍，但骑马射箭或格斗也是不适宜的。

可是服饰又是等级的标志、地位的象征、种族的传统、家族的荣誉，要贵族穿上与平民、奴隶的服装差不多样式的紧身衣裤——胡服，他们是接受不了的。就是一般士人，也把服饰视为生命的一部分，甚至比生命还重要。比如孔子的得意门生子路，在格斗中帽缨被打断，他明知危险，还是停止战斗说："君子死而冠不免。"为了保持帽子的完整，他将帽缨重新扎上，就在这个过程中被对手杀害。

而且，华夏优于夷狄的观念已经根深蒂固。所以，大臣们包括他的叔父公子成反对的理由，就是中国要比这些夷狄先进，从来没有中国学夷狄的先例。

当然还有一点，贵族们可能还没有明说。因为当时文武官员还没分化，一般贵族大臣必须文武兼备，胡服骑射涉及每一个人。但胡服骑射对个人技艺的要求比车战要高，在战斗中的危险性也更大，对那些平时养尊处优的人或者只是滥竽充数的人而言，自然是一大难关。正因为如此，一旦实行胡服骑射，不仅会迫使贵族大臣们只能精心骑射，而且会淘汰一大批素质低又不能提高的人。也正因为如此，改革后的赵国才能拥有如此强大的军事实力。

赵国推行胡服骑射，不仅使自己因此而强大，开疆拓土，灭了中山国，使疆域达到了赵国历史上最大的范围，也成为其他诸侯国学习、仿效的样板，骑射很快地推广到各国。到了战国后期，车战基本上已被淘汰，代替的就是各国新训练组建的骑兵部队，骑射成为一种普遍的战斗手段。

但是胡服只推广到了将士，君主、贵族、官员、平民百姓还是继续穿戴华夏衣冠，只有在行军出征、当兵打仗时才换上来源于胡服的戎装。这也可以看出衣冠作为一种文化、礼仪和传统，是相当难改变的。

## 第二节　中国古代的大规模屠杀——长平之战

秦昭王四十五年（公元前262年），秦国的大将白起进攻韩国，攻占了野王（今河南沁阳市），完全封锁了韩国本地和上党郡（治所在今山西长子县西南）之间的交通线。上党郡的郡守冯亭不愿意投降秦国，就依附赵国，赵国派大将廉颇驻在长平（今山西高平市西北）抗拒秦兵。双方相持了一年，廉颇在打了几个小的败仗以后，就坚守不出，以逸待劳。

到了秦昭王四十七年（公元前260年），秦国采用范雎的计谋，派人到赵国去行反间计，散布谣言说："廉颇仗打得不行，也快要投降了。其实秦国最害怕的人是赵括，如果赵括去取代廉颇的话，那么秦国就会退兵。"赵王相信了这些谣言，就任命赵括为统帅，取代了廉颇。其实赵括只会空谈，根本没有带兵的经验，又不体恤将士，所以他贸然出兵进攻，结果大败，被秦军包围。

秦国知道这场战争非常重要，征发了国内所有十五岁以上的男子，通通调派到长平，团团围住了赵国的军队。赵军的运粮道也被秦军切断，赵军饿了四十多天，最后只好苦战突围。赵括自己战死，四十万军队全部投降。秦国的大将白起决定把这些降兵统统"坑杀"，全部活埋，仅仅挑出两百四十个年纪小的人，让他们回赵国去报信。

赵国前后丧失了四十五万兵力，而秦国的军队经过这番苦战也是死者过半。

对于这次战争的真实性历来是有争议的，一些人认为不会一下子活埋了那么多人。这些年在高平这一带已经发现了大批古代的骸骨，经过DNA鉴定，基本上可以肯定就是当年被活埋的赵国军人。

为什么秦军要采取活埋的办法呢？因为在冷兵器时代，要杀个人也不是那么容易的。要保证将一个人在短时间内彻底杀死，最简单的办法就是砍头。一旦身首异处，绝无可能不死。但由于当时还没有高质量的钢刀，即使被杀者引颈受戮，完全配合，再锋利的刀砍不了几个头就会因刀刃锩口而无法继续使用。

想要把四十万人在短时间内全部杀掉，最方便的办法就是活埋。特别是高平这一带本身地势起伏，不缺土石，只要找个合适的地点，或者挖个大坑，把这些俘虏捆绑赶入推入，就可以大规模扑杀。

选择这样一种"坑杀"的方法，在当时是大规模快速屠杀俘虏的有效办法，或者是唯一有效的途径，史书所载不止一次，不过长平之战被坑杀的人数最多。

赵国士兵既然已经投降，老老实实当了俘虏，为什么秦军那么残酷，非要将他们都杀掉呢？当然这与白起个人的残暴有关，但背后真正的原因还是这场战争是秦国与赵国之间你死我活的一场恶斗，具体原因则是粮食供应。

长平战场远离秦国本土和粮食供应基地，加上双方对峙已有两年多。秦国动员了几乎全部成年男子，连十五岁以上的未成年人都上前线了，后方的农业生产肯定会受到影响。即使运输路线畅通，要连续两年保证几十万秦军和数量可观的运粮人的食粮，秦国的粮食生产和储备不会再有余地。到战争结束，秦军的余粮至多能维持部队返程的消耗。赵军的粮食早已断绝，那么俘虏已经饿了四十多天。无论秦军想就地收编一部分俘虏，或者将他们押送回秦国，至少要最低限度供给他们一点粮食，使他们不至于饿死吧！更何况秦军本身已减员过半，又疲惫不堪，再要抽出一部分将士管理、押送大批俘虏，没有哪位主将能有安全的把握。

如果将俘虏就地释放，同样得给他们留一点粮食，否则大部分人也会饿死，而其中一些强悍者完全可能与秦军拼命，至少会制造麻烦。释放他们回赵国，一部分人也会死在路上，而幸运能回到赵国的人，无论多少，都增加了赵国的人力资源，无论是继续当兵还是回乡种地，无论如何都是对秦国不利的。

经过这番分析，尽管我们在道德上可以谴责白起的残暴，但是从当时的实际情况看，站在秦国的立场，为了秦国的利益，换了其他人，也只能做这样一种残酷的选择。

在中国历史上曾多次出现大规模屠杀俘虏或降人的情况，大多与这两个因素有关——敌我之间的军事态势，粮食供应。而在早期，在缺乏高效有用的杀人武器时，往往采用活埋的方式。

秦二世二年（公元前208年），楚怀王与项羽、刘邦等诸将相约，"先入关中者王之"（谁先进入关中灭了秦朝就当关中的王）。第二年，项羽在巨鹿（今河北平乡县西南）大破秦军，与秦将章邯相持数月，章邯屡战屡败，最终投降。项羽封章邯为雍王，让他率降兵前行。不久，刘邦的军队通过武关，首先进入咸阳，灭了秦朝。而项羽的军队还在函谷关外面的新安（今河南新安县西），当晚项羽就在新安城南将二十万降兵全部"击坑"（袭击后活埋）。其实，秦军中尽管有些人对章邯率他们投降项羽不满，或者为自己的前途担忧，却并没有暴动作乱的打算。真正的原因正是项羽与部将商议的："秦朝降军人员多，他们心里还不服从，进入关中后会不听指挥，形势就危险了，不如突然袭击杀了他们，只带章邯等将领进关中。"项羽急于攻入咸阳与刘邦争夺关中，自己的兵力绰绰有余。而在短期内要控制消化这二十万降兵，不仅完全没有把握，而且会分散自己的兵力。项羽已经被刘邦占了先机，岂能再被这些降兵拖延时间？项羽当时也没有稳定的后方，不能将这些降兵留在原地，带到关中去也不放心，权衡下来，就只能选择彻底消灭。

项羽与部将没有提到粮食供应的问题，但这肯定也是一个重要因素。项羽这样一支不断作战、快速运动的部队，不可能携带富余的粮食。此前项羽的部队在渡漳水时，曾"破釜沉舟"，只留三天粮食。章邯的部队一直在打败仗，加上秦朝已亡，行政机构和地方政府解体，粮食供应也难以保障。减少这二十万降兵，无疑对改善粮食供应有利。

而要在一个晚上杀掉二十万人，只有以迅雷不及掩耳的手段，突然袭击将他们制服，集体活埋。

项羽有过多次屠城的记录，刘邦也不免屠过城，其根源看来都是这两种因素。

又如，蒙古军队在南下灭金和西征中亚、西亚的过程中，曾经做出一个很残暴的决定，如果路过的那些城，在三天之内不投降的，在攻下来以后就要屠城，至少要将城里的青壮年全部杀光。是不是完全

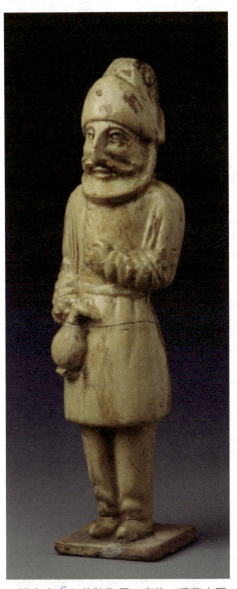

◎持壶大食人黄釉陶俑，唐代，现藏中国
国家博物馆

◎昆仑人陶俑，唐代，现藏中国国家博物馆

◎秦陵铜车马，现藏秦始皇帝陵博物馆

◎秦始皇兵马俑

◎《明太祖朱元璋异形像》，明代，现藏中国国家博物馆

◎南京鸡鸣寺，建于明洪武二十年

◎明十三陵之长陵，为明成祖朱棣和徐皇后的合葬墓

出于游牧民族的野蛮，或是成吉思汗及其部属的残暴呢？其实也得考虑上面讲的这两个因素。

蒙古军队离开蒙古高原的基地，无论是南下黄河流域，还是西征至中亚、西亚，是没有一个稳定的后方的。比如蒙古军队包围金朝的燕京（今北京）时，并不是已经完全控制了蒙古高原与燕京之间的疆土。蒙古军队和总人口数量不多，也不可能在沿途部署驻守自己的部队，或安置本族人口。漫长遥远的西征途中更是如此。如果一座城主动归顺，或者在三天内投降了，蒙古军队可以继续进军，无后顾之虑，而且还可以从这座城获得一定的人员和物资的补充，甚至能将其当作自己的后方或后勤保障基地，当然是不进行烧杀抢掠对自己有利。

如果这座城三天之内不投降，是被攻占的，蒙古军队能放心地将城里的军民留在后方吗？敢将这里的人征调随军吗？要保证自己的战斗力，适应快速推进、突然袭击的战术，又不可能留下一些人驻守防范。对他们来说，最合理的选择，就是将能杀的人都杀掉，将能带走的粮食物资都带走，带不走的就毁掉，尽可能消除隐患，否则对自己没有任何好处，只能增加敌方的力量。

蒙古军队在刚离开基地时会携带一些肉类、乳类和粮食给养，以后主要靠沿途搜集劫掠，本身就缺乏可靠的粮食供应。占有或攻下一座城后，获得的粮食、物资首先要保证自己的需要。如果将降兵或俘虏带走，或者让他们留在原地，都会减少自己的粮食和物资。即使仅仅考虑到这一点，蒙古军队也会毫不犹豫地杀掉会与他们争粮的人。

同样的现象在历史上一些大动乱期间也出现过，如东汉末、三国、十六国、南北朝、唐末五代十国、金元之际，都曾经出现过大规模的屠杀，俘虏、降人往往是屠杀的主要对象。除了争夺剧烈、战事残酷以外，粮食极度缺乏是一个重要甚至决定性的因素。

但在统一过程中的战争，特别是到了统一战争的后期，胜券在握的一方往往要为今后着想，而且已经有了稳定的后方，能在不影响自身的条件下解决俘虏、降人的粮食供应，所以就会采取比较温和的办法。

同样是蒙古统治者，忽必烈在灭南宋时，就在颁发的诏书中要求保护农商。灭宋的过程中也没有发生什么大规模的屠杀，因为他知道这些地方以后就是他自己的统治区，这里的人口和物资也都归自己所有。同时，此时的元朝已经在黄河流域和江淮之间建立了稳定的统治基础和可靠的后方，特别是已经整编消化了上百万金和南宋的俘虏、降将、降兵。已经完全没有必要再采取杀俘杀降的屠杀政策，温和招抚、减少损失才符合自己的利益。

## 第三节　秦始皇与他的标准化

公元前221年，秦始皇在灭六国以后，实现了国家的统一，并且从秦朝开始，统一成为中国历史的主流。表面上看，秦始皇的统一是军事征服的结果，是灭六国的结果，但是要形成一个统一的制度，要使这个统一的制度今后能够长期延续，仅仅靠军事征服，靠武力的统一是远远不够的。实际上尽管秦始皇在统一以后在位的时间并不长，但他实行了一些意义深远的措施，简单地说就是一系列的标准化，使这个国家内部达到了真正的统一。

他有几项重要措施，比如说统一度量衡，因为这对一个国家的治理是非常重要的。一个国家内部如果没有统一的度量衡——长度、容积、重量的标准，在赋税的征集、货物的流通、资源的调拨和管理以至于商业交易方面，就都没有一个统一的标准，而且中央政府以及各级地方政府也没有办法精确地掌握相关物资（比如最重要的粮食、武器）的数量，重要物资的储备、调拨、供应消耗等数据。为了做到这一点，当时还由朝廷确定标准，制造了一些标准的尺、量具、衡器，发到全国各地，作为大家对比、遵守的标准。今天我们还可以看到传世的或者出土的秦始皇时期所制造的标准的量具、衡器，在当时肯定是花了很大的人力物力，但这是必要的。一个国家如果没有统一的、标准的度量衡，就不可能维持全国的财政、赋税、物流、仓储、贸易、商业体系，也无法维持正常的社会生活。

又如他实行"书同文，车同轨"。"书同文"就是统一全国的书写标准。因为原来各地长期分为不同的国，同一个字可能在各国有不同的写法。没有统一时，国与国之间的交流有限，只要注意到两国之间在文字上的差异，文件交换时注意改写就可以了。统一后各种文件要上通下达，中央与地方之间、地方与地方之间、全国的人口之间都需要文件交流，不同的书写方式会产生歧义和误解，大至妨害国家大事、军事机密，小至影响人际关系、个人感情。所以秦始皇下令统一书写标准，就是每一个字都要有统一的写法，这就是"书同文"。那么以谁为标准呢？"以吏为师"，就是以公务员为老师，实际就是国家统一标准后，通过各级"吏"公布、执行、推广。而且，"吏"的书写标准先统一了，就能保证公文中的用字都能统一，政令的上通下达首先得到保障。

对于幅员辽阔、人口众多的古代中国，书同文更有特别重要的意义。战国时期，各诸侯国之间、大的诸侯国内，就已经存在各种方言。各种方言之间不仅有明显的差别，距离远的方言之间往往无法交流。而且随着疆域的扩张、人口的迁移、民族的杂居，方言只会越来越多，方言之间的差异也会越来越大。特别是南方那些地形复杂、交通不便的地方的人，一辈子没有机会接触外面的人，甚至一辈子都没有进过城。有的地方，在山这一边跟山那一边、河这一边和河那一边的人都用不同的方言。在黄河流域，早已形成明显的方言区。如西汉初年，刘邦封他儿子刘肥为齐王，就规定根据方言划界，讲齐语的百姓的居住区都被划入齐国。在没有声音的复制、传播手段时，特别是在人际交流相对稀少的条件下，不可能确定一种标准语音，也不可能推行一种通用语言。但"书同文"的结果，使在中国的范围内，全体中国人有了一种作为交流工具的通用的文字。统一的、标准的汉字还影响到中原王朝之外，朝鲜、越南从中国独立后，形成了本土的语言，在各自境内又形成了不同的方言。但朝鲜、越南都继续使用汉字，通过汉字维持着与中国的宗藩关系，延续着中华的政治制度、科举制度、礼乐文明、儒家文化。直到近代，汉字都是其国内的官方通用文字。

要是没有统一、通用的文字，语言不通的人群不可能结成统一的国家。从这一意义上说，要是没有秦始皇的"书同文"，就不可能有长期统一的中国。欧洲有的小国，因为国民操不同语言，至今还为此而设立不同的地方政府，而这些语言之间的差异比多数中国方言之间的差异还小。

车是当时的主要交通工具，"车同轨"就是考虑到原来各国用的车的两个轮子之间的轨距不统一，全国没有办法推行标准的道路系统。道路标准宽度如果根据比较宽的轨距确定，对轨距窄的车来讲就是浪费；但如果根据窄的轨距确定，宽轨距的车就无法通用。实行"同轨"后，全国的道路系统可以根据统一的标准来建造，既提高了效率，又节约了资源和人力物力。

这一点，今天的世界铁路系统还没有做到。现在"一带一路"沿线开的中欧班列就遇到这样的难题。由于以前苏联通用宽轨，而中国和欧洲很多国家使用标准轨，从中国新疆开出的列车要进入哈萨克斯坦这些前苏联国家，就因轨距不同无法通行，只能将货物卸下，换装到对方的车上。等到离开这些宽轨铁路进入欧洲时，又得再换一次列车。两次变轨换车要耗费大量人力、物力和时间，也影响了效率。

真庆幸秦始皇注意到了"车同轨"的重要性，并采取了切实措施，否则两千多年来会造成多大的浪费，会影响多少交通运输的效率！

而世界虽然已经进入现代化、后现代化，却还存在那么多不统一、不标准化的问题，如通用的电压不统一，电器插座不统一，行车规则不统一（有的靠左，有的靠右）。原因无非是一开始各行其是，没有一个跨国家的机构进行协调。等到形成世界性的既成事实，又因涉及巨大的利益，又缺乏一个权威的管理机构而无法协调。

如果秦始皇不是在统一之初就采取果断的措施，一旦形成了不同轨距的地方标准，再要统一就不容易了，或者必须付出巨大的代价。

秦始皇的标准化还不止这些。如他还将"年"标准化，规定全国使用同一个历法，在同一个日子过年。

在秦朝以前，已经存在着至少三种不同的历法，有夏历、殷历（商朝通用的历法）、周历。这三种历法的"岁首"——一年开始的时间是不同的。夏历以正月为岁首，殷历以十二月为岁首，而周历以十一月为岁首。在秦统一六国以前，不同的国家使用不同的历法，在不同的时间过年。如鲁国是用周历的，十一月初一过年。楚国用的是夏历，所以鲁国人过新年的时候，楚国人还要再等两个月，到正月初一才过年。秦始皇规定以"建亥之月"，也就是夏历的十月作为岁首，从此整个国家都在十月初一过新年。

到汉武帝太初元年（公元前102年）才改以夏历正月为岁首，全国改在正月初一过新年。以后直到清朝末年的两千余年间，除了有过四次（王莽、魏明帝、武则天、唐肃宗）例外，即王莽初始元年至地皇四年（公元8年—公元24年）、魏明帝景初元年至景初三年（公元237年—公元239年）改以十二月为岁首，武则天载初元年至圣历二年（公元689年—公元699年）、唐肃宗上元二年（761年）曾以十一月为岁首。全国都是将正月初一作为新年的开始。

过年是古代中国人最重要的节日，已形成一种共同信仰，通过过年保持共同的生活方式和情感心态。岁首也是国家的法定标准，法律年度的起点。正月初一被称为"正朔"，从汉武帝采用年号起，正常的纪年、改元都是从正朔开始的。"正朔"是一个朝代得天命及合法性的象征。"奉正朔"就意味着服从一个朝代的统治，服从它的制度。一个朝代的一切日常运作，都是从正朔开始，以正朔为标准，周而复始，年复一年。如果一个国家连历法都不统一，没有同样的岁首，国民在不同的时间过年，不仅不利于形成国民的共同生活方式和文化心态，政治上的统一最终也会被消解。回顾这一段历史，不能不肯定秦始皇及其谋臣的深谋远虑。

秦始皇的标准化还有很多，只是因为当时留下的史料有限，后人已无法完全了解。秦始皇的这些标准措施，在当时肯定会受到部分人的反对和抵制，也未必能为习惯势力所接受。但因为符合统一的历史潮流，适应现实的需要，尽管秦朝二世而亡，但在汉朝得到继承和强化，一直沿用。事实已经证明，对一个统一国家而言，必要的标准化，标准化的范围广一点，对国家和国民都有益。

当然，作为一位专制君主，秦始皇必定会追求一切都决定于他这"一尊"，导致过分的标准化。他还想统一学术，统一思想，统一人心，实际根本做不到，却开启了一个漫长的专制、黑暗时代。

## 第四节　项羽是刘项逐鹿的失败者吗?

《史记》里有句话，"秦失其鹿，天下共逐之，于是高才疾足者先得焉。"意思是说秦朝失去了政权以后，天下人都在争夺，才能高、动作快的人才能抢先得到。这个"高才疾足者"是谁呢? 最后胜利者是汉高祖刘邦。但是如果我们把刘邦与他主要的争夺对手项羽做比较的话，可以发现刘邦既不是"高才"也不能算"疾足"。

刘邦成为汉朝的"太祖高皇帝"后，尽管史臣给他编造了一系列神话，却无法掩盖他出身"细微"的事实。刘邦出生在一个普通农家，父母连名字都没有，史书里只能称他父亲为"太公"，称他母亲为"刘媪"（刘大娘）;本人只担任过亭长，是最低级的吏。而项羽家世代楚将，是名将项燕的孙子、项梁的侄子。

起兵前的刘邦没有什么能耐，好吃懒做，不治家业。有一次他拉了朋友来家吃饭，大嫂很讨厌，故意将锅底刮得很响，使他们以为锅里已经没有什么羹了。他爱喝酒，却没有钱，经常向王、武两家赊账。据说王、武二人见他喝醉了躺着时上面有一条龙，常常主动把他的酒账一笔勾销。这当然是他当了皇帝后的记载，实际可能是他经常赖账。他好色，大儿子刘肥就是他和一个姘妇曹氏生的。他当亭长后，与同事吃吃喝喝，关系拉得不错，但押送刑徒去咸阳时，还没有出县境人就已经逃跑了不少，可见他的能耐有限。

单父（今山东单县南）人吕公是沛县令的朋友，来到沛县后贺客盈门。负责收贺仪的萧何只能规定："礼钱不满一千的人，请在堂下就座。"刘邦登门以后就说"贺钱万（我的贺钱是一万）"，其实身上一文不名。萧何知道他的底细，怕自己为难，就说："刘邦一向好说大话，办不成正经事儿。"刘邦却仗着人头熟，大模大样坐了上座。这居然引起吕公的好感，将女儿（吕雉，后来的吕后）许配给他。正因为他如此的行为，被自己的父亲称为"亡（无）赖"。

相比之下，项羽年轻时虽然不愿意读书学剑，却希望能够学"万人敌"（对付万人的本领），并粗通兵法。他身长八尺有余，力能扛鼎，才气过人，武功不可谓不强。同样见到秦始皇巡游浩大的排场，刘邦说"大丈夫当如此也"，项羽说"彼可取而代也"，显然更有气派，志向不可谓不高。从战争记录，特别是最后的垓下之战看，项羽称得上是当时最勇猛的将领，当然远在刘邦之上。他自杀时三十一岁，没有后人，大概也没有像刘邦那样寻花问柳。而且笃信儒家礼仪的鲁城父老居然愿意为他死守，作为失败者而没有留下个人的丑闻，看来项羽的人品要比刘邦好得多。

刘邦起兵的时候，只在沛县征集到两三千人，而项梁、项羽渡江时已有子弟兵八千。刘邦连故乡丰邑都攻不下来，得到项梁资助的五千士卒和十名"五大夫将"后才能取胜。项梁在时，刘邦听从他的调遣。项梁死后，对付秦军主力章邯的也是项羽，刘邦打的硬仗不多。入关以后，刘邦的军队只有十万，而项羽拥有四十万大军。刘邦去汉中时，项羽只拨给他三万士卒，沿途还有不少人逃亡。在楚汉之争中，刘邦屡次失败，父母妻子都被俘，胸口还中过箭，几次都死里逃生。但是历史恰恰是刘邦得到了秦朝的"鹿"，成为最后的胜利者，而给项羽安排了一个悲剧性的结局。

我们当然可以说，推翻秦朝的统治，重新建立统一政权，是符合历史潮流的。但是推翻秦朝的起义是由陈胜、吴广发动的，在刘邦之前已经有很多人参加，项梁、项羽是与刘邦同时起兵的。消灭或牵制秦军主力的并不是刘邦，即使没有刘邦的参与，秦朝也不可能再延续。刘邦入关以后废除了秦朝的暴政，但在其他诸侯控制的地区似乎也没有继续实行秦朝的政策。如果由包括项羽在内的其他人来重新统一中国，并不一定比刘邦建立的汉朝差。秦朝的覆灭和新朝代的建立可以说是历史的必然，但并没有注定非得由刘邦来完成。

还有人说，项羽的失败是因为他分封诸侯。可是刘邦在与项羽抗争的时候也大封诸侯，汉朝建立之初又加封了不少同姓诸侯。如果说这是权宜之计，那么项羽为什么不能也权宜一下呢？

以前还有人说，项羽出身楚国贵族，而刘邦出身劳动人民，所以刘邦能够继承农民起义的事业，那就更可笑了。且不说刘邦的最终目标也是当皇帝，他所建立的汉朝与秦朝并没有本质上的区别。即使真是如此，陈胜、吴广，还有诸侯中的黥布、韩信、彭越、卢绾等的出身都属于劳动人民，也未必轮得到刘邦。

所以说，历史提供一种机遇，并非只给了刘邦一人，但却让刘邦争取到了。从这个角度看，刘邦的成功自然也不是偶然的。

刘邦当了皇帝以后，有一次曾经让列侯诸将说出他所以得天下、项羽所以失天下的原因，要求他们直言无隐。最后他自己总结了这几点："要说运筹决策于帷幄之中，决胜于千里之外，我不如张良；主持行政机构，管理百姓，保证供应，使粮食的运输线不断绝，我不如萧何；率领百万大军，每战必胜，每攻必克，我不如韩信。这三位都是杰出人物，我能使用他们，这才是我得到天下的原因。而项羽连一个范增都不能用，所以会败在我的手里。"看来刘邦还是有自知之明的，他知道自己的本领有限，远不如项羽，所以如果要战胜项羽，只能重用杰出人物，发挥他们的作用，才能弥补自己的不足。

不过，仅仅能用人，能从善如流是统一不了天下的。作为开国皇帝，刘邦的确还有他独特的本领。或许他不愿意当众表白，以往的史家似乎也没有充分注意，那就是他在"争天下"的坚定目标下，实行相当灵活的策略，甘冒风险，又能屈能伸，甚至不择手段，从来不讲究光明正大、说话算数，不愧是一个"无赖"。但是我们不得不承认，对刘邦这样一个出身"细微"的人来说，这是取得成功的唯一办法。

比如楚怀王派军队入关伐秦的时候，秦军还很强大，诸将都不敢去争这个先，刘邦却敢于接受这样的命令，说明他有胆略，不怕死。项羽想与刘邦一起入关，却始终没有被准许，原因是怀王身边的"诸老"反对。诸老认为项羽"为人剽悍猾贼"，经过的地方都会被他烧杀破坏，而刘邦一向是"宽大长者"。其实，诸老对刘邦的了解并不全面，也不深入，只是刘邦的表面文章做得更好，又重视公关。比如诸老认为项羽曾经在襄城（今河南襄城县）屠城，把那里的人全部杀光，但实际上刘邦刚起兵时就曾威胁沛县的百姓，要是不响应他，就会"父子俱屠"；而且他在西进攻下颍阳（今河南登封市西南）时也曾经屠城，手段不见得比项羽宽大。

就是刘邦最受人称道的入关后的表现，更多的也只是宣传。他不是不想住豪华的宫殿，只是张良等加以劝阻。他封了秦朝的珍宝府库，但在进咸阳之初"诸将争夺"，而且萧何趁机接管了秦朝的丞相和御史所收藏的"律令图书"，鸿门宴时刘邦送给项羽的璧玉和送给范增的玉斗，当然也是从秦朝宫殿拿来的，只是刘邦没有像项羽那样明火执仗地抢掠破坏，也没有将府库搬空，而是留下一部分应付项羽和其他诸侯。

至于"约法三章"，表面上废除秦朝的苛法，但是要治理国家怎么可能用这么简单的法令呢？而且刘邦在关中总共不足两个月的时间，究竟效果如何，是只有天知道。

刘邦谢绝了百姓的牛羊、酒食的慰劳，但正如他自己说的："仓粟多，非乏，不欲费人。"（仓库中粮食充足，不缺，不想麻烦别人。）也算不上是什么大的德政，却换来了百姓的喜悦，唯恐他不能当关中的王。

刘邦这些举措的真正目的当然是想当关中的王，所以才派兵守关，想阻挡项羽和诸侯入关，只是因为兵力不济，被项羽一冲就垮。到项羽大兵压境，刘邦把闭关的责任都推给了给他出主意的家伙，又向项羽表白守关只是为了防止盗贼和治安需要，"我日夜盼望你来关中，怎么敢背叛你呢？"后来又忍着一肚子怨气，听任项羽背约，接受边远地区的封地。

等到刘邦回师攻占关中时，深恐项羽趁他立脚未稳，发动反击，特意让张良带信："汉王只是想取得关中作为自己的封地，只要恢复原来的协定就会停止军事行动，不敢向东扩展。"又把齐国、韩国的所谓"反书"送给项羽。项羽果然上当，没有入关对付刘邦，却集中兵力进攻齐国，使刘邦稳稳占有整个关中，并且巩固了后方。

当刘邦不能打关中牌后，就利用项羽杀了义帝（楚怀王）的借口，打出"伐无道"的旗号。刘邦为义帝发丧，连续三天到他灵前号啕大哭，派使者通告各路诸侯："义帝是天下共同所立，大家一致臣服，现在被项羽放逐到江南杀害，真是大逆不道！寡人亲自为义帝发丧，全军戴孝，出动全部兵力，愿随着各位一起讨伐杀害义帝的凶手。"就这样，明明是自己争夺天下，却变成了替义帝伸张正义。

在荥阳被围，无法逃脱的时候，他让纪信乘上汉王的车，装成汉王出东门投降，自己趁机从西门逃走。要是项羽遇到这样的情况，肯定会宁死不走的。

项羽作战不利，将刘邦的父亲放在一个高的木墩上面，警告刘邦："再不退兵，就把你老子下油锅。"刘邦居然答复："我与你曾经在楚怀王前结为兄弟，我的父亲就是你的父亲，你一定要烹你父亲，希望能分一碗肉羹尝尝。"这样的话，自然只有刘邦才说得出口。项羽最终也没有杀刘太公，固然是有项伯等人的劝告，但正如项伯所说的"为天下者不顾家"，刘邦做到了这一步，杀了他父亲又会有什么用？

韩信攻灭齐国后，借口形势复杂，没有一个"假王"（代理国王）就难以统治，要求立他为"假王"。刘邦正被楚军围在荥阳，见到使者送来的信后气得破口大骂："我被围在这里，日夜盼你来帮我，你倒想自立为王！"张良、陈平赶快在背后暗示，在他耳边说："现在我们处境不利，哪能阻止韩信自立为王？不如主动立了他，与他搞好关系。要不会出乱子的。"刘邦也醒悟了，索性骂下去："大丈夫平定了一个诸侯国，就该当真王，还当什么假王！"就派张良封韩信为齐王，征调他的兵力进攻楚军。要是刘邦不要点花招，直截了当地拒绝韩信的非分之想，韩信肯定不会出兵相助，至多自立为齐王后隔岸观火，听任项羽灭掉刘邦，甚至可能投靠到项羽那一边去。

要是刘邦恪守儒家的仁义道德、礼义廉耻，他绝不会成为以上这些较量的胜利者，当然更当不了汉朝的太祖高皇帝了。有人说，开国皇帝十之八九是流氓无赖，只有流氓无赖才能成功，并非没有道理。因为刘邦如此，其他出身低微的开国皇帝莫不如此。

道理很简单，在任何一个专制社会里，一个出身低微的人按照正常的途径是绝对不可能进入权力中心的；而在家天下的世袭制度下，更不可能合法地当上皇帝。非正常的途径无非有两条：一是武力，一是阴谋。武力是必不可少的，但光有武力还不够，得武力和阴谋相结合。问题是出身低微的人在开始的时候不可能有很大的武力，刘邦起兵时也只有两三千人，这还得益于他当过亭长，在草莽中啸聚了几百个人，还有萧何、曹参等现职官吏的帮助。凭这么一点人几乎不能与其他任何一支反秦武装相匹敌，更不用说最终将它们一一收编或消灭。

当然还可以借助所谓的"天命"，刘邦当皇帝以后也编造了不少他得天命的故事，但这些故事只有胜利者讲了人家才会相信。借口天命的人很多，但大多数人因为没有具体的本领和无所不用其极的策略，最后只留下了笑柄。

指出刘邦的无赖行径，并不是要否定他的历史贡献。一个人在历史上起了什么作用，应该得到肯定还是否定，主要不在于他的个人品德，而取决于他是否推动了历史的进步；不在于他用什么手段达到了目的，而取决于这一目的是否与历史的进程一致；不在于他这样做的动机，而取决于他所作所为的客观效果。

"秦失其鹿，天下共逐"，最终能得到"鹿"的只有一个。但在鹿死谁手还没有决定之前，统一政权不复存在，战乱不断，生命财产的损失不计其数，所以重要的是尽快结束争夺，至于谁是胜利者倒是其次的。而要真正结束战争，占有优势的一方就得不惜一切手段将另一方彻底消灭。

以最后一次楚汉之间的较量为例，在楚河汉界划定以后，项羽老老实实地解甲东归，刘邦却出其不意地发动追击。但正是刘邦的毁约，使战争在短短几个月里结束，统一重新恢复。如果刘邦讲究信用，恪守协议，等到项羽喘过气来，少不了又是几年的战争。无论谁获胜，大量生命财产的损失就无法避免。如果双方都遵守这个协议，那么当时的中国就分裂成两部分。如果大家世世代代遵守这个协议，那还有今天的中国吗？

在楚汉之争最艰难的相持阶段，项羽曾经对刘邦说过："天下匈匈数岁者，徒以吾两人耳。愿与汉王挑战，决雌雄，毋徒苦天下之民父子为也。"（你看全国已经有几年不得安宁了，不都是为了我们吗？我愿意向你挑战，与你决一雌雄，不要再让天下百姓为我们受苦了。）但他既没有置刘邦于死地，也不愿意为了天下百姓的利益而退出历史舞台，而志在得天下的刘邦却不顾一时的荣辱，百折不挠地夺取最后的胜利。所以我们还应该肯定刘邦促成了统一，对历史所做的贡献。

## 第五节　刘邦与百姓"约法三章"可信吗？

有一个成语叫"约法三章"，在今天它的意思很明确，就是指双方或者多方定一个简单明了的约定、契约。比如我跟你约法三章、我跟大家约法三章或者相互之间约法三章，就是这么个意思。但原来的出处却不是这样。

《史记·高祖本纪》里有这样的记载：刘邦的军队进了咸阳（秦国首都，今陕西咸阳东北）以后，他就召集周围各县的父老豪杰，跟他们约定"法三章耳：杀人者死，伤人及盗抵罪"（法律只有三条：杀死人的判死刑，伤了人的和偷东西的要抵罪）。据说，因为他废除了秦朝非常苛刻烦琐的法律，规定从现在开始就那么简单的三条法律，所以得到了那些豪杰和父老的拥护。但是如果我们根据这几句话复原历史的话，就可以发现这纯粹是一种欺骗或者说是一种公关的手段，因为实际上这三条法律是没有办法执行的。

要确定杀人、伤人、盗窃罪，本身就不是那么容易。杀人罪还比较好办，人是不是被杀死了不难判断。伤人和盗窃罪就麻烦了，因为程度相差太大，有轻伤、轻微伤、重伤、终身伤残，还有伤重致死的，或者过了很久才死的。偷盗更麻烦，偷一个钱、偷很多钱、偷巨额的财富，或者偷了无法估价的东西，怎么区别？难道所有的伤人罪与盗窃罪都没有区别吗？如果没有区别，怎么抵罪，抵多大的罪呢？就算罪行明确，又怎么抵？是不是打断人家一条腿的人也得被打断一条腿？如果做不到对等怎么办？

比如说杀人偿命，问题是杀人有各种情况，一部分是故意杀人，很明显；还有的并非故意杀人，或者是偶然原因致人死亡，甚至原因不明，如医生给病人治病，结果病人死了。难道这些都与故意杀人一样抵命，合理吗？抵命怎么抵呢？秦朝执行死刑的办法有多种，用哪一种？包括自杀吗？

再说罪犯怎么可能都主动承认，怎么审理调查？审理过程中能不能动刑？如果证据确凿，嫌疑人死不承认，能不能定罪？而且社会上的犯罪行为很多，远远不止这三种情况，有人犯了其他罪怎么办呢？比如说强奸、纵火、诈骗、斗殴，还有其他很多罪行，这些罪难道都不处罚吗？要处罚的话，归到什么罪名呢？因为罪名就这三个呀！

再仔细看一下当时的记载，我们以上这些分析实在是多虑了，因为这些纯粹是一种宣传，是汉朝官方历史为了美化刘邦，故意要突出这"约法三章"的价值和意义。实际上从刘邦进关中入咸阳，到项羽入关取代他的控制权，时间总共不到两个月。即使他公布"约法三章"当天就有人提出控告，到刘邦的权力被项羽剥夺时，说不定这个案子还没有审完。

这一段时间里，刘邦和他的部下在忙着接管秦朝的政权机构。将领们"争走金帛财物之府分之"，都抢着到仓库里、管理机构里，把黄金、丝绸等财物都抢过来，大家分了。而比较有心机的部下，像萧何，就趁这个时候搜罗秦朝丞相和御史衙门里所收藏的律令、图书、档案，包括户籍，都接管了。还要准备对付即将入关的项羽和其他诸侯军队，根本顾不到处理百姓中闹出的小乱子，根本顾不上执行"约法三章"。

而且刘邦实际控制的地区，就是咸阳一带，即使实施过"约法三章"，影响范围也很小，时间又那么短，起不了多大作用。但此事的宣传效果不错，为这位高皇帝"拨乱反正"的开国历史增添了有利的记录，得以载入史册，流传至今。

那么刘邦自己控制的地方，或者他得了天下以后，有没有实行"约法三章"？也根本没有。到那时，他不得不承认"三章之法不足以御奸"（"约法三章"不足以对付各种罪行），由他的大臣萧何所制定的《汉律》，就是在秦朝《秦六律》的基础上增加了三篇，成为《汉九章律》。虽然现在已经看不到《汉律》的全文，但是从延续下来的唐朝的法律《唐律》中就可以看出它的大概，内容当然远远不止三章。所以，作为宣传，可以让老百姓欢喜一时，相比秦朝的严苛的、烦琐的法律来讲，多么简单！但真正等到他治天下的时候，汉朝的法律非但不会比秦朝的法律简单，反而是更加严密了。后人如果把宣传手段当作事实，那就上了刘邦和汉朝史官的当。

刘邦自己当了皇帝以后，也根本没有受到"约法三章"的约束，甚至早就忘了还有过"约法三章"。

比如刘邦对自己的大女婿赵王张敖，动辄随意辱骂，引起了赵国的相国贯高等人的不满。贯高等人要谋杀刘邦，阴谋未遂，事情败露以后就主动投案。刘邦为了追查张敖的责任，对贯高严刑逼供。六十余岁的贯高被鞭打几千下，又用燃烧得炙热的铁锥刺他，使他体无完肤，以至于没有办法再找到用刑的部位。因为贯高宁死也不诬陷张敖，总算使张敖得到赦免，但自己的"三族"（父族、母族、妻族）统统被杀。贯高还没有来得及杀人，刘邦却要他的三族和本人都偿命。

刘邦在攻打东垣城时，守军曾经在城上骂他，后来这个城投降了，刘邦还是将骂过他的士兵全部都杀掉。"约法三章"中并没有骂人的罪名，骂人的行为最多能归入"伤人"罪，那么对骂人者只能"抵罪"，无论如何不够死罪呀！此时的刘邦，早已忘记了他当年信誓旦旦的"约法三章"，也完全不理会自春秋战国以来早已形成的战争中不杀降人的底线。

功臣韩信、彭越都是因为被刘邦判定为谋反，对他们的杀戮就极其残酷，骇人听闻。其实他们有没有谋反，也是刘邦说了算。比如韩信，掌握几十万大军的时候没有谋反，到了已经被剥夺一切权力，实际上被软禁的情况下，还谋得了反吗？有没有谋反的事实其实并不重要，反正刘邦要定他们什么罪就定什么罪。他们不仅被杀了"三族"，本人都被"俱五刑"（使用五种刑罚），先在脸上刺字，割掉鼻子，砍掉两脚，再用板子把他们打死，然后割下头颅，尸体剁成肉酱，分别送到各地去展示，甚至赐给一些人品尝，给诸侯群臣作为警戒。

到了司马迁作《史记》，将"约法三章"载入史册的汉武帝时代，汉朝的法律和司法早已难见"三章"的踪影了，取而代之的是极其严酷烦琐的法律条文，远远超过秦朝的"苛法"。《汉书·刑法志》记载：

"于是招进张汤、赵禹之属，条定法令，作见知故纵、监临部主之法；缓深故之罪，急纵出之诛。其后奸滑巧法，转相比况，禁罔浸密。律令凡三百五十九章，大辟四百九条，千八百八十二事，死罪决事比万三千四百七十二事。文书盈于几阁，典者不能遍睹。"（于是召集张汤、赵禹等人，编定法令，制订明知有人犯法不加举报故意放纵、主管官员必须连坐的法律，对刻意从重从严执法造成的后果宽大处理，而对宽大放纵罪犯的罪行从严惩罚。此后那些不法狡猾的官吏就利用法律的缺陷，通过案例比较扩大其适用范围，可以罗织的罪状越来越多，界限越来越密。法律条文共有三百五十九章，可以判死刑砍头的罪有四百零九条，一千八百八十二项罪名，死刑可参照类比的判例有一万三千四百七十二件。相关文书堆满了档案库，管理人员也看不过来。）

"奸吏因缘为市，所欲活则傅生议，所欲陷则予死比。"（不法官吏通过对法律条文的引用解释牟利，想要解脱免罪就找轻判的案例，想要构陷重判就找死刑的案例。）

刘邦当年"约法三章"中的第一章"杀人者死"已经可以列出一千八百多项罪名，需要由一万三千多件判例作为参照类比，当年怎么可能靠一个"死"字解决问题？

由此可见，我们读历史不能仅仅看某件事本身的记载，还要看它的前因后果，区别只是主观意愿，还是已成客观事实；是出于宣传，还是准备实行；是特殊个案，还是有普遍性。

特别是对未来的胜利者在竞争过程中或上台前做出的承诺，发布的政令，采取的临时性措施，千万不要都当真，至少要看看他们在获胜后、上台后做什么，效果如何，再肯定、再赞扬不迟。

## 第六节 "推恩令"背后的政治智慧

在与项羽的争夺中，刘邦不得不封了一大批王。比如韩信，成为刘邦军队统帅以后攻城略地立了大功，并且占了原来齐国这片地方。韩信拥兵自重，在关键的时候要挟刘邦：不封他为齐王的话，他就不肯出兵。刘邦没有办法，只好封他为齐王。这样到项羽被打败的时候，就形成了一批"异姓王"，封的王不是刘家的人。他们统治、管辖的地方，占了汉朝疆域的大部分，太行山以东一直到江南，基本上都已经封给那些异姓王了，像韩信、彭越、英布等。

当然刘邦不会容许这种现象长期存在，所以他或者是通过阴谋，或者是故意酿成叛乱，把这些异姓王陆续都消灭了，不是找借口以谋反罪杀了，就是迫使其外逃，将这个王国撤销。只剩下一个一向"忠厚老实"的吴芮的长沙国，而长沙国所处的"江南"（今长江中游以南的地区）因为"江南卑湿，丈夫早夭"，又潮湿，又低洼，男人都活不长，中原人都视为畏途。

但在这个过程中，刘邦为了加强自己的力量，也为了扩大皇族的势力以取代那些异姓王，所以又封了一大批"同姓王"，如他的侄子、他的儿子。他很喜欢他的儿子刘肥，就封他为齐王。为了让刘肥能分到大片封地，他规定凡是说齐地方言的地方，统统都封给刘肥的齐国。这样就形成一批同姓王。到刘邦死的时候，朝廷能够直接统治的，实行郡县制的地方，只限于关中，函谷关以西、以南以及一些边疆地方，经济最发达、人口最密集、最富庶的关东（函谷关、太行山以东），基本上都是同姓王统治的。

到了汉文帝、汉景帝时，矛盾就更突出了。那些王有的辈分很高、年纪很大，分封给他的面积也很大，垄断了资源。比如吴王刘濞是刘邦的亲侄子，与汉文帝同辈，比景帝高一辈，他在自己的封地里开采铜矿，铸造钱币，晒海水制食盐，垄断这些资源，还扩充军队，挑战中央的统治权。为了巩固中央政权，也为了能够普遍推广郡县制，汉景帝时在晁错等人的建议下实行"削藩"，缩小这些诸侯的封地，或者找借口把他们废掉。

这当然就激起了这些同姓王的反抗，终于酿成公元前154年的"吴楚七国之乱"。以吴王刘濞为首的七个同姓诸侯王公然发动武装叛乱，名义上是要求皇帝清除身边的奸臣。在汉景帝杀了晁错以后，照理他们已经失去借口，但他们还是不退兵，目的很明显，就是要推翻朝廷。汉景帝任用大将周亚夫，采取深沟高垒、坚守的办法，等到叛军疲惫，粮食供应紧张了，军队出动，一举扫平叛乱。

这些诸侯国虽然被取消了，但是还不得不封新的王，因为皇帝还有兄弟、儿子，根据惯例总得封他们为王。有时因为太后特别宠爱某位皇子，坚持要封，还要封得大，所以没有办法完全取消诸侯国。有些诸侯王照样在干不法的事，有的跟朝廷争夺利益，有的养了一批文武人才，还要搜罗人才，使朝廷感到疑虑。更麻烦的是，在这些诸侯王的封地，朝廷不能有效地实施郡县制管理。所以到了汉武帝的时候，又进一步地削弱了这些诸侯国的权力，明确规定，王国里的政务统统由朝廷任命的国相管理。诸侯王仅仅享受封国里的租税、俸禄，但是不能干预行政。王国的相实际就等于一个郡的太守，由他来管下面各个属县的政务。形式上的王国，逐步变得与朝廷直属的郡县差不多了。

尽管如此，王国往往还拥有很大的封域，大的王国有几十个县，这些县的租税都是不归朝廷的。而且国相往往管不住那些亲王，有的国王飞扬跋扈，做出不法的勾当来。汉武帝一直在考虑怎么样进一步削减诸侯王的实力，主父偃提出了一个非常高明的建议，那就是由汉武帝在元朔二年（公元前127年）正式颁布实行的"推恩令"："令诸侯以私恩自裂地分其子弟，而汉为定制封号，辄别属汉郡。"（命令诸侯王将自己的封地作为私恩分给子弟，由朝廷为他们制定封号，这些封地从此归朝廷直属的郡管辖。）

所谓推恩令，原理很简单，就是想办法让那些诸侯王自己来缩小自己的封地。表面上讲得很堂皇：现在皇帝命令你们把皇帝的恩泽推广到你们自己的子孙。因为那些王一般都是妻妾成群，子孙众多，根据原来的法律，他只能把王国传给他的太子，一般是嫡长子，其他的儿子、孙子是分不到一尺一寸土地的。另外，皇帝也不能随便削减他的封地，除非他犯了什么罪，或者有什么过失，才能有削减封地或撤销这个王国的理由。否则就会引起诸侯王和宗室的不满，甚至导致叛乱。

现在皇帝下了这样的命令，诸侯王的子孙们自然拥护，谁不想得到一个封邑，拥有世袭的侯爵，还可以将这一封邑传给自己的子弟。诸侯王如果拒不执行，不仅有欺君之罪，而且也会面对子弟们的压力。但是"推恩"的结果，就是王国的封地越来越小。因为这个"恩"不是皇帝另外给的，而是出自王国自己的封地。每封给自己的子孙一个"侯国"，就得从自己的封地中割出一块土地，大的相当一个县，小的也有一个乡。而成为"侯国"后，因为王国下面是不能辖侯国的，这块土地就不再归王国管，而是改属旁边的郡，成为这个郡下属的一个县级单位。每一代诸侯都得推恩分出几个侯国，尽管大多不过数百上千户的乡，但积少成多，几代下来，王国的封地就大为缩小。

例如鲁国，元朔三年（公元前126年）封鲁共王五个儿子为侯，侯国为：宁阳、瑕丘、公丘、郁桹、西昌。昭帝始元五年（公元前82年）封鲁安王三个儿子为侯，侯国为：兰旗、容丘、良成。宣帝甘露四年（公元前50年）封鲁孝王八个儿子为侯，侯国为：昌虑、平邑、山乡、建陵、合阳、东安、承乡、建阳。成帝阳朔四年（公元前21年）封鲁顷王两个儿子为侯，侯国为：郚乡、建乡；鸿嘉二年（公元前19年），封鲁顷王一个儿子为侯，侯国为：新阳。鲁国共"推恩"出十九个侯国，至西汉末只剩下六个县。

又如地处中原的梁国，国都睢阳（今河南商丘睢阳区），属县都是大县。武帝元朔二年（公元前127年）封梁共王一个儿子为侯，侯国为：张梁。元帝建昭元年（公元前38年）封梁敬王十四个儿子为侯，侯国为：贳乡、乐、中乡、郑、黄、平乐、葐乡、东乡、溧阳、高柴、临都、高、陵乡、厘乡。成帝永始二年（公元前15年）封梁夷王一个儿子为侯，侯国为：祁乡。永始三年（公元前14年）封梁荒王一个儿子为侯，侯国为：曲乡。梁国共"推恩"出十七个侯国，至元延三年（公元前10年）剩下八个县，面积缩小不少。

　　"推恩令"最妙的是，让诸侯王割自己的肉，他们却找不出任何抵制的理由，又深受诸侯王的子弟们的拥护，所以执行得相当顺利，没有引起诸侯王的反抗，朝廷在扩大郡辖地的同时没有付出什么代价。

　　侯国虽然也是个县级单位，但侯不是行政首长，只享受按侯国的户数收取的租税，作为自己的俸禄。就是这些俸禄，也是从诸侯王那里分出来的，不会增加朝廷的负担。相当于县长的侯相直接听命于郡守，郡守有时还负有监察侯的职责。因此侯国的存在对朝廷不会构成任何威胁。

　　要撤销一个侯国易如反掌，按照法律或惯例，随便找个理由就能将侯免去，或者治罪。如元鼎五年（公元前112年），汉武帝以列侯供奉宗庙的金子分量不够或成色不足，对祖宗不敬为由，一下子免去了一百零六位侯爵。其他如擅自离开封邑，不参加朝会，收留逃亡人口，藏匿犯人，放高利贷，淫乱，指使他人杀人，杀人，患重病，等等，因而被撤销。很多侯国还因"无后"而被撤销。

　　通过这一系列的政策和措施，分封制对中央集权制的威胁完全被消除，郡县制有效地推行到全国，得到了巩固完善。到了东汉，虽然还有一些皇子受封的王国，但这些王除了享受俸禄外，不拥有任何行政权力，在行政制度上王国与郡没有什么区别。

## 第七节　最早的"中央巡视"制度

汉武帝元封五年（公元前106年），经过几次成功的开拓，汉朝的疆域北至阴山，南至今越南中部，东至朝鲜半岛中部，西至今甘肃敦煌，全国设置了百余个郡级行政区。三年前，又堵塞了已经泛滥二十三年的黄河决口。两年前，汉朝的军队进入西域，攻破车师国（国都交河城，在今新疆吐鲁番西北），俘虏了楼兰国（国都扜泥城，在今新疆尉犁东罗布泊西北孔雀河北岸）国王。汉武帝连续多年在国内巡游，元封元年（公元前110年）北巡。元封五年又南巡至九嶷山（今湖南宁远县南），又北至琅琊（今山东青岛市东南）。就在这一年，汉武帝设置了一个史无前例的职位——部刺史，并且任命了首批十三位刺史，命他们立即行使职权。从此这成为一项经常性的制度，一直延续到东汉。

原来，汉武帝发现，在如此广阔的疆域内，朝廷要同时管理全国百余个郡级单位，往往力不从心。由朝廷（中央政府）直接管理监察的有一百多个郡级地方长官，往往没有办法了解到他们的具体情况，更不可能及时地进行检查。因为按照正常程序，只能是他们主动上报，县报到郡，郡直接报到朝廷。如果要朝廷同时监察管理这么多的郡级官员，在当时的交通条件下，实际上是鞭长莫及。例如，要将一件军事公文从首都长安送到敦煌郡治敦煌县（今甘肃敦煌市），单程最快是四十天，往返就得八十天。而很多郡治与长安的距离比敦煌更远，道路状况更差。

特别是对这些郡级官员的实际政绩和个人操守，更难进行有效的督察。但如果要在郡以上再增加一个管理层级，就需要增加大量的人员和开支，成本太高，而且会影响中央集权体制的效率。所以汉武帝将全国除首都周围的七个郡级政区外，分成十三个部，分别称为豫州、兖州、青州、徐州、冀州、幽州、并州、凉州、益州、荆州、扬州、交趾、朔方。每一个部派一位刺史去巡察境内的地方官吏和强众豪族，称之为"十三刺史部"，简称"十三部"。由于其中十一个单位都是用此前流传的州名命名的，又称为"十三州刺史部"或"十三州"。首都附近的七个郡级单位由朝廷直接管理，称为"司隶校尉部"，因督察方便，就不另外派人了。

刺史有明确的职责范围，总的任务是"周行郡国，省察治状，黜陟能否，断治冤狱"，即巡视每一个郡级单位，考察了解行政治理的状况，根据官员的能力提出提拔或黜退的意见，审定纠正冤狱。但对巡视的范围严格规定为"六条"，不属于"六条"的事不许巡视。

哪六条呢？

第一条，"强宗豪右田宅逾制，以强凌弱，以众暴寡"。也就是检查当地的豪族、富户占有的田地与住宅是不是超标，有没有利用强权去欺凌弱势，依仗人多势众欺压少数。

第二条，"二千石不奉诏书遵承典制，倍公向私，旁诏牟利，侵渔百姓，聚敛为奸"。就是直指那些郡守、都尉，即每年享受二千石俸禄这个等级的官员，检查他们有没有不遵照政令，不守法制，有没有假公济私，或者利用公文法律为私人谋利益，曲解诏书牟利，有没有侵犯百姓的利益，有没有非法敛财，贪赃枉法。

第三条，"二千石不恤疑狱，风厉杀人，怒则任刑，喜则淫赏，烦扰刻暴，剥截黎元，为百姓所疾，山崩石裂，妖祥讹言"。检查地方官有没有不及时处理冤狱，或者找借口杀人，发怒时滥用刑罚，高兴时任意赏赐，有没有用苛刻烦琐的手段剥削普通老百姓，为老百姓所痛恨，或者利用山崩、地震等自然现象伪造灾异，虚报祥瑞，散布流言，蛊惑人心。

第四条，"二千石选署不平，苟阿所爱，蔽贤宠顽"。检查地方官在推荐贤良、人事任免或者考核评比官员等方面有没有不公正的地方，或者有没有偏爱自己的亲近，提升这些人，挡住了那些贤能人的晋升道路，或者选了不中用的人。

第五条，"二千石子弟恃怙荣势，请托所监"。矛头指向官二代，检查郡级官员的子弟有没有利用官员的权势，或者利用这样的家族背景在官员的职权或辖区范围内为人请托、说情。

第六条，"二千石违公下比，阿附豪强。通行货赂，割损正令"，检查地方官有没有违法降低标准，依附讨好地方上的豪强，接受他们的贿赂，破坏损害正常制度和政令。

可见"六条"主要是对针对地方官和他们的子弟，查他们有没有腐败，有没有假公济私，违法乱纪，有没有和地方上的豪强勾结。而且严格规定，不是"六条"的范围，是不许刺史去巡视、监察和追查的。一方面明确了他们的职责，另一方面也防止他们利用皇帝的权威干预、影响正常的行政系统和日常行政事务。

在制度上也有很巧妙的设计——位轻权重。刺史的行政级别不高，俸禄只有六百石，相当于一个大县的县令，也就是"县处级"干部，但他们的督察对象是二千石，相当于"正省级"。由于他们本身级别不高，除了皇帝给他们的特殊职权以外，没有其他职权，也不能去干预级别比他们高得多的郡守的正常行政，但他们有一个最重大的权力，就是可以直接向皇帝报告，给"二千石们"极大震慑。刺史不能与"二千石们"平起平坐，也不能取代二千石级别的郡守、都尉的职责，却能使"二千石们"胆战心惊。

刺史部的成效是显著的，原来地方官的这些行为，除非他们自己在上报时不小心流露出来，或者朝廷在他们上报的材料里发现了矛盾，找到了纰漏，否则朝廷无法了解真相，更无法查处。因为在当时，信息的传递相当困难，特别是要把地方官和豪强的实际情况传到朝廷，传到皇帝那里，几乎是不可能的。郡级官员的下属或当地民众向朝廷举报的可能性几乎为零，即使他们能有足够的财力承担长途旅费，要合法地离开当地进入长安也需要有地方官的批准。史书上记载的直接向朝廷举报郡级官员成功的例子极少，一般都是朝廷正好有这样的需要。

如果在郡以上再设置一个常设的行政机构，不仅要增加大量的人力物力，而且起不到巡视、监察的作用，反而在中央集权体系下增加了一个层级，影响了行政效率。

正因为如此，刺史部只是划出了一个范围，规定每一位刺史巡视几个郡，却不是在这几个郡上面设立了一个行政管理机构。刺史没有固定的办公地点，只能"永远在路上"，这个郡巡视处理完了，就得去另一个郡，没有赖在那里的理由，很难与其中某一个郡形成利益关系，也不会因为久驻一地而提高当地的行政地位。

到了东汉，刺史制度发生了变化。刺史有了固定的办公地点，常驻在某一郡的治所，或者在其中某一个城市。这必然减少了刺史巡视的次数和时间，刺史更多地依靠下面的汇报，而不是自己亲自调查处理。他们的驻地的行政地位因此而大大提高，实际成为这个刺史部的行政中心，超过了其中任何一个郡。另一个重大变化是，原来在刺史可以直接向皇帝报告的同时，郡向朝廷报告的制度继续存在，是双轨制，而且刺史的报告内容限于"六条"，不能取代郡守的报告。东汉时双轨合并为单轨，规定郡守只能通过刺史上报。名义上刺史只能转报，但转报什么、何时转报、如何转报决定于刺史。既然刺史垄断了报告权，郡守的实际地位就降为刺史的下属。

尽管名称没有变，此刺史已非彼刺史，巡视、督察的功能逐渐为行政管理功能所取代。

东汉后期，外患内乱频繁，单独一个郡很难对付，需要集中相邻几个郡的人力财力，统一调度方能有效。刺史部正好适应需要，于是刺史成了州牧——名副其实的郡以上一级的行政长官。牧，就是牧民，像牧羊人管理羊群那样管理百姓。州牧的驻地成了郡上一级的治所——州治。从秦始皇开始实行的郡县制是两级制，朝廷以下设"郡—县"两个层级，到这时演变为三级制，朝廷以下设"州—郡—县"三级，以后成为中国历代行政区划制度的常态。

## 第八节　为何刘秀最终能延续汉朝?

公元25年8月5日，在鄗县（今河北柏乡县北）南的一个土坛上，刘秀宣布即皇帝位，建年号建武。不过在当时，除了刘秀的少数谋臣和将军外，大概很少有人相信，他会在十几年后一统天下，恢复汉朝，并使汉朝延续了近二百年。

因为当时更始帝刘玄还是名义上的"天下共主"，称帝前的刘秀也是他的下属，而更始政权一度控制了全国大部分地区。在刘秀称帝前后存在的割据政权可谓多如牛毛，称王称帝的也不在少数，实力与他相当或者超过他的割据政权不下十个。

刘秀似乎有一点优势，他一直自称是汉朝宗室。这一点的作用其实也很有限，因为刘玄、刘盆子、刘永等都是宗室。而在他以前，有的已经成了天下共主，有的已经建立政权。而且他只是刘邦的第九代孙子，从第六代长沙定王刘发以下就一代不如一代，他父亲刘钦只做过小小的县令，在他九岁时就死了。西汉末年刘氏宗室人口已超过十万，像刘秀这样的宗室车载斗量，何止万千，实在算不了什么。

当然，刘秀称帝还有理论基础，据说图谶里有"刘秀发兵捕不道，卯金修德为天子"——证明这是天意。但是当时熟悉图谶的人都知道是怎么回事，其他的割据者几乎都有一套自欺欺人的图谶。图谶是人造的，也是靠人解释的。如果实在找不到现成的，成功以后也会有人出来弥补。

刘秀最后获胜的因素自然不止一个，但是最重要的一点，就是他从一开始就确立了统一天下的目标。

在刘秀为是否称帝而犹豫的时候，他的部将耿纯讲了一番话，使他下定了决心。耿纯说："我们这些人率领宗亲子弟，占据了县城来投奔你，就是为了攀龙附凤，希望你成功了，我们这些人一起享荣华富贵。如果你不堂堂正正做皇帝，不以统一天下为目标，我们都会感到'望绝计穷'，只能改换门庭了。"刘秀能够将包括"云台二十八将"在内的大批杰出人才网罗在手下，固然有他过人的长处，但对这些谋臣将士最大的吸引力还是为开国皇帝建功立业的机遇。

此后刘秀并非一帆风顺，对手也不都是草莽乌合之辈。但即使一时间无法消灭，或者不得不暂时容忍，刘秀也没有改变或降低目标，始终坚持了"君臣大义"。

在刘秀众多的对手中，对他威胁最大的是西北的窦融、隗嚣和西南的公孙述。更令刘秀担忧的是，只要这三人联合起来，不仅整个西北和西南不再为汉朝所有，而且关中也会腹背受敌。西北是窦融和隗嚣的势力，西南方向公孙述占据了汉中、巴蜀。为了集中有限的力量消灭中原的割据势力，刘秀对他们先是极力拉拢抚慰，争取他们的支持和服从。但即使在那时，他对最终统一的目标也是毫不让步的。

与刘秀相反，三人虽然都拥兵自强，并具有举足轻重的地位，却从来没有一统天下的雄心。但三人的结局并不相同，窦融主动放弃割据，归顺刘秀，成为汉朝的功臣贵戚；隗嚣、公孙述既不敢与刘秀一争高下，又妄想长期割据自保，最终国破家亡，身败名裂。

窦融是西汉外戚的后裔，在西汉末年王莽执政时，他就分析了天下的形势，认为中原相当危险，所以不愿到关东是非之地去当太守，千方百计谋到了河西的职位，终于由更始帝任命为张掖属国都尉（相当于郡太守）。他立即举家西迁，在河西广结豪杰，抚慰羌族首领，培植和扩展了政治基础。当更始政权解体时，他就联合酒泉、金城、张掖等地的太守、都尉推举他行使"河西五郡大将军"职权，武威和张掖的太守孤立无援，只得挂冠而去，河西全部听命于他。来自附近的安定、北地、上郡，即今甘肃东部、宁夏和陕西北部的难民纷纷拥入，为他补充了大量人力。窦融在河西实力雄厚，地位稳固，又远离战乱。

窦融一开始就服从刘秀，接受印绶，采用建武年号。隗嚣表面上和窦融一样，也接受刘秀称帝的事实，实际却希望维持割据局面。刘秀竭力招抚窦融，以加强对隗嚣和公孙述的压力，向窦融发了一封充分展示恢宏气度和高超战略的"玺书"。刘秀点破当时的形势，要窦融在服从他与支持隗嚣、公孙述之间做出选择。刘秀坦率承认"天下未并，吾与尔绝域，非相吞之国"；最后声明："王者有分土，无分民，自适己事而已"。这就是说，将来他可以给窦融等人"分土"，封他们为王；但绝不会同意"分民"，听任国家分裂，绝不会容许不同的政权并存。

玺书到达河西后，引起很大震动，大家看到刘秀的立场很清楚，也洞悉隗嚣等人的阴谋，所以窦融立即上书效忠，并让亲兄弟窦友随使者去朝见刘秀。

在隗嚣公开叛汉后，窦融一方面加以谴责和规劝，同时在五郡秣马厉兵，上疏朝廷询问出兵日程，请求配合。刘秀又将记录外戚世系的"外属图"与《史记》中的《五宗世家》《外戚世家》和《魏其侯（窦婴）列传》赐予窦融，正式承认窦融汉朝外戚的身份。

建武八年（公元32年），刘秀亲自西征，窦融率领五郡太守、羌族和小月氏等数万步骑兵、辎重五千辆与汉军会师，并以周全的礼仪朝见。隗嚣平定后，刘秀封窦融为安丰侯，破格划给他四个县作封邑。在刘秀东归时，又让他们全部返回河西驻地。窦融深知长期拥兵在外不安全，几次上书请求派人取代，但刘秀答复："我与将军的关系就像左右手，你一再谦让，难道不理解我的心意？好好管理军民，不要擅离职守。"

四年后，汉军攻克公孙述最后的据点成都，窦融与五郡太守才接到"奏事京师"的诏令。一到洛阳城门，窦融就将凉州牧、张掖属国和安丰侯印绶全部上交。刘秀把代表俸禄的侯印退回，同意窦融辞去这两个集军政权力于一身的职位，另封为冀州牧，但不久便改任级别最高但无实权的文职——大司空。从此窦融安享殊遇，以七十八岁高龄善终。窦氏一门同时出现"一公，两侯，三（娶）公主，四二千石（年俸二千石的官职）"，享尽荣华富贵。

隗嚣在相当长一段时间里也是"识天命"的，他知道自己不具备统一的能力，主动向刘秀效忠。而且他一向谦恭爱士，倾身结交布衣，声望很好。更始覆灭后，长安一带的耆老和士大夫纷纷投奔他，使他网罗了大批人才。此时刘秀的势力尚未到达关中，而隗嚣不仅控制了西北，而且最有条件占据长安，但他的确没有取代汉朝的打算。

但当刘秀取得决定性胜利时，他却希望保持割据地位，非但不主动配合刘秀，反而多方牵制。

当公孙述称帝自立，几次从汉中出兵，给隗嚣送来了大司空扶安王的印绶。隗嚣自以为与公孙述是平起平坐的敌国，不能向他称臣，杀了他的来使，又发兵击破公孙述的军队，使他无法北出。但他又认为天下成败未定，不必一心一意服从汉朝，当汉朝要"假道"他的地方出兵平定公孙述时，他千方百计地阻挠，这就使他在这场斗争间处于非常不利的地位。他明知道无法对抗刘秀，却希望通过这种手段维持割据局面。所以刘秀很不耐烦，给他写了一封信，希望他认清形势，不要再玩花招："隗嚣你是文官，应该懂道理，所以我再一次给你下诏。话说深了似乎不太客气，说简单了又怕解决不了问题。现在如果你真愿意投降，就拿出行动来，这样还可以保全爵禄，后福无穷。我快四十岁了，带兵十年，厌恶那种浮语虚辞。如果不愿意，就不必答复了。"隗嚣看阴谋已被刘秀识破，只得派使者向公孙述称臣，从此与刘秀彻底决裂。

平心而论，隗嚣没有干任何对不起刘秀的事，即使想割据自保，也只限于自己的辖境，没有侵占刘秀一寸土地。他没有听从刘秀出兵征公孙述的命令，无非是为了保存实力，又不愿失去公孙述这个潜在的盟友。但是他的做法阻碍了刘秀的统一进程，这是刘秀不能容忍的。刘秀很快调动兵力，以压倒优势，最终消灭隗嚣。尽管隗嚣这个"长者"很得人心，他的部下为他坚持到了最后。经过连年战乱，隗嚣的属地已是哀鸿遍野，连隗嚣本人也吃不饱饭了。建武九年（公元33年）春，又病又饿的隗嚣只好出城觅食，在悲愤中死去。

公孙述一开始就想当皇帝，让人制造图谶，并在自己的手掌刺上"公孙帝"三个字。在刘秀称帝之前两个月，公孙述就已经自立为天子。他控制的地盘大致相当于今天的四川、重庆、贵州、云南和秦岭以南的陕西，拥有很强的实力。更始帝败后，关中投奔公孙述的人数以万计，使他的部队扩大到数十万。他在汉中积聚粮食，又建造大船，甚至预先刻了全国各地的官印，似乎就要夺取政权。可是他的军队太不争气，两次出师关中都以失败告终，从三峡顺流而下的军队也攻占不了荆州的属县。

公孙述本来就对符命图谶感兴趣，又引经据典，从理论上证明他得天命的必然性，还派人到中原去散发。偏偏刘秀也深信图谶，他亲自给公孙述写信，指出他对图谶的解释有误，真正得天下的应该是刘秀自己。他在信里也明确表态："天下神器，不可力争，宜留三思"，自己署名"公孙皇帝"。明确指出根据图谶的解释，真正的公孙皇帝应该是刘秀自己。

刘秀的目标很坚定的，对阻碍统一的势力不惜以武力清除。公孙述既然不愿投降，就没有任何犹豫的余地，可是他却满足于关起门来称王，一次次丧失与刘秀争夺天下的时机，坐待刘秀在消灭了其他割据势力后的最后一击。

建武十一年（公元35年），汉军节节胜利，长驱直入。刘秀再次写信劝公孙述投降，重申宽大政策，做了保证。公孙述把信给周围亲信看了，他们都劝他投降。公孙述却说："哪有投降的天子？"从此左右再也不敢劝他。

面对压境的汉军，公孙述只好乞灵于暗杀，他先派人暗杀了汉朝将领来歙，又派人杀了岑彭，但还是阻挡不住汉军的攻势。

刘秀还想争取公孙述投降，又下了一道诏书，表示可以不追究他杀汉朝两个将领的罪行，只要他自行投降，还能保证他家族的安全。如果再执迷不悟，那只有悲惨的下场。

九月，吴汉率领的汉军进逼成都。公孙述用重金募集了一批敢死队，出奇兵打了一个胜仗。但挽救不了大势，十一月，汉军已攻至成都城北的咸门。此时公孙述翻了翻占卜的书，找到一句话"虏死城下"。他以为应验在吴汉身上，亲自率兵出城作战，结果被刺穿胸部，掉下马来，当晚就丧命。吴汉入城以后，将公孙述的妻儿族人全部杀光，公孙述的头被割下送往洛阳示众。吴汉又纵兵大掠，一把火烧了公孙述的宫殿，成都一片残破。

建武十三年（公元37年）正月，吴汉率领凯旋的汉军顺长江而下。此时刘秀正在洛阳宫中接受群臣的朝贺，其中就有大司空窦融，却没有本来也可能在场的隗嚣和公孙述——如果他们当初愿意投降，至少能保全性命吧！

从道义上说，隗嚣、公孙述与刘秀之争不存在正义与非正义的区别，要是他们有能力，又能把握机遇，由他们来统一并非没有可能。但从统一与分裂的角度看，刘秀致力于统一，而隗嚣、公孙述既抵制刘秀的统一，自己又不愿从事统一，或者不具备统一的能力，他们的灭亡是必然的，咎由自取，只可怜增添了无数冤魂白骨。反之，如果刘秀容许这种局面存在下去，不仅东汉政权未必能巩固，战争不会断绝，汉朝的疆域或许从此就要分裂为不同的国家了。

## 第九节  为何是赵匡胤的宋朝结束五代？

北宋太平兴国三年（公元978年）三月，前南唐国主、三年前由违命侯改封为陇西郡公的李煜在开封一座住宅里结束了他四十二岁的生命。"问君能有几多愁？恰似一江春水向东流。"李煜留下了倾诉亡国哀怨的名篇，也留下了一个千古之谜——相传他是被宋太宗毒死的，尽管他死后被尊为太师，追封为吴王，皇帝还为他"废朝三日"以表示哀悼。

十年后的端拱元年（公元988年）八月二十四日，刚被改封为邓王的前吴越国主钱俶欢度六十大寿，朝廷特意派使者赐给他贺礼和宴席。一向对朝廷极其恭敬的钱俶陪同使者一直喝到日暮，当夜突然死亡。他被追封为秦国王，谥为"忠懿"，皇帝专门发布哀悼文告，为他"废朝七日"，还派特使护送他的灵柩归葬洛阳，可谓备极哀荣。此时离五代十国中最后一个割据政权北汉被灭已近十年，投降宋朝的前国君中只剩下一位北汉主刘继元，但已在两年前被封为保康军节度使，安置在最闭塞的房州（治所在今湖北竹山县），三年后身亡。

在中国历史上，宋朝对待亡国之君大概是最优厚的。尽管有好几位都死得不明不白，但身后无不被追封厚葬，子孙安享荣华富贵。不过，因为对待被统一的态度不同，这些前国王的际遇还是有很大差异的，其中最明显的是李煜和钱俶。

后周显德三年（公元956年），周世宗柴荣亲征南唐，至显德五年（公元958年）完全占据了南唐江淮之间的土地，兵临长江。南唐主李璟求和，将江北的十四州六十县全部割让，划江为界，向后周称臣，在国内去帝号，称国主，用后周的年号，降到了一个属国的地位。赵匡胤代周建宋以后，李璟继续保持恭顺，每年上贡大量金银土产。

建隆二年（公元961年），李煜继位，对宋朝更加恭敬谨慎。宋朝军队中有不少是原南唐的降人，宋朝要求将他们在南唐境内的亲属送去，李煜立即照办。每次得知宋朝出兵获胜或有喜庆之事，他必定派特使祝贺，并献上金银珍宝、粮食土产。在宋朝灭了南汉以后，他又主动请求除去国号，改"唐国主"为"江南国主"，请求在下诏书时直呼其名，境内的机构也全部降低规格。

李煜这样做的唯一愿望，就是宋朝能够维持南唐的属国地位，让他继续做小国国君，但这无异与虎谋皮。

南唐的服从没有能推迟宋朝的统一步骤，宋朝于开宝七年（公元974年）下诏，命令李煜到开封朝见。李煜当然知道"入朝"是有去无回的，所以称病不奉诏，宋朝找到借口出兵讨伐。南唐的军队毫无作为，李煜也根本不了解军事形势，在大军压境时，还寄希望于宋朝的怜悯，派他堂弟献上二十万匹绢、二十万斤茶叶、金银器物、王室用品等，结果他的堂弟被扣，宋军兵临城下。李煜又派徐铉去见赵匡胤。徐铉说："李煜无罪，陛下兵出无名。他以小事大，就像儿子对待父亲，从来没有过失，怎么还派兵来攻打呢？"赵匡胤的回答直截了当："既然是父子，怎么能分两家呢？"一个月后，南唐的都城江宁府（今江苏南京）已经危在旦夕，徐铉再次出使，最后一次请求赵匡胤保全南唐。他不断争辩，赵匡胤大怒，按着宝剑说："不须多言！江南亦有何罪？但天下一家，卧榻之下，岂容他人鼾睡邪！"（我躺在床上，床底下有一个人在打鼾，这怎么行呢？）道理已经讲得很明白。

开宝八年（公元975年）冬，江宁城破，李煜只好出宫门投降。赵匡胤没有太为难他，就免了他的罪，封他为光禄大夫、检校太傅、右千牛卫上将军、违命侯。前面的那些都是虚衔，违命侯虽为侯爵，却是一个不光彩的政治帽子，到第二年宋太宗继位后才改封为陇西郡公。

李煜降宋后的日子并不好过。他曾经申诉生活困难，宋太宗下令增加他的月俸，并一次性补助了他三百万钱。宋太宗新建崇文院（皇家图书馆），收藏了八万卷书，其中相当一部分是从南唐缴获的。有一天宋太宗到崇文院看书，召来李煜和前南汉国主刘𫓹，让他们自由翻阅。太宗问李煜："听说你在江南时喜欢读书，这里的不少书就是你原来的，你来朝廷后是否经常看书呢？"李煜无言对答，只能叩头谢罪。

割不断故国情怀、受不尽亡国之痛的李煜只能以泪洗面，写下哀婉的词句，苟延残生。

比起李煜，钱俶更加识时务，知天命。但也是形势所迫，不得不然。吴越的辖境很小，只有今天的浙江省、上海市和江苏的苏州，军事上毫无能力对抗。所以钱俶始终服从中原王朝，无论是后汉、后周还是北宋。北周进攻南唐时，要他派军队配合，他也不顾唇亡齿寒，完全服从，赢得朝廷对他的格外恩宠。

北宋代周后，钱俶每年上贡的数额又有增加，并且还派儿子去进贡，但这些都不会影响赵匡胤的统一时间表。赵匡胤在开封薰风门外造了一所大住宅，占地好几个街坊，建筑宏丽，家具用品一应齐全。他召见吴越的进奉使者，告诉他："我几年前就起草了诏书，最近又建了离宫，赐名'礼贤宅'，就等着李煜和你的主人，看谁先来朝见，我就赐给他。"

开宝七年（公元974年）冬，宋军出师征南唐，赵匡胤又要求钱俶派兵配合。李煜曾经送了一封信给钱俶："今日无我，明日岂有君？"宋朝今天把我灭了，明天还有你吗？钱俶非但不予答复，还将这封信上交朝廷，以示忠诚。他不顾大臣们的劝阻，亲率五万大军攻下南唐的常州，又派大将沈承礼随着宋军攻下了润州（今江苏镇江），进兵金陵（江宁）。

赵匡胤与这位立了大功的元帅约定："你现在应该到开封来和我见面了。"还表示自己已经向上帝发了誓，决不食言，肯定会放他回去。开宝九年（公元976年）二月，钱俶只得带着妻子孙氏、儿子一起入朝。赵匡胤以最隆重的规格接待，派皇子到睢阳迎接，并亲自到礼贤宅检查接待的准备工作。钱俶一到开封，就成为礼贤宅的主人。其实李煜在此前已经到开封，不过他是亡国之君，丧失了入住礼贤宅的资格。

钱俶带着巨额的财宝物资，害怕赵匡胤不放他回去，所以不断地贡献这些财宝。赵匡胤对他也是优待有加，给了他最高礼遇，可以佩剑上殿朝见，皇帝下诏书的时候只称他为吴越国王而不用名字，又封钱俶的妻子为吴越国王妃。宰相提醒赵匡胤从来没有异姓诸侯王的妻子可以封妃的制度，他说："那就从我朝开始吧，以示对他特殊的恩宠。"在举行家宴时，赵匡胤让他的两个弟弟，以后的宋太宗和另一个弟弟赵光美，与钱俶行兄弟之礼，吓得钱俶跪在地上磕头，哭着推辞。到了四月，赵匡胤说："天气快热了，你可以早些回去。"钱俶表示今后愿意每三年来朝见一次，赵匡胤却说："路途遥远，还是等我下诏再来吧！"只留下了他的儿子。

据说，临别时赵匡胤赐给他一个密封的包袱，让他在路上打开看。钱俶一看，都是宋朝的群臣要求将他留下来而上奏的章疏，吓得他出了一身冷汗，因此对赵匡胤更加感激。

其实取消吴越国只是一个时间问题，赵匡胤之所以不急于留下钱俶，主要原因并不在于守信用，而是因为在吴越国以南还有在福建漳州、泉州的陈洪进，如果能用和平的手段解决这两个割据政权自然再好不过。只是赵匡胤自己来不及看到，他在毫无先兆的情况下突然去世。

两年后的宋太宗太平兴国三年（公元978年）三月，钱俶再次被要求入朝，这次他带去了更多的金银财宝和土产礼品，宋太宗对他也格外隆重地接待。四月，同时被要求入朝的陈洪进向朝廷献出了泉州、漳州。钱俶知道时间已到，赶快请求撤销封他的吴越国王、天下兵马大元帅，将军队交给朝廷，并允许他回国，遭到拒绝。钱俶不得不做出最后的抉择，上表献出所辖的十三个州、一个军、八十六个县。宋太宗立即恩准，并且封钱俶为淮海国王。不久，朝廷出动了一千零四十四艘大船，将钱氏直系亲属和境内官吏全部送往开封。至此，五代以来南方的割据政权全部消灭。

钱俶识时务的抉择使他入宋以后的处境与李煜截然不同，他是所有亡国之君中唯一被封为王爵，并且一直保持到死的。钱氏子孙世代显贵，成为少有的大族，繁衍至今，名人辈出。虽然有人也怀疑钱俶的突然死亡是皇帝下的毒手，但是他入宋以后享了十年的荣华富贵，又活到六十岁（在当时已属高龄），应该心满意足了。还应看到，由于吴越国的辖境一直没有受到战乱的破坏，从唐朝后期开始经济持续发展，苏南、浙北成为全国经济最发达的地区，到宋朝就有了"上有天堂，下有苏杭"的说法，以及"苏、常（州）熟，天下足"的民谚。以后，这些地方一直在经济上领先于全国，也成为文化最发达的地区。总结这些历史，我们不能不肯定宋朝和钱俶双方所做的贡献。

## 第十节　宋朝为何少有军事政变？

公元959年，周世宗柴荣去世，由他七岁的儿子柴宗训继位。第二年元旦，朝廷接到警报，辽国的军队与北汉联合南下，朝廷立即派殿前都点检赵匡胤率大军抵御。军队出开封当天，就驻扎在附近的陈桥驿。第二天清晨，天还没有亮，将士们就包围了赵匡胤的大帐。他的部下石守信等人带着士兵，有些将士还拿着刀，围着赵匡胤说："现在天下危急，皇帝年幼，无法控制局面，只有你出来继位才能挽救大局。"说完不由分说，把一件已经准备好的皇帝的黄袍披在他身上，拥着他上马，回师开封。赵匡胤就在当天继位，建立宋朝。

第二年，赵匡胤的谋臣赵普几次劝他解除下面将领的兵权。赵匡胤说："石守信这些人不会背叛我的，你过虑了。"赵普说："我倒也不是怕他们会背叛你，但是我看这些人都没有控制大局的能力，控制不了他们的部下。下面的人万一搞什么花样，他们会身不由己。"

于是有一天，赵匡胤将石守信等人召到宫里喝酒。大家喝得高兴，赵匡胤屏退左右，对他们说："唉，要不是你们，我现在做不了皇帝，但是皇帝可不好做，还不如做个节度使那么轻松，我没有一天晚上睡得好觉。"

石守信问他是什么原因，赵匡胤说："这你还不明白？谁不想做皇帝啊。"

石守信这些人一听，赶快跪下磕头："陛下你怎么能说这话呢？现在天命已定，谁还敢有异心？"

赵匡胤说："你们当然不会。但如果你们的部下要荣华富贵，你们挡得住吗？一旦有人将黄袍加在你们身上，你们就是想不做，办得到吗？"

石守信等人吓得不断磕头，哭着求赵匡胤："我们太愚笨了，没有想到这一点，陛下你可怜可怜我们，给我们指一条生路吧！"

赵匡胤说："人生在世就像白驹过隙，所以要追求富贵，不过就是要多积点钱，自己能够过好日子，也使子孙不要受穷。你们为什么不把兵权交掉，出去做大官，见好的田就买，见好的房子就买，为子孙立下永远花不完的产业，然后自己找些歌儿舞女，早晚饮酒作乐，颐养天年。我还可以跟你们结为儿女亲家，君臣之间从此毫无猜疑，上下相安，不是很好吗？"石守信等人听明白了赵匡胤的真意，赶快感谢陛下为他们想得那么周到。

第二天上朝，石守信等人纷纷上奏，有的说年纪大了，有的说以前受过伤，有的说现在精力不济，用各种借口要求放弃兵权。

赵匡胤全部照准，封这些人担任不同地方的节度使，只有石守信留任，但实际上已经没有兵权。但不久他又想让天雄节度使符彦卿掌禁卫部队，赵普就劝他："符彦卿名威已经很高，怎么还可以委他兵权呢？"赵匡胤说："我待他这么厚，他会辜负我吗？"赵普冷冷地说了一句话："那陛下你怎么辜负了周世宗呢？"赵匡胤没有话说，也就不再动这个脑筋了。

以后王彦超等将领到首都来朝见，赵匡胤又请他们在后宫喝酒，酒喝足了，对他们说："你们都是国家的功臣，长期驻守在外面很辛苦，这不是我优待你们的意思。"王彦超等人明白了，马上要求："我们本来就没有什么功劳，一向蒙你恩宠。现在年纪大了，身体差了，还请让我们退休吧"。赵匡胤当然很高兴，一批节度使纷纷表态，都说自己以前打仗怎么辛劳，现在身体不好，纷纷要求罢官。赵匡胤说以前的事别提了，第二天上朝的时候，一律批准他们解除节度使职务。

表面看来很简单，喝两次酒，就把中央和地方上将领的兵权都解除了。其实哪一个皇帝不想解除下面将领的兵权？但往往解除了这几个，其他人又慢慢形成了对军队的控制权，而且弄得不好，来不及解除下面将领的兵权，自己却被他们推翻了。一些开国君主则走向另一个极端，因为对立下战功的将领不放心，又无法有效地解除他们的兵权，干脆大开杀戒，将功臣大将斩尽杀绝。

那为什么赵匡胤能够成功呢？

其实在这两次宴会的背后，赵匡胤做了大量的工作。首先，他的时机选择得很好，就在当皇帝不久，他的权威没有受到任何动摇。此时他主动实行这前所未有的变革，又采取巧妙的措施，迅雷不及掩耳，所以他成功了。要是等到年纪大了，控制能力差了，或者等到下面的将领已经形成很大的权势，尾大不掉，这个时候就来不及了。更重要的是他有一系列的配套措施，比如他说到做到，真的给了那些将领很大的好处，给他们很高的待遇，甚至还给他们颁发丹书铁券。这个东西至今有实物传世，就是在一块方的铁块上面铸字，写明具体内容，嵌上红颜色，赐给那些将领，保证他们的子孙只要不是犯谋反大逆的罪行，可以凭这个证据免除一次或几次死刑。

但如果罢了这些将领的兵权，没有一个新的制度，无非是换了几个人，以后也难免不发生其他将领通过军权威胁到皇权的情况，而赵匡胤恰恰随之建立起相应的新制度。

首先，很多人被罢了兵权后，就被封为节度使。但是大家注意，这个节度使已经不是从唐朝后期到五代那个藩镇割据和分裂时候的节度使了。那时的节度使，实际上垄断了地方上的一切权力，既掌军权，又掌政权、财权，权力都集中在节度使手里，所以朝廷很难控制。而且在他死后，往往由部将和后人要挟朝廷，承认由他的后人继承，变相成为世袭。

但到赵匡胤"释兵权"以后，节度使已经变成了一个虚衔，只是有相应的待遇，既不需要上任，更不可能带兵，就是享受一个节度使（军区司令）的俸禄和礼遇。比如岳飞因为立了战功，宋高宗曾经封他为清远军节度使。清远军在广西融州，但岳飞根本没有去过广西。清远军节度使的头衔就是享受节度使的待遇，至于前面用什么军的名义无关紧要。岳飞自然不必去清远军赴任，也不会因此而有对那里一兵一卒的指挥权。

那么宋朝的兵权交给谁了呢？

由皇帝自己管了。宋朝军队的主体称为禁军，集中驻扎在首都和战略要地。禁军只设教官，不设统帅，平时由教官负责训练。朝廷有枢密使，行使相当国防部长的职权，根据皇帝的诏令管理和调动禁军，而枢密使是由文官担任的。套用一个现代概念，国防部长是由文官担任的。边防有需要或进行征战，临时由朝廷任命统帅，调拨禁军归他指挥。战事结束或任务完成，统帅另行安排，军队交回朝廷。所以宋朝有"兵不知将，将不知兵"的传统，因为"将"都是临时派的，"将"和"兵"只有在这段时间里能相互"知"，而下一次派来的"将"大多会是另一个人，同一位"将"下次带的很可能就是另一批"兵"了。尽管这必定会影响军队的战斗力，但"将"要形成自己的"兵"，或利用"兵"达到个人的目的，包括谋反作乱的可能性就微乎其微，职业军人、将领也就没有干预政治的理由和途径了。

驻在地方上的军队称为厢军，主要负责治安，打击盗匪。宋朝将全国划分为十五路，路内行政分别由四位不同的官员主管，安抚使管军事民政，厢军由他指挥；转运使管财政兼监察；提点刑狱使管司法狱讼；提举常平使管仓储救恤。还规定各使的衙门设在不同地点，非经批准不能随意离开各自的任所，有的管辖区也不完全重合。虽然厢军归安抚使管理指挥，却离不开其他各使的配合，经费的调拨和监察得通过转运使，粮食和物资的分配调拨离不开提举常平使，如果涉及司法狱讼还得找提点刑狱使。如果涉及某一块不属本路某使管辖的地方，还得找其他路的主管。分权管理、相互制约的体制不仅使路的管辖范围内不可能出现一个集大权于一身的统治者，也使安抚使不能单独指挥厢军，更无法将厢军变成自己的私属，或利用厢军发动叛乱。当然在防御外敌入侵时，这种体制无法在短时间内组织、协调有效的军事行动，厢军起不了多少作用，甚至形同虚设。

从赵匡胤"杯酒释兵权"以后，宋朝没有发生过稍有规模的军事叛乱，也没有出现过军事政变。在两宋之际或金兵南下时，个别将领想趁机政变，很快就被挫败。正因为如此，宋朝开创的军队管理体制和地方行政分权制度，基本为以后各朝沿用。"杯酒释兵权"不仅是一个富有传奇色彩的故事，还是中国历史上一场重要变革的开端，一个重要的标志。

## 第十一节 "厓山之后无中国"吗？

公元1279年3月19日，宋、元的军队在厓山（今广东江门市新会区南海中）海上决战，宋军溃败，主将张世杰退守中军。日暮时分，海面风雨大作，浓雾迷漫，张世杰派船来接宋帝出逃。丞相陆秀夫估计已无法脱身，先命令妻子跳海，然后对九岁的小皇帝赵昺说："国事如此，陛下当为国死。"背着他跳海殉国。

七天后，海面浮起十万余尸体，有人发现一具穿着黄色衣服、系着玉玺的幼尸，元帅张弘范据此宣布赵昺的死讯。消息传出，完全绝望的杨太后跳海自杀。

张世杰被地方豪强劫持回广东，停泊在海陵山（今广东阳江市海陵岛），陆续有一些溃败的部众驾着船来会合，与张世杰商议返回广东。此时风暴又起，将士劝张世杰弃舟登岸，张世杰说："无能为力了。"他登上舵楼，焚香祈求："我为赵家已尽了全力，一位君主死了，又立了一位，如今又死了。我之所以不死，是想万一敌兵退了另立一位赵氏后裔继承香火。现在又刮那么大的风，难道这是天意吗？"风浪越来越大，张世杰完全绝望，落水身亡。

至此，南宋的残余势力已经全部被元朝消灭。

近代有人散布一种说法：厓山以后无中国。我们来看看厓山之役的当事人，也就是宋朝最后几位忠臣他们的看法和做法。

首先是文天祥。文天祥是在宋祥兴元年（元至元十五年，公元1278年）十二月被元兵俘虏的，他坚贞不屈，以各种方法自杀，或者故意激怒元朝方面，想求速死。被押解到大都之初，文天祥还是要求速死，但他的言辞间已经不否认元朝的既成地位。比如，他自称"南朝宰相""亡国之人"，但称元朝的平章阿合马为"北朝宰相"，承认他是北朝的宰相，也就是把元朝看成是"北朝"，实际上承认它与宋朝这个"南朝"有平等的地位，当然也就是中国的一部分。

此后，文天祥的态度又发生了微妙的变化。当有人向他转达元世祖希望他出仕的意向时，他说："国亡，吾分一死矣。傥缘宽假，得以黄冠归故乡，他日以方外备顾问，可也。若遽官之，非直亡国之大夫不可与图存，举其平生而尽弃之，将焉用我？"有的人认为这种说法不足信，但实际上在其他的史料里也提到文天祥的态度是："数十年于兹，一死自分，举其平生而尽弃之，将焉用我？"（你现在用我的话，就毁了我自己一生的志向，对你们有什么用？）所以可见他也承认元朝已经取代宋朝的事实。

而且，在文天祥被俘前，他的弟弟文璧已经在广东惠州投降元朝，以后又出任临江路的总管。据说文天祥在写给他三弟的信中说："我以忠死，仲以孝仕，季也其隐"；明确了三兄弟的分工：我忠于宋朝必须死，老二他可以做元朝的官，以便尽孝，你就隐居下来，侍奉家人。

实际上，文氏家族的确是靠文璧赡养的。文天祥被杀以后，欧阳夫人由文璧供养，承继文天祥香火的也是文璧的儿子，因为文天祥自己没有后代。文氏家族继续繁衍，主要靠文天祥的两个弟弟，而他们都成为元朝的官员或百姓。

这说明，根据文天祥的价值观念，他是宋朝的臣子，并出任过丞相，宋朝亡了他就应该殉难，至少不能投降元朝当它的官。但他承认元朝取代宋朝的事实，包括他的弟弟、妻子在内的其他人可以当元朝的顺民，甚至可以出仕。在文天祥心目中，这是改朝换代，北朝战胜南朝，新朝取代前朝。

另一位宋朝的孤忠的态度与文天祥相同。曾经担任宋朝江西招谕使的谢枋得，曾五次拒绝元朝的征召。在答复那些奉命征召的官员时，谢枋得说得明明白白："大元制世，民物一新。宋室孤臣，只欠一死。枋得所以不死者，九十三岁之母在堂耳。"（现在进入新朝了，但我是宋朝孤臣，应该死，所以不死是因为家里还有九十三岁老母亲要我供养。）他甚至说"世之人有呼我为宋逋播臣者亦可，呼我为大元游惰民者亦可，呼我为宋顽民者亦可，呼我为大元逸民者亦可。""且问诸公，容一谢某，听其为大元闲民，于大元治道何损？杀一谢某，成其为大宋死节，于大元治道何益？"他清楚表明承认元朝，"把我当成一个不接受你的逸民，也可以把我当作宋朝留下的一个逸民，为什么容不得我这个人？你把我杀了，对你有什么好处？"他承认宋朝已亡，元朝已立，只要元朝不逼他出来做官，他愿意当一名顺民，不会有什么反抗举动。但是元朝的福建地方官一直逼着他北行，他最终只能在大都绝食而死。可见他抗拒的是要毁坏他的名节、逼他出来做官，而不是抗拒元朝本身。他也知道抗拒不了，元朝的存在已经成为事实。

态度最坚决的是郑思肖。在宋亡后，他依然使用宋朝年号，表明他不承认元朝，希望等到宋朝的"中兴""复兴"。但到了"德祐九年"，文天祥死后的第二年，他也不再用具体的年号记录了，证明他对复国已经完全绝望，已经不得不接受元朝存在的事实。不过，像郑思肖这样的人在宋朝遗民中也是绝无仅有的。

总之，最忠于宋朝的当事人也已经承认元朝取代宋朝，是另一个"中国"的事实。

我们要看到，元朝与宋朝的区别，最主要的是统治者成了蒙古人，统治民族成了蒙古族，但其他各个方面，它的土地、人口、制度，甚至主流价值观念都没有明显的改变。

我们现在讲是不是中国，就要看这个"中国"的含义在当时是不是像我们现在有些人所说的那样。其实前文我已经讲过，"中国"这个词的含义是不断变化的，总的趋势是它覆盖的范围越来越大，最终成为我们国家的代名词。

在这个过程中，开始时只有中原王朝才认为自己是"中国"，被承认为"中国"。但是随着周边的其他民族不断地向中原扩张，甚至一度入主中原，他们在文化上、制度上、价值观念上，都逐渐地接受了"中国"和中原王朝的价值观念。这些民族建立的政权，一旦占有中原，甚至占有部分中原地区，他们就会自称"中国"。

在分裂时期，如果一个政权有统一目标，或者最终实现了统一，该政权必然会把自己看成"中国"，而把对方看成"非中国"。等到统一恢复，所有原来的政权都被以后的统一政权承认为中国。如唐朝就同时修了《北史》《南史》，元朝就同时修了《宋史》《辽史》《金史》，都被后世承认为"正史"，就是说这些政权记录的历史所覆盖的地域范围早已被承认为中国。

明朝的法统来自元朝，也给元朝修了一部《元史》，是"二十四史"之一。如果元朝已经不是中国，那明朝是什么国呢？

其实早在唐朝时，就已经有人从理论上阐述了"中国"这个概念。有位皇甫湜，他在《东晋元魏正闰论》这篇文章中就指出："所以为中国者，以礼义也。所谓夷狄者，无礼义也。岂系于地哉？"也就是说，中国与夷狄的区别是礼义，而不是居住在什么地方。

另一位学者说得更明白："苟以地言之，则有华夷也。以教言，亦有华夷乎？夫华夷者，辨在乎心，辨心在察其趣向。"就是说，如果从地域来分可能有华夏聚集地与夷狄聚集地。"以教言"，根据价值观念，难道也有华、夷的区别吗？所以他认为华夷之间"辨在乎心"，区别在于"心"——文化、意识；"辨心在察其趣向"，怎么辨他的心，就看他的行为规范、他的生活方式。所以从来没有把外族完全看成是夷狄，一旦他们进入中原，接受了中原的文化，接受了传统的价值观念，就是华夏、"中国"了。

如果将中国作为一个制度概念，那么从蒙古入主中原开始就基本接受和继承了以往各朝的制度。到了元朝，在原金、宋统治区和汉人地区实行的制度并没有发生实质性的变化，但更趋于专制集权，权力更集中于蒙古人、色目人，从宋朝的文治、吏治倒退，并影响到以后的明朝、清朝。但是另一方面，从治理一个疆域辽阔、合农牧为一体的大国需要出发，元朝的制度又有创新，比如说元朝建立的行省制度，以后为明朝、清朝、民国所沿用，直到今天。这个制度不是中国的制度吗？

总而言之，从"中国"这一名称出现至今三千一百余年间，它所代表的疆域逐渐扩大和稳定，也有过分裂、缩小和局部的丧失；它所容纳的民族与文化越来越多样和丰富，总的趋势是共存和融合，也有过冲突和变异；它所形成的制度日渐系统完善，也受到过破坏，出现过倒退；但无论如何，中国是始终延续的，从未中断。

从秦朝至清朝，无论是膺天命还是应人心，统一还是分裂，入主中原还是开拓境外，起义还是叛乱，禅让还是篡夺，一部"二十四史"已经全部覆盖，当然包括元朝，包括厓山以后。无论"厓山"前后，都是中国。

# 第九章
# 帝王

皇 帝 的 " 私 事 "

## 第一节　太子：最难定夺的皇室成员

　　从夏朝到清朝都是"家天下"的制度，国君或者皇帝都要把位置传给自己的儿子。如果不止一个儿子，就要立其中一个为太子，成为国君或者皇帝的合法继承人。在正常情况下，太子就是下一代的皇帝，立太子自然不仅是皇帝的私事，也是国家的大事。所以，皇族、后妃、大臣，无论是出于公心还是私心，都要力争自己最理想的对象被立。在这种情况下，往往皇帝也无可奈何，或者处于两难的选择境地，或者身不由己违背自己的意愿做出决定。

　　一般来讲，立嫡、立长是符合传统的，比如皇后生的孩子又是大儿子，那么这是最理想的，两个条件都符合了。但是往往皇后没有生育，孩子都是庶出的，都是嫔妃生的孩子；或者皇后虽然有孩子，但是不是长子，或者年龄太小。在这种情况下，到底是立嫡还是立长，就会引起巨大的争议，而且双方都会列出很多具体的理由来。

还有一种情况，虽然皇后的儿子是长子，既是嫡又是长，比如晋武帝的儿子司马衷，明显是个白痴，这个时候有人会主张应该立贤。或者有的嫡长子品行太差，出于公心的大臣也会主张立贤。问题是"贤"的标准怎么来确定呢？什么条件下可以取代嫡长呢？

老实说，连皇帝本人都很难判断哪一个儿子是"贤"，因为皇帝的孩子生下来以后，与皇帝没有多少接触，甚至与他的母亲也没有多少接触。皇子从小一般都由奶妈、保姆或嫔妃抚养，长大后由太监伺候，有的到了成年就住到宫外，或封了王住到王府。清朝为了防止母子之间形成特殊的感情，关系太密切，所以还规定无论是皇后还是嫔妃生的孩子，都交给其他嫔妃抚养，交叉抚养。所以自己的孩子真正表现得怎么样，品行怎么样，连他的母亲也不真正了解，皇帝了解得更少，更不用说外面的大臣。

有的皇子早就出了宫，或者已经到外地去驻守或者封了王，要议论他到底是不是"贤"，往往没有确切的根据，没有一个具体的标准，所以即使是完全出于公心的大臣，在这个问题上也会出现分歧。立太子的过程往往给了各种政治势力明争暗斗的机会。这样立出来的太子，从一开始就没有一个稳固的基础。

还有一种情况，皇帝死的时候还没有儿子，或者儿子很小。个别皇帝本身没有性功能，三宫六院再多也是不会有儿子的。有的皇帝死时还没有成年，或者岁数太小。再一种情况完全是人为的，后宫明争暗斗，皇后或者得宠的妃子自己不能生育或者生育失败，出于忌妒，或者要为自己留下机会，千方百计地干扰破坏，造成其他嫔妃也不能生育，甚至采取阴谋手段杀掉对方的婴儿。继位的皇帝尚未成年，就得由母后临朝，原来的皇后或他的母亲以太后的身份垂帘听政。有时还会有两位太后（他的嫡母即原来的皇后，他的亲生母亲即原来的嫔妃）同时垂帘听政。但是绝大多数太后年纪不大，毫无治国能力，只能请外戚（自己的父亲、兄弟）来执政，造成外戚专政。

东汉中期以后，皇帝大多短寿，前后有六位皇帝死的时候还未成年，或者没有儿子，只能从宗室中挑选继承人。掌权的大臣或者外戚从自己的利益出发，一般都会找幼小的宗室，年纪小容易控制，皇帝还未成年，太后就可以名正言顺地垂帘听政，外戚理所当然可以执政。实在找不到小的，也会找一个比较疏远的宗室，或者一直生活在首都以外偏僻地方的人当皇帝，至少有一段时间比较容易摆布。还有的继承人平时穷惯了，当了皇帝以后就拼命搜刮，甚至自己建小金库。

如果皇帝不止一个儿子，而且儿子很多，或者皇帝在位的时间比较长，太子问题也会成为政治斗争的一个焦点。当太子长大成人了，皇帝往往要他听政，训练他治国的能力，太子就不得不介入国家大事。如果太子的理念和处理方式与皇帝不同，就会引起皇帝的不满，甚至发生冲突。有的皇帝会动换太子的念头，也给其他皇子提供了机会。

朱元璋特别喜欢他的大儿子朱标，将其立为太子后要他协助办理政务，很快发现他有一个很大的弱点，朱标生性懦弱而且讲仁慈，与朱元璋的铁腕手段完全相反。朱元璋当然不满意，有一次他把一根带刺的荆条扔在地上，叫太子捡起来。太子说："这么多刺怎么捡呢？"朱元璋说："你现在该明白了，我就是要先帮你把这些刺除掉，你才可以捡得起来。你不要老是怪我杀人太多，这是为你今后能够稳定掌权，能够治得了这一批人。"幸亏他的太子死得早，要是不死，朱元璋以后未必会容得下这个太子，也许他也会考虑换人。

太子长大了，原来不被人注意，或小心掩盖着的另一面就会暴露出来。唐太宗开始时立他的长子李承乾为太子，这个太子很会耍两面派，他喜欢声色犬马，但瞒着唐太宗，外面的人也不知道。如果大臣知道了来规劝，他又虚心接受，做出一副可怜相，大臣也就不好意思再追究。但皇帝迟早会发现，其他皇子也会利用这个机会，难免不产生继承危机。

太子和其他皇子身边都需要有辅佐的人，也必定有一批人将自己的前程和利益押在未来的君主身上。辅佐太子的人希望他顺利接班，甚至巴不得皇帝早点死，否则皇帝寿命太长，他们比太子更等不及。其他皇子身边辅助他的人，当然寄希望于皇帝废掉太子，他们的主子和自己才有出头的机会。太子与其他皇子都会形成自己的利益集团，相互明争暗斗，你死我活。太子得随时提防自己的兄弟，其他兄弟则日夜盼望太子自己得罪皇帝，甚至要想办法诬陷他谋反，自己才有上位的机会。

无论是出于公心，还是为自己考虑，大臣们都无法置身事外，有时连皇帝也无可奈何。唐太宗立李承乾为太子后，到贞观十七年（公元643年）不得不把他废掉，但再立谁呢？他很喜欢另一个儿子李泰，李泰直接向他提出当太子的要求，他就答应了。但有几位大臣支持晋王李治，也就是后来的唐高宗，而李治也在尽自己的努力争取。李承乾被废后又与唐太宗的弟弟勾结起来，唐太宗的另一个儿子齐王居然公开谋反，搞得唐太宗心烦意乱。有一次他只留下长孙无忌、房玄龄、李勣和褚遂良四个人，他越想越气，说："我有三个儿子一个弟弟，干出这种事来，我心里想想实在没有意思。"说着说着，居然自己趴倒在座位上，这些人赶快把他扶起来。唐太宗抽出自己的佩刀要自杀，褚遂良夺下他的刀交给等在旁边的晋王李治。这时长孙无忌等人问他到底想干什么？唐太宗说，看来我要立晋王了，这样才定下来。唐太宗也许并不是真的想自杀，他只是用这个手段要挟四位重臣同意立李治，以平息这场争夺。即便如此，也说明这是他碰到的一个天大的难题，才不得不用这样一种办法来解决。

在位时间久的、儿子多的皇帝，几乎都碰到过这样的难题：废太子，立其他皇子为太子，往往演变为一场血腥的权力斗争，皇帝甚至因此而丧命。比如隋文帝原来的太子是杨勇，他相信了谗言把杨勇废了，立了隋炀帝杨广，最后被杨广杀了。

汉武帝在位时间长达五十四年，晚年身体多病，又多疑，小人有机可乘，就在中间拨弄是非，诬陷太子，偏偏这个时候他又不在首都长安，在离宫。太子急得不得了，怕说不清楚，直接杀了这个小人江充。武帝根据片面报告断定太子已经造反，派兵镇压，迫使太子在长安城里采取行动了，最后被镇压，被汉武帝逼死。汉武帝的儿子被杀，孙子被杀，以后连他的曾孙就是后来的汉宣帝，也差一点在监牢被杀。

汉武帝晚年其实非常痛苦，他也知道儿子并不想造反，但是为了自己的体面，始终未给他平反。直到汉宣帝做了皇帝，对自己这位祖父，就是汉武帝的儿子，也只能用"戾太子"作为他的谥号。"戾"是一个恶词，但是因为汉武帝给他定的罪名并未改变，就只能如此。

康熙皇帝在位时间长达六十一年，儿子多，立了太子又废，废了又立，最后还是废，到他死时还没有再立太子，造成雍正兄弟之间残酷的争夺。

有时太子死了，皇帝因为移情到孙子直接传位给太孙，也会引出大乱。朱元璋的太子朱标先于他而死，他就立了朱标的儿子为太孙，即建文帝。结果建文帝刚继位，朱元璋的第四个儿子燕王朱棣就起兵"靖难"，名义上是清除皇帝身边的奸臣，为国家消除这个灾难，实际就是公开的武装叛乱，三年多后打进南京，建文帝自焚而死。

这不是太子、太孙、皇子们本身的悲剧，在家天下的制度下，这一切都是不可避免的。

## 第二节　皇后：对皇上影响最大的人

西晋泰始七年（公元271年），晋武帝的宠臣贾充被任命为都督秦凉二州诸军事，出镇关中，文武百官在夕阳亭举行隆重的宴会欢送。其实贾充不想离开京城，宴席散后，就与荀勖商量怎么办。荀勖对他说："太子不是正在选妃吗？如果能够把你的女儿立为太子妃，你成了皇帝的儿女亲家，皇帝自然会把你留在身边。"贾充说："是啊，我何尝不想呢，但怎么能办得到呢？"荀勖说："我来办吧。"

贾充曾经为司马氏政权立下大功，在晋武帝的父亲司马昭的时代，有一次曹魏的傀儡皇帝曹髦年少气盛，受不了司马昭的控制和欺辱，居然亲自拿了武器，率领警卫、太监准备直接进攻相府。当时贾充和部队在宫门南面抵挡，但是面对皇帝亲自拿着武器冲过来，将士们不知所措。成济请示贾充怎么办，贾充说："主人养了你们这批人不就是为了今天吗？还犹豫什么呢？"于是成济冲上去，用手里的戈一下子刺入曹髦的胸膛，当场把这个傀儡皇帝刺死了。

司马昭为了继续维持曹魏这块招牌，在曹髦的尸体前号啕大哭，下令将成济灭族。但是贾充却因此立了大功，要是当时没有他发的这个命令，要是那些将士都犹豫不决，说不定就让这个名义上的皇帝冲进相府，后果不堪设想，所以他一直是晋武帝最宠幸的大臣。但是当时关中的形势比较危急，出现了羌人、氐人的叛乱，他的政敌趁机向晋武帝建议，这么重要的地方只有派贾充去镇守。皇帝觉得有道理，就下了诏书，贾充没法推却。但是他知道一旦离开了京城常驻外地，政敌如果利用这个机会，离间他与皇帝之间的关系，如果给他们抓住把柄，形势对他实在是很不利的，荀勖提的这个建议正中他的下怀，所以就暂时拖着不去就任。

晋武帝为了给他的儿子（以后的晋惠帝）司马衷选妃，已经下了命令，全国的适龄女子都停止婚嫁，让他的挑选余地更大。入围的候选女子中，有包括贾充的女儿在内的几位大臣的女儿。为此朝廷还专门成立一个挑选小组，由小组成员进行全面考察评价。考察组最后形成意见认为最合适的是卫瓘的女儿，她有五项优点，而这五项优点正是贾充的女儿的五项缺点。比如说，卫家的女孩子性情温和，为人贤惠，长得高挑，皮肤白皙，能多生儿子；而贾家的女儿脾气不好，性情忌妒，个子又矮小，皮肤又黑，生男孩少。照理贾家的女儿不该入选，但是贾充的夫人走了杨皇后的门路。晋武帝很听皇后的话，杨皇后在晋武帝面前盛赞贾小姐的优点，荀勖也在一次宴会上向晋武帝推荐贾充的女儿做太子妃。内有杨皇后，外有荀勖，还有其他人在皇帝面前一再称赞，结果晋武帝就采纳了他们的意见。正好洛阳城里下大雪，军队没有办法出发，不久太子就要举办婚礼了，贾充当然有理由留下来参加，这样就拖延下来，没有去关中就职，皇帝下诏让他还是回到原来的职位。

可见这次婚姻从一开始就是一场政治赌博，太子和太子妃其实都是这场政治博弈中的棋子、工具，他们都是没有自由去选择的。果然等贾充的女儿贾南风进宫以后，众人才发现她的忌妒、残暴超出想象。比如她为了阻止其他宫女或者嫔妃有机会生孩子，发现一个怀孕的就直接干掉，甚至夺过侍卫手上的长戟插入她的肚子，胎儿当场掉下。再加上这位太子（后来的晋惠帝司马衷）本身就是白痴，晋武帝曾经考虑废了他，另外立一个。但是他跟杨皇后谈了以后，杨皇后就提出来："他又是嫡又是长，老规矩立嫡立长不以贤，怎么可以改变？"这是杨皇后的儿子，她当然要极力维护，将来好当太后，晋武帝不得不容忍。

以后这位杨皇后死了，临死前又将自己的堂妹推荐给晋武帝，晋武帝立了她的堂妹为新皇后。这位皇后其实已经发现贾南风这种极度的忌妒、暴躁的性格和她的阴谋，但是这位杨皇后知道这个儿媳妇是她堂姐生前选定的，加上自己没有儿子，只能维护太子这一家，所以就劝晋武帝："女人忌妒是免不了的，她父亲对国家有这么大的功劳，我们不能够因为她这点缺点就不念她父亲对国家的大功。"另一方面，她严厉地管教贾南风，要她切实改过。贾南风不知道杨皇后实际上是在帮她的忙，反而认为这个婆婆对她管束得太严厉，所以非常怨恨。

等到晋武帝一死，他的白痴儿子当了皇帝，贾南风肆无忌惮，不仅干政、揽权，还趁机大泄私愤。这时杨皇后已经成了杨太后，她的父亲杨骏以大将军的身份执政。贾南风就找人诬告杨骏，称他谋反，先把杨骏一家都杀了。继续清查的结果显示杨太后实际上是参与者，要把太后废为庶人。此前，杨骏的妻子，即太后的母亲与太后住在一起，没有受到处罚。后来说她也是参与犯罪的，就把她从杨太后的住处拉出去行刑。杨太后抱着她的母亲号啕大哭，自己剪掉头发跪下来求情，而且给贾南风上书自称臣妾，但是无济于事。最后连杨太后身边所有伺候的人都被撤掉，她活活饿死了。

贾南风很快地挑起了西晋的"八王之乱"，不仅导致西晋的覆灭，而且开启了中国历史上空前的浩劫——"五胡乱华"和十六国纷争。

可见太子妃选谁，的确事关国家治乱。

太子选妃是这样，皇帝选皇后就更是如此。因为在古代社会，一个年轻的女性的人品如何、相貌如何，公众是不会知道的，大臣也不知道，实际上是没有办法公正地挑选的。理论上讲，皇后的职权只能管理后宫，但她可能是对皇帝影响最大的人。特别是如果皇帝软弱无能、优柔寡断，或者像晋惠帝这样白痴、低能。如果皇帝缺位或者幼小，原来的皇后成了太后，她实际上就可以执政。皇后本来就没有什么执政的经验，而且不可能有家族以外的社会关系，况且大多数当上太后时的皇后岁数不大，就不得不依靠外戚——自己的哥哥、父亲。如果外戚本身品质不好或者私心重，没有能力，必定干政揽权、营私祸国。可悲的是，这些都是掌了权的外戚的常态。

所以出于公心的大臣，在皇帝选皇后，甚至选嫔妃时，也得提出自己的意见，不能袖手旁观。他们考虑的往往不单是这个女子是不是漂亮，是不是适合侍候皇帝，还要考察她的家庭、她的家风。问题是在信息不公开的情况下，必然夹杂了道听途说、子虚乌有的信息，以及个人的成见、意气。不同的政治利益集团也就在这个时候展开一场权力、利益、情感的博弈。有私心的大臣更会考虑，哪一个人当皇后对自己有利，哪一些人成为外戚会与自己关系密切，或者今后在政治上可以结成一伙。

　　皇帝平时也接触不到这些女子，而在选皇后时，皇帝本人大多还没有成人，所以往往只能根据自己的感觉，但他的感觉和意愿与太后、大臣的意见未必一致，结果就不能如愿以偿。曾经有皇帝抱怨，这是我的家事、私事，为什么不能我自己说了算？但是大臣们会说，既然你是天子，是天下的主人，选皇后也是天下的事，因为皇后要"母仪天下"。大臣们不便明言的道理更简单：现在选的皇后很可能就是自己未来的主子，会决定自己的命运，岂能不考虑自己的利益？

　　所以皇帝与皇后、嫔妃的关系，不可能建立在真正的爱情基础上，他的个人好恶一般不得不让步于政治上的考量和权力之间的博弈。历史上演出过一幕幕发生在皇帝与皇后、嫔妃之间的悲剧，在这种家天下的专制制度下，这是不可避免的。

　　选皇后的过程也伴随着废皇后。有的皇帝在位时间长了，对皇后已经没有感情，或者感情转移了；有的皇后年老色衰，或者变得脾气怪诞；或者皇帝新得宠的嫔妃急于上位。有的皇后长期没有生育，有的皇后违反了法律或惯例，有的外戚违法乱纪、飞扬跋扈，这些都给皇帝废后提供了名正言顺的理由。皇后的名额只有一个，不废旧就不能立新。对大多数嫔妃来说，这样的机会只有一次，必定要全力以赴。这样就有废皇后和新立皇后的程序要完成，又会转入新一轮的政治博弈与权力考量。

## 第三节　太上皇：皇宫里的"虚职"

　　往往有人说某人是某地的太上皇，或者指责某人想当某地的太上皇，其实这些人并不知道太上皇真正的含义，或者以为太上皇的权力比皇帝还大。实际上除了乾隆皇帝最后三年当的太上皇以外，中国历史上还找不到第二位权力比皇帝还大的太上皇，更找不到一个自愿当太上皇又能继续掌握实权的例子。

　　太上皇是皇帝的父亲，当了皇帝而父亲还在世的情况是很少的。除了开国皇帝的情况以外，还有在位的皇帝让位给儿子的情况，再有亲生父亲健在的皇帝被过继给已故的皇帝而以旁支入继大统的情况。但如果是最后一种情况，按照历代祖传的制度，新皇帝继承的是已故皇帝的皇位，他自己的亲生父亲如果还在世的话就成了臣下，不仅当不上太上皇，死后一般也不能被追尊为皇帝。

　　明朝的嘉靖皇帝为了追尊自己的亲生父亲为皇帝，曾经引起激烈的争议，酿成被称为"大礼议"这样一个动摇国本的大案。

末代皇帝溥仪是承继光绪皇帝的，他当了皇帝以后，他的生父载沣就出任监国摄政王，虽然掌握了大权，却不能称太上皇，他的身份还是臣子。

而皇帝继位或者登基时他的生母、嫡母在世的情况倒很普遍，祖母在世的情况也有，所以历来不乏太后、太皇太后。

皇帝称号是从秦始皇开始的，但他从"王"改称"皇帝"的时候，他的父亲庄襄王早已去世，所以只能追尊为太上皇。

第一位活着当上太上皇的是汉高祖刘邦的父亲——太公。因为没有先例，加上汉朝草创，百废待兴，刘邦称帝以后，并没有想到给父亲什么特殊的礼仪。

汉朝迁都关中以后，因为新都长安尚未建成，刘氏父子都住在临时住所。刘邦还是按照以前家人的礼节，每五天一次去拜见父亲，向他问安。有一天，刘邦去看望他的父亲，却看见他恭恭敬敬地夹着一把长柄扫帚站在大门前，看见刘邦的车到了，他弓着身子一步一步地后退。刘邦吓了一跳，赶快下车扶着父亲，他父亲却说："皇帝，你是万民之主，怎么可以因为我而乱了天下的法度呢？"

原来他的总管劝过他："天无二日，土无二主。皇上虽然是您的儿子，却是万民之主。您虽然是父亲，却是人臣啊。怎能让主上来拜见人臣呢？要是这样做，皇上至高无上的权威会受到影响。"刘邦知道原因后，心里很受用，赏了家令五百斤黄金。

但怎样做才能既保持对父亲的礼节，又不影响皇帝的权威呢？刘邦下诏尊他的父亲为"太上皇"。太上皇的地位自然比皇帝高，所以皇帝拜见他不损害皇帝的权威。有了这样一个尊号，太上皇也能名正言顺地参加重大的典礼。

未央宫建成后，刘邦大会诸侯群臣，又在未央前殿赐宴，太上皇也出席了。刘邦起身高举起玉杯为父亲祝酒，还趁着酒兴自夸了一番："大人以前经常说我没出息，不会挣钱，资产不如老二。现在我挣的产业与老二比谁多啊。"群臣大笑，高呼"万岁"，全场欢乐！

为了让太上皇欢度晚年，刘邦的确尽心尽力，毫不吝啬他的这份家产。

他发现太上皇住在宫殿里经常闷闷不乐，是因为听不到乡音，享受不到故乡的市井生活。于是他下令将故乡沛郡丰邑整体搬迁关中，移民终身享受免役的优待。新城的全部建筑完全依照丰县的样子，连鸡舍狗窝都一模一样。移民迁出时把鸡、狗都带上，到了以后将鸡、狗放下，它们都能找到自己的窝。太上皇住在那里，就像在家乡一样。太上皇死后就葬在这座新城附近，新城正式命名为"新丰"。不过这位太上皇有的只是尊崇和享乐，与权力是毫无关系的。

如果就实质而言，中国历史上第一位自愿当太上皇的，应该是战国时的赵武灵王。只是因为那时还没有皇帝，所以不可能有"太上皇"这个称谓。

赵武灵王雄才大略，他实行胡服骑射，开疆拓土，赵国日益强大。在当了二十七年的国王后，他居然主动将王位传给他的少子公子何（即赵惠文王），自称"主父"，意思就是主上的父亲。然后他亲率将士专注于灭中山国，三年以后大功告成，他连军权也不掌了。

但是一年后，因为两个儿子争夺权力，他居然被儿子的部下禁闭在沙丘宫里面，三个月以后被活活饿死。

自愿当太上皇并正式拥有太上皇称号的皇帝是宋徽宗赵佶。实际上这也不是他的初衷，而他的下场比赵武灵王还惨。宣和七年十一月（公元1126年1月）下旬，金兵大举入侵，开封危在旦夕，宋徽宗束手无策，惊恐不已，急于出逃。碍于大臣的劝阻，他只能先封太子赵恒为开封牧，以便名正言顺地卸下守开封的担子，以"东巡"的名义出走。

李纲闻讯以后，刺破手臂，上血书劝阻。宋徽宗只能传位于太子，自称"道君皇帝"，被尊为"太上皇帝"。面对南下的金兵，这位太上皇先逃到亳州（今安徽亳州市），再逃到镇江。在金兵退回以后，才在第二年四月回到开封。靖康二年（公元1127年）四月，这位太上皇与他的儿子钦宗一起被金兵押解"北狩"，被金主封为"昏德公"，在屈辱中度过了余生。

南宋还出了两位自愿当太上皇的皇帝，一位是宋高宗，他自愿当太上皇还有一个特殊的背景。

宋太祖赵匡胤死了以后，帝位传给了他的弟弟宋太宗。据说他们的母亲杜太后有诏，说北周因为皇帝幼小，才失去帝位。为了改变这种状况，赵家应该兄终弟及，等到最小的弟弟死了，再把帝位传给大哥的儿子。赵匡胤是将帝位传给他的弟弟赵光义的。但宋太宗赵光义继位后，却再也没有回到赵匡胤这一支，而是一直传到了宋高宗。宋高宗自己没有儿子，所以做出决定，把帝位传回赵匡胤这一支。他找来了赵匡胤的后代，经过考察立为太子，就主动传位给他，自己当了二十五年的太上皇。

到底是什么原因，史学界一直有争议。无论如何，在他当太上皇期间，不再有任何权力，对宋朝政局不发生任何作用，他才以八十岁的高龄安然去世。

第二位自愿当太上皇的，就是他的继承人宋孝宗。宋孝宗倒是将皇位主动传给了他的儿子，自己被尊为"寿皇圣帝"，称为"寿皇"。但继位的宋光宗居然有五年多不去看望他。大臣们想了很多办法，但直到他弥留之际，宋光宗还是找种种借口拒绝看望他。可想而知，这位太上皇的晚年是很不好过的。

其他的太上皇都是"被当上太上皇"，被迫的，自己根本不想当。

比如说唐高祖李渊，他在太原起兵，他要取代隋朝，但一方面当时的形势还不够稳定，另一方面也要为自己的行为披上一件合法的外衣，所以在攻占长安后就立隋炀帝的儿子代王杨侑为帝，尊隋炀帝为太上皇。其实隋炀帝那时还在江都，根本控制不了这里的局面，就被当上太上皇了。

当然这不过是个手续，到第二年李渊就逼杨侑让出帝位，正式建立唐朝，自己当了皇帝。大概他也没想到，到了李世民发动玄武门之变时，杀掉了他的太子李建成和他的另一个儿子齐王李元吉，就让尉迟敬德全副武装率领警卫进宫来保护他了。据说李渊很高兴地让出了自己的帝位，说我早想把这个位置传给李世民了。这样李渊当了十年的太上皇，当然他不会再有任何权力。

我们以正常的情理来推想一下：自己的儿子发生火拼，大儿子与另一个儿子被杀，又逼他杀死了他们的十个儿子——他的孙子。在这样的情况下，他怎么可能自己让出皇位做太上皇？肯定也是被当上太上皇的。

唐朝大概有这个传统，到唐玄宗时，安史之乱爆发，唐玄宗出逃到成都。在他出逃时，安排太子李亨和其他几个儿子分别抵抗叛军。太子李亨就在灵武宣布登基，尊唐玄宗为太上皇。此时唐玄宗在成都，根本不知道，一个月以后才知道自己已经被当上太上皇了。等安史之乱平定，唐玄宗回到长安，以后就凄凄惨惨地度过了余生。

被当上太上皇后又能复辟重新当上皇帝的绝无仅有，只有明朝的明英宗。正统十四年（公元1449年）蒙古也先进犯，英宗在太监王振的怂恿下亲自出征，被蒙古军俘虏。当时，他的弟弟郕王先称监国，接着自己登位，是为景泰帝。景泰帝尊明英宗为太上皇，在于谦等大臣的支持下抗击蒙古军队，守住了北京。

到第二年，也先把明英宗送回来了，但已经当了皇帝的弟弟不肯让出皇位，还是让他当太上皇，实际上是将他软禁起来。谁知道八年以后，这位景泰帝患了重病，忠于明英宗中的石亨、曹吉祥、徐有贞等人就趁他患病的机会发动"夺门之变"，迎太上皇回宫复辟，明英宗又当了八年皇帝。

在太上皇中，唯一自愿当太上皇，又能继续掌握权力的，就只有清朝的乾隆皇帝。乾隆二十五岁登基，当了六十年皇帝。他宣布，因为不能超过他的祖父康熙，康熙是六十一年，所以到了乾隆六十年（公元1795年）他就传位给他的儿子嘉庆，自己当了太上皇。实际上，在他当太上皇的三年间什么权力都掌握在手里，嘉庆这位"子皇帝"战战兢兢、小心谨慎，一举一动都在乾隆的监视下。乾隆这个太上皇才是真正的太上皇，他既是皇帝的父亲，又继续掌握着皇帝的大权。

所以我们以后在称掌握绝对权力的人物为太上皇时，需要说明一下，这应该是乾隆皇帝式的太上皇，但不要以为太上皇都能像乾隆皇帝一样。

## 第四节　宗室：并不好当的皇亲国戚

宗室就是皇帝的子孙和他们的家人。一个皇帝有众多的后妃，还有成千上万的宫女，有的朝代宫女多的时候有一两万，所以皇帝在正常情况下都会有众多的子女，有几十个儿子、女儿并不稀罕。他们的子女、子孙又有很多生育的机会，因为生活条件优厚，妻妾众多，又可以生育出更多的宗室成员。

比如西汉，因为汉高祖刘邦出身"细微"，普通人家出身，没有什么背景，所以刘邦只有兄弟三个人，一个还先死了。但是到西汉末年，宗室的人口数量已经超过十万，这还不包括已经嫁出去的刘氏女性。

西汉初年的总人口大概在一千五百万左右，到西汉末年增加到六千万左右，就翻了两番，四倍，年平均增长率不过千分之七。但是刘邦的家族，从他们弟兄三个人增加到超过十万，远远高于全国人口的平均增长率。但在西汉时，宗室还没有拥有什么特权，所以对社会的危害比较小。如果这些宗室都要由社会供养，并且要有优厚的待遇的话，就必定成为巨大的财政负担，明朝就是这样。

这些宗室，因为他们接近权力的中心，其中近支的宗室还与皇帝、皇室有紧密的联系，有的还担任重要职位，或者握有兵权。一方面，他们可以享受优厚的待遇；另一方面，皇帝也不得不对他们进行防范。

比如魏文帝曹丕在位时，对他的兄弟和近支宗室一直不放心。曹魏时封的那些王，表面上仅次于皇帝的地位，而且还有一块封地，实际上就像高级囚犯。他们根本没有什么权力，俸禄也不高，因为封邑都很小，派在封邑的国相，表面上是王的下属，实际上代表皇帝监控他们。这些王不能自由地离开封地，连要回首都也得报皇帝批准，而且一般是不容许的。

西晋的统治者又从反面吸取了教训，他们认为曹魏之所以这么容易被篡夺政权，被司马氏取代，原因就在于没有培植出自己宗室的势力来捍卫皇室，所以一改曹魏的政策，大封宗室。从司马懿到第二代司马昭、司马师，到第三代晋武帝司马炎，第四代晋惠帝司马衷，凡是他们近支的兄弟、堂兄弟、叔伯这些人全部封为王。王不但有封地，还有一支军队。更糟糕的是西晋取消了国家的常备军，军队都由这些宗室王掌握了。如晋武帝的儿子司马颖被封为成都王，以益州的蜀郡、广汉、犍为、汶山四郡为他的封国，食邑十万户，一直握有重兵。这样的制度为以宗室王为主角的"八王之乱"提供了条件。

明朝又是另一种方式。明太祖朱元璋自己是穷人出身，大概怕他的子孙今后没有好日子过，为他们制定了极其优厚的待遇，他规定：所有皇子都封为亲王，俸禄万石（一万石粮食作为他们一年的俸禄），而且开府置官署（可以按规定的编制设立办事机构和专职人员），护卫的士兵少则三千人，多的有一万九千人。朱元璋二十几个儿子都封了王，光是他们一年的俸禄就要二十几万石粮食。他们的护卫如果每个王平均以五千人计算，就需要十多万人的护卫。

亲王的嫡长子年满十岁就立为王世子，长孙立为世孙，"冠服视一品"，服饰和待遇按一品官标准。其他儿子年满十岁封为郡王，郡王的嫡长子封为郡王世子，嫡长孙就封为长孙，这些人"冠服视二品"，服饰和待遇按二品官的标准。郡王的其他儿子授予镇国将军，孙子授予辅国将军，曾孙授予奉国将军，第四代孙子授予镇国中尉，第五代孙子授予辅国中尉，第六代以及第六代以下统统授予奉国中尉。世世代代都享受俸禄，另外还补助丧葬费。

在这样特殊的优待政策下，近支宗室就无限地增长，等于开展了一个生育竞赛，终于有一位郡王创造了一项最高纪录。这位郡王是皇帝的第三代，就是亲王的儿子，他这个纪录是多少呢？他有一百个儿子都长大成人，并且可以袭封。我们可以算算他总共生了多少孩子？如果他的孩子一半是女性的话，再考虑到婴幼儿的死亡率，那么他至少生了三百个孩子。其他宗室虽然不可能生那么多，但无不尽其所能，宗室的出生率肯定大大高于总人口的出生率。到隆庆初年，宗室人口已增加到二万八千多人，宗室的俸禄成为朝廷一项沉重的负担。

如嘉靖四十一年（公元1562年），全国供应京师的粮食是四百万石，这是通过京杭大运河，好不容易运到北京的，但宗室王府的俸禄达到八百五十三万石，是整个国家供应北京的粮食的一倍以上。具体各省的情况，山西省规定每年存留在本地的粮食是一百五十二万石，但需要供应山西的宗室俸禄是三百一十二万石，大大超过了总数。河南省每年存留的粮食是八十四万三千石，但是因为封在河南的王不止一个，宗室俸禄需要一百九十二万石。

这两个省每年征收的粮食如果全部入库，还没有办法供应宗室俸禄的一半，这些负担最终当然是落在百姓头上。但是嘉靖四十一年还不是宗室人口的高峰，此后宗室人口还在不断地增加。

另一方面，这些宗室成员也是很不幸的。按照明太祖朱元璋定的规矩，宗室不能做官，不能考科举，理论上讲也不能做买卖，就是被养着，不能有其他任何职业。所以宗室中绝大多数人都碌碌无为，有的养尊处优无所事事；有的过着荒淫无耻的生活；有的侵占民田，搜刮民脂民膏；有的变相经商放贷；有的仗势欺人。除了吃喝玩乐终其一生，这几万人没有为社会做任何贡献，除了在宗室档案中的记录外，在历史上几乎没有留下痕迹。只有个别人利用优厚的生活条件和充足的时间，加上他们自己的天赋，成为某方面的杰出人才。如宁王朱权在道教、戏曲、音乐研究上有重大贡献。郑恭王的儿子朱载堉是杰出的音乐理论家，证明了"十二平均律"，比欧洲人早数十年。朱权的七世孙朱谋㙔也是著名学者，他专注研究《水经注》，校订《水经注》有很大的成绩。明朝亡后，有一位宗室朱耷，就是著名画家八大山人。但是在累计数十万的宗室人口中，这些人实在是凤毛麟角，其他大部分人都庸庸碌碌。

而且远支宗室的日子其实并不好过，因为从第六代以后待遇都一样了。当然这些俸禄足以让他们衣食无忧，但是他们享受不到平民百姓的自由，重大事项都得请示汇报，都要由宗室管理部门批准。比如说出生后要申报，等待上面赐给他名字。有时等到快成年了，正式名字还没有赐下来。一方面，管理部门办事效率低，对远支宗室免不了势利和冷落；另一方面，也有实际困难，因为同一代宗室的人太多，往往找不到可用的字。

宗室名字的第一个字是固定的，代表辈分；第二个字用同一偏旁，在金、木、水、火、土五行中选。如嘉靖皇帝这一辈第一个字用"厚"，第二个字用"火"字旁。崇祯皇帝这一辈第一个字用"由"，第二个字用"木"字旁，如朱由检、朱由校、朱由榔等。

但"木"字旁的字就那么多，朱元璋的二十几个儿子用了，弘治皇帝（孝宗）这一辈也用了，剩下来的字先得保证皇帝和近支宗室，而且并非所有"木"字旁的字都适用于人名，往往字典上的字都用完了，只能现造。像"金"字旁，英宗（朱祁镇）这一辈用，神宗（朱翊钧）这一辈也用，现成的字不够，只能新造。有人开玩笑，说明朝宗室的名字像门捷列夫元素周期表，其实是不得已的。尽管如此，有些夭折的远支宗室可能到死也没有得到赐名。

结婚也要报批，所以有的远支宗室到了三四十岁还结不了婚，因为一直没有批文下来。即使实际结了婚，在宗室中没有合法地位，以后生了孩子无法登记，无法获得宗室的身份和待遇。

清朝多少吸取了一点明朝的教训。清朝的满族人都被编入八旗，宗室也分属八旗，除了那些有封爵的王公贵族外，其他人没有什么特权，也没有特别的限制，可以做官，应科举，服役当差。加上满族的出生率比较低，宗室人口不会像明朝那么多。往往不会像明朝那样出现那么多的子孙。尽管如此，到了清朝后期，八旗子弟的腐败、无能也影响到宗室。清朝覆灭后，八旗满族人失去了国家供养，一些既无一技之长，又不愿或不能自食其力的宗室沦落为底层贫民，甚至贫病而死。

与明朝相比，清朝宗室中出现的杰出人才更多，有著名的诗人、学者、书法家、画家、戏剧家、大臣、将领等。但他们的成功主要是出于自己的天赋、勤奋与机遇，而不是仅仅依靠宗室的特权。

## 第五节　后事："视死如生"的传承

秦始皇从即位开始就为自己修墓，工程规模最大的时候要动用八十多万人。前后修了三十九年，到他去世以后，他的儿子二世皇帝时才基本完工。两千多年过去了，秦始皇陵的封土，就是上面堆的土山，还有五十余米高，封土堆的底边周长还超过一千七百米。

据《史记》记载，秦始皇陵的地宫里布置装饰着日月星辰、江河大海，水银被灌在里面代替水，还有大量的鱼油放在里面长期照明，各种珍宝玩物应有尽有。前些年专家在考古时发现，在秦始皇陵的周围还有一些宠物的遗骨，这证明里面还有一个规模不小的动物园，连宠物都有。

为什么修这么大的墓呢？为什么把什么东西都放进去呢？这不是秦始皇个人的爱好。如此大规模地修墓，既不是由秦始皇开始的，也不是由他结束的。早在春秋战国时期，甚至更早，就形成一个观念——"视死如生"。

人死了，其实没有"死"，而是生活在地下，所以对待死人要像对待生人一样。既然他生前是皇帝，死了以后，在地下照样要过皇帝的生活。而且，他生前的寿命是有限的，死了以后，在地下的时间要长得多，是无限的，怎么能不给他准备充分的用品呢？

这个观念并没有因为秦朝的灭亡就改变了。秦始皇修陵墓之所以受到谴责，是因为它成了亡国的象征。而且这是他一系列罪状的一部分，包括修长城、修宫殿、修陵墓，大规模地征用人力、物力，超出了限度。

由于这个观念一直没有改变，到了汉朝愈演愈烈，并被制度化。汉朝规定：每年的财政收入分成三份，一份供朝廷日常花费，作为政府的办公经费；另一个三分之一供皇家开支；剩下的三分之一就供皇帝修陵墓。按照汉朝的惯例，一位皇帝登基后，首先要做的是把上一任皇帝的墓赶快修完，将他安葬，接着就开始为自己修墓，一直修到死，然后由下一任皇帝将工程结束，并且安葬上一任皇帝。修墓的钱，每年都占国家收入的三分之一。多少社会财富都花在为皇帝修墓上了！

如果皇帝在位时间短，工程就会受到时间限制。但如果皇帝在位时间很长，如汉武帝做了五十四年的皇帝，国家五十四年的财政收入的三分之一都放在他的墓里了。由于谁也没有估计到他的在位时间会那么长，工程的设计肯定没有超前意识，前期地宫的设计嫌小，贵重的物品里面放不下了，只能增加和扩大地面建筑。

无论是秦始皇陵，还是其他陵墓，陵墓的建筑有相当一部分是地面建筑，只是后来倒塌了、被破坏了，我们现在看不到。比如在十三陵、清东陵、清西陵，我们就可以看到有祭殿等地面建筑。汉武帝晚年时，只能增加他的陵墓的地面建筑，把很多本来要放到地下的东西放在地面，这样才耗完了每年三分之一的财政收入。

皇帝"视死如生"，贵族、官员以至平民百姓也持这个观念。所以无论贵贱贫富，都千方百计地为自己的祖先、父母、死去的长辈做这些准备。普遍讲究厚葬，要尽最大的努力，理由很简单，这些死者在地下"生活"的时间比他们活着的时间要长得多，要让他们能够过比较好的日子，就要尽其所能，把更多的东西随他们葬到墓里去。四时八节要祭祀，就是给他们补给，通过祭品使他们能够维持比较好的生活，所以祭祀的规模也得与他们生前的地位相称。虽然祭品最终还是给活人吃的，但其他物品和人力都被浪费掉了。

中国古代厚葬成风，就是从这一观念出发的。这对社会造成很大的消极作用，整个社会将相当一部分财富埋在地下。这些财富本来是可以用于社会生产和发展，用于人们的生活的，结果都被埋到地下去，成了废物。

这也诱发了盗墓。如秦始皇陵，从秦朝亡了就开始被盗，一批批盗墓活动不断。盗墓贼先盗地面的，然后盗埋藏比较浅的，再逐步深入。但地宫结构严密坚固，科学家的探测表明，秦始皇陵的地宫还是密封的，因为探测到内部的汞蒸气浓度还很高。汞（水银）无孔不入，如果真有了缝，有了口子，那早都流光了。但是它的周围，如已经发现的兵马俑，还有很多陪葬的设施或物品，其中很多现在还不知道它们的功能，已经出土的文物已经超过十万件，可见历代被盗走的、毁坏的必定更多，反复盗墓肯定造成了很大的破坏。

再如汉武帝的陵墓，西汉末年出现战乱，很多盗墓贼都把汉武帝的墓作为目标。他墓里的东西搬到西晋时还没有搬完，因为放的东西实在太多了。一部分已经坏了，没有使用价值了，剩下能用的全部被搬走了。

中国留下来那么多的帝王陵墓和其他大墓，没有被盗过的很少。所以中国也滋生了一个技术相当发达的"盗墓阶层"。有些地方像洛阳、西安周围，就有那么一批世代相传的盗墓贼，他们还发明了很好的工具。比如考古学界的勘探神器——洛阳铲，实际上就是洛阳的盗墓贼发明的有效工具。

有经验的盗墓贼拿了洛阳铲，往地下打下去，下面有没有东西，是空的还是实的，是生土还是熟土，甚至这个墓有没有被盗过，被盗过几次，他用这个铲子探下去，取出来看上面的泥土，就可以做出清清楚楚的判断。

盗墓还有各种工具和技巧。因为盗墓贼几乎不落空，墓里有大量的财物，时间久远，大多已成了文物。盗墓能获得的价值无可估量，所以盗墓活动长盛不衰。

厚葬的另一个坏处就是对生态环境造成的严重破坏。

修大墓，特别是帝王陵墓，一定要探到一个风水好的地方，这些地方的原始环境未受破坏，植被保存完好。要建陵墓就得清除植被，平整出大片土地，建地面的神道、享殿、宝城，周围还要建一些祭祀、守卫、维修用的附属建筑；要修宽阔的道路，路面要硬化；要采集大量的木料、石料、砖瓦及各种建筑材料，有的要从很远的地方运来；还要挖很多的土，堆成封土，秦始皇陵现在还有五十多米高，都是人工采集后堆起来的。要保证地宫不受地下水的浸蚀，要解决建筑、维护、运输、祭祀、守卫人员的用水，往往要改变水道、水系，截断水源。不仅陵墓本地、周边，还要把其他地方的环境都破坏了。

墓里要用大量木材，等于在地下建一座宫殿，建一所豪宅，还有很多特殊的要求。如在汉代，王公贵族的墓葬都要讲究用一种"黄肠题凑"的葬制。所谓"黄肠题凑"，就是把黄心柏木的"心"，这种特殊的木材重叠堆在棺椁的周围。1974年，在北京大葆台发现了西汉燕王刘旦的墓，这个墓里面的"黄肠题凑"保持得很完整。棺椁周围堆的"黄肠题凑"共有三十层木条，总数一万五千八百八十根，大多数是九十厘米长，高宽各十厘米，个别的高宽达到二十厘米，合计用的木材是一百五十立方米。因为要求很高，只用了这种柏木的黄心，实际耗费的木材肯定要几百立方米，甚至可能超过一千立方米。这还没有计算庞大的棺、椁（外棺）和整个墓室、墓道中使用的木材。因为墓室、墓道要用木材支撑，没有那么多石料，而且石头的支撑幅度不能很大。

值得注意的是，这位燕王刘旦还是因为犯了谋反的罪而自杀的，要是皇帝宠爱的亲王死了，墓葬的规格肯定会更高。有些得宠的官员、贵族，墓葬也会超标准。

东汉永元二年（公元90年），中山王刘焉死了，当时就在常山、巨鹿、涿郡三个地方征调黄心柏木，给他布置"黄肠题凑"。这三个郡竟然没有办法提供足够的木材，后来就在"六州十八郡"的范围内征调木材，才满足了墓葬的要求。虽然史书上没有记载"六州十八郡"的具体范围，但是估计已经包括今天华北的大部分地区。这说明当时的森林已经砍伐得差不多了，要找到这么多达到这样标准的木材非常难，整个华北地区才能勉强满足。

"黄肠题凑"还只是诸侯王一级的规模，皇帝的陵墓使用的木材就更为惊人。

像秦始皇陵旁边的兵马俑原来是放在建筑物里面的，需要巨大的松柏木来支撑，估计要耗用八千立方米的木材。这还没有考虑陵墓本身以及周围大量附属建筑所用的木材。

上行下效，全部人口光修墓就得耗费多少木材，砍多少树？公元初的西汉末年全国已经有六千万人口，到清朝太平天国战争前夕已经有四点三亿人口，这么多人的墓葬要消耗多少木材，消灭多少森林？这是中国的植被受到严重破坏的一个重要因素。

## 第六节　记录：史书的"官方版本"

贞观九年（公元635年）五月，当了十年太上皇的李渊去世。这位唐朝开国的"高祖太武皇帝"被隆重安葬。就在葬礼举行前十天，唐太宗通知史官，他要亲自查阅高祖皇帝和自己的《实录》，被史官婉言拒绝。

贞观十六年（公元642年）四月，唐太宗又问谏议大夫褚遂良："你还负责记《起居注》吗？记了什么能让我看看吗？"褚遂良回答："史官记录君主的言论和行动，好坏都要记载，才能使君主不敢做坏事。没有听说君主自己可以拿来看的。"唐太宗问："那我如果有什么不好的事你也记吗？"褚遂良回答："这是我的职责，不敢不记。"旁边的黄门侍郎刘洎插话："假如褚遂良不记，天下人都会记。"唐太宗又碰了个钉子。

第二年，唐太宗又找到监修国史的宰相房玄龄，第三次提出了要求，说："我的用心和以往的君主不一样。作为皇帝我想亲自阅读国史，以便了解自己以前的错误，作为今后的警戒，你可以按顺序写成了呈上来。"谏议大夫朱子奢极力反对，他说："陛下身负圣德，言行从来没有过失，史官记载的自然尽善尽美，所以陛下要查阅《起居注》并无不妥。但如果从此形成制度传下去，我恐怕到了曾孙、玄孙辈，难保没有达不到'上智'的君主，会文过饰非，那史官就免不了要受刑罚惩处。这么一来，史官为了保全自己，避免祸患，无不迎合风向，顺从旨意，悠悠千载的历史还能相信吗？这就是历来不允许帝王查看的道理。"但唐太宗坚持要看，于是房玄龄只得与许敬宗等人删改成《高祖实录》《太宗实录》各二十卷呈上御览。

其实房玄龄等人心中都明白唐太宗最关心的是哪一部分，自然已经在文字上下了功夫。但是唐太宗看了"六月初四"这一天的记载后还是嫌他们写得太隐晦了，他说："当年周公杀了管叔、蔡叔而使周室安定，季友毒死叔牙才为鲁国带来太平。我这样做是为了安定社稷、造福万民。执笔时何必有劳你们特别隐讳呢？应该加以修改，删除不实之处，直截了当地把事实记下来。"

有了这样明确的旨意，以房玄龄为首的史官们自然只能体察圣心，将两朝《实录》中的有关文字修改到唐太宗满意为止。这就是我们今天能在唐朝的正史《旧唐书》《新唐书》和《资治通鉴》等书中看到被记录下来的"玄武门之变"的根据。

这些史书所载的"玄武门之变"的事实是这样的：

唐高祖武德九年（公元626年）六月，突厥进犯，太子建成建议派其四弟齐王元吉率军北征，并且征调秦王（世民）府的大将尉迟敬德、程知节（即程咬金）和秦叔宝等人随军出征，得到了唐高祖的批准。一向忌妒秦王军功和威望的建成，一直在找谋害他的机会，企图利用与秦王在昆明池饯行的机会，埋伏甲士将他刺杀，待事成后即上奏说他突然得病死亡，对尉迟敬德等秦王府的骁将也准备一律活埋。

秦王通过他收买的太子下属很快得知消息，连夜和他的谋士们商量对策，众人都劝他先发制人，而李世民不忍骨肉相残，还犹豫不决。幕僚们说了一大番道理，终于说服他下决心采取行动。

偏巧这几个月太白星多次在白天出现，六月初一、初三又两次出现，傅奕向唐高祖密报："太白星出现在秦地，秦王要得天下了。"

高祖大怒，认为这预示着李世民要谋反篡位，立即召李世民责问。李世民申辩说这是建成、元吉二人想要谋害他，并且密奏建成、元吉"淫乱后宫"的丑闻。高祖大吃一惊，决定第二天将兄弟三人一起召进宫来当面责问。

六月初四一早，李世民率领长孙无忌等人埋伏在玄武门。建成、元吉二人走到临湖殿时发现情况异常，当即掉转马头想逃回东宫。李世民率人冲出，在后面追赶，李元吉拉弓向李世民放箭，因惊慌失措，连放三箭都未射中。李世民也张弓还击，一箭就射死了李建成。此时尉迟敬德率七十多名骑兵赶到，射中李元吉的坐骑，元吉坠马。李世民的马也受到惊吓逃入树林，被树枝绊倒。李元吉赶到，夺下弓箭勒住李世民，尉迟敬德跃马怒叱，一箭射死李元吉。此时东宫和齐王府两千多名精兵闻讯赶到，猛攻玄武门，形势十分危急。尉迟敬德将建成、元吉两个人的首级挑出来示众，宫府军见主人已被杀，立时溃散。

李世民派尉迟敬德全副武装，进宫去保卫高祖。谁知原定当天早上要亲自讯问这三兄弟的高祖，居然兴致十足，正在后苑海池的游船上。看到手持长矛、一身甲胄的尉迟敬德闯到面前，高祖大吃一惊。尉迟敬德向他报告："太子与齐王作乱，已经被秦王杀了，现在大臣们劝陛下将国事交给秦王处理。"高祖答允得十分爽快："好得很，这正是我长久以来的心愿！"马上提笔写下一道诏书，命令诸军听从秦王的号令。

大局已定，李世民赶来和高祖见面，父子俩抱头痛哭。高祖随后颁发诏书：立秦王世民为太子，建成、元吉的十个儿子统统以谋反罪处决。

两个月后，高祖宣布退位，成为安享天年的太上皇。"玄武门之变"以秦王李世民提前登上帝位而结束。

尽管李世民和他的史官把事实真相隐瞒起来，以为史料已改得天衣无缝，实际上漏洞百出，只要稍做分析，就可以发现矛盾。如唐朝史书里一直宣扬，当初李渊对能否起兵、要不要起兵反隋，一直优柔寡断、迟疑不决，是李世民促使他拿定主意。当时李世民只有十九岁，而他的哥哥——长子建成已经二十九岁，李渊是要等到建成回到身边才最后决定，根本不可能是靠了李世民的鼓励、坚持。

又如唐朝正史都宣扬建立唐朝、平定天下主要是靠秦王李世民出的力，称他"勋业克隆，威震四海，人心所向"。实际上李建成作为储君，主要职责是帮助高祖处理日常政务。高祖怕他不熟悉政务，命令他跟着实习，所以除了太大的军国事务外，其他都交由他处理。李世民负责东征西讨，造成战绩都是他建立的事实。实际上李世民的功绩不像史书所描述的那么大，李建成也不像被贬低的那么窝囊。

如窦建德被唐军打败后，他的部下刘黑闼于武德四年（公元621年）起兵，很快重新占领旧地。李世民奉命围剿，实行残酷镇压，被俘虏的小头目都杀死示众，妻子都被唐军抓走，连投降的刘军都不接受。唐军付出了极大的代价，勉强取胜。但仅仅过了几个月，刘黑闼再度起兵，"旬日间悉复故城"，并且定都洺州，称汉东王。

此时李建成接受王珪和魏征的建议，主动请令征讨。他一改李世民的高压政策，实行宽大安抚的策略，所获俘虏全部遣送回乡，百姓很高兴，仅仅两个月时间就平定山东。这些都见于唐朝正史记载，是抹杀不了的事实。

从情理上分析，李建成是高祖与窦皇后所生嫡长子，立为太子名正言顺。他为大唐的创建立下赫赫战功，掌握着东宫独立的武装长林军，并获得手握兵权的四弟齐王元吉的支持。高祖最为信任的宰相裴寂也是建成的坚定支持者，高祖宠爱的张婕妤、尹德妃等人也经常替建成说好话。显然，建成的"接班人"地位十分稳固，完全没有搞阴谋诡计的必要。

而李世民身为次子，在正常情况下是绝无可能继承皇位的，除非发生意外，或者采取政变夺权，可见他才有背着唐高祖和建成暗中活动的必要。而且从有关史料可以看出，李世民一直在搜罗人才，并希望这些人有"经营四方"的能力。

陈寅恪根据巴黎图书馆收藏的敦煌写本P2640《李义府撰常何墓志铭》考定，"玄武门之变"唐太宗取胜的关键是收买了建成的亲信——玄武门守将常何。可见玄武门伏兵绝不是仓促之计，这血腥一幕的出现只是或早或晚而已。

由于唐太宗与贞观史臣的合谋，要完全复原"玄武门之变"的真相已无可能。但我们完全可以推测，这是唐太宗蓄谋已久的一场政变，而皇太子建成和齐王元吉却毫无戒备，以致在获得准确情报后也没有采取相应对策，遭到伏击后才夺路而逃，自然必死无疑。被武力胁迫的唐高祖只能就范，在宣布儿子建成、元吉的罪状，杀死了十个年幼的孙子后，改立太子，拱手交权，老老实实做了太上皇。

同样，二十二年前的隋朝仁寿四年（公元604年），太子杨广因为有被废的危险，就发动宫廷政变，杀死父亲隋文帝杨坚和他的哥哥废太子杨勇自立。所不同的是，发动政变的人，一个是"法定继承人"的位置受到威胁，另一个却根本不是"继承人"；一个是杀了父亲，一个是让父亲做了太上皇。不过要是唐高祖不愿就范，不主动配合的话，让已经六十岁的皇上"驾崩"，谁知道是不是尉迟敬德执行的方案之一？

留在史书中的隋炀帝杨广是一个荒淫无耻、灭绝人性的暴君，而导演了一场同样宫廷政变的李世民，却是大唐帝国的缔造者，是历史上少有的明君。之所以会有天壤之别，当然与两人的所作所为有关，但更是隋炀帝亡国的结果。要是隋朝不亡，隋炀帝也像唐太宗那样在《实录》上下些功夫，今天我们了解的杨广就不会是那样，也绝不会获得"炀帝"这样的恶谥，遗恶万年了。

评判一个历史人物，不能只用道德标准，而要根据他的全部功过。尤其是对帝王和政治领袖，应主要看他对当时的社会所起到的作用和影响，而不必过分注重他的个人品质或私生活。

尽管李世民是以残酷、卑劣的手段当上皇帝的，但唐太宗的历史贡献还是应该得到充分的肯定。但这并不等于我们应该完全相信他一手炮制出来的史书，让"玄武门之变"的真相永远湮没在历史的迷雾之中。

就是对我们今天津津乐道的唐太宗的"天可汗"的尊号，也不要太当真。在只有汉文史料的情况下，谁知道这是不是哪位唐朝词臣的杰作或蓄意误译呢？

在蒙古高原上发现的"阙特勤碑"，正面是唐玄宗亲自写的碑文，赞扬了唐朝跟突厥首领之间情同父子的友好关系；但是在碑的两侧和背后却是用突厥文写的一篇突厥人自己撰写的历史，这些话恰恰跟唐玄宗写的碑文完全不同。所以如果我们有机会看到当初那些突厥和所谓的"四夷"留下的记录，我们也许就不会天真地相信李世民真的是各族人民衷心拥戴的"天可汗"。

# 结　语
## 我们如何看待中国的史书？

在世界几大文明中，中华文明不能说是时间最早的。中国的甲骨文出现在三千七百年前，在已知的世界古文字中，也不是最早的。但自从古代中国人使用甲骨文，然后用延续下来的汉字记录历史，几乎没有中断过。从这一点上讲，的确是世界上独一无二的。其他文明，有的历史记录很快中断了，有的文字今天早已成为死文字，而中国保存了世界上最多的历史书。

如"二十四史"有三千三百卷，四千七百万字。《资治通鉴》有二百九十四卷，三百多万字。大部头的历史书还有很多，并且都保存到了今天。

为什么古代的华夏人这么重视历史？有一个说法，"欲亡其国，先灭其史"，假如你要灭一个国，首先要把它的历史灭掉。我曾经同我的研究生讨论过这个话题，有人就想不明白：历史书当然很重要，但是把这些书销毁了或者这些书失传了，难道这个国家就会灭亡吗？历史书没有了，可以想办法再调查研究，可以重写。退一步讲，就算都没有历史记录了，当然是很大的损失，但怎么会使这个国家灭亡呢？

显然他还没有了解，中国最早的历史以及由此形成的传统究竟是起什么作用的。

其实最早的历史记录并不是给我们后人看的，也不是为今天我们研究历史或者了解历史提供资料。花那么多精力，由专人记录，目的是向天、向神、向祖先报告。甲骨文中的很多内容是由巫师记的，只有巫师才具有与天、神、祖先沟通的能力，他们记的事天才能知道，天意也只有通过他们的记录或者占卜才能被传达下来。到后来要记的事多了，巫师忙不过来了，才从中分化出专门记录的"史"。

"史"是个象形文字，表明一个人站在那里，手里拿了一个记录的板，这就是"史"、史官。所谓历史，"历"（通"曆"）就是历法，按时间顺序记录。

早在春秋时就有这样一种说法，统治者身边不止一个史官，基本分工是"左史记言，右史记行"。记的内容是不能让君主本人看的，要放在一个密封的柜子里，等他死了，或者退位了，才可以当众打开，然后根据积累的原始记录整理成一部历史书。如孔子删定的《春秋》，就是鲁国的历史。各个国家的历史有不同的名称，鲁国的就称为《春秋》。

这些记录，不仅是为了保存档案，或留给后人，最主要的是通过史官的记录，上报给天。往往要举行隆重的仪式，将这些记录焚化，表示报给上天了。有时还要到高山上举行，因为当时人认为山上离天近，容易让天看到、收到。嵩山顶上曾发现武则天埋在那里的金册，就是出于这样的目的。所以史官的责任是对天、对神、对祖先负责。通过对君主、统治者的言论和行为的记录，反映他们的言行是否符合天意，能否得到天、神、祖宗的保佑。如果他们犯了错误，干了坏事，因为有记录，就逃脱不了天、神、祖宗对他们的惩罚。这样的历史对统治者来说，当然是最重要的。

在分封制的条件下，各国的历史还有另一个重要作用——明确世系。各诸侯国是由周天子分封的，而天子代表天意，所以也是天封给诸侯的。

但如何延续呢？按当时的礼制，是世袭，即由诸侯众多的儿子中的嫡长子继承。这世系也是史官必须记录的重要内容。万一发生什么事情导致这个国被灭了，或没有继承人了。天子或其他诸侯国要维护天命，"存亡继绝"，该国的世系记录就是最重要的根据。这样的"史"如果亡了，这个国不是无以为继，存在不了吗？

秦汉以后强调"天人合一"，特别强调"君权神授"，皇帝的合法性来自天的授权，出于天意、天命。所以历史的主要任务就是解释天命、证明天命。

凭什么他要做皇帝？凭什么这个朝代要兴起，要灭亡，或者要取代前朝？当然有很多历史事实，但这些历史事实未必都是光彩的。有的是武力、暴乱，有的是阴谋、篡夺，怎么使这些行为合法化，就得靠历史记载。通过从纷繁复杂的事实中进行选择，再加上"合理"的解释，证明这个朝代、这个皇帝是得了天命。

如《史记》记录周朝的始祖后稷。这些内容不是司马迁所发明的，是周朝传下来的历史，但他采用了就表明接受了。后稷的母亲姜嫄跑到森林里，不小心踩到一个巨大的脚印，回去以后就怀孕了，生下后稷。后稷是什么人？是神的孩子。既然周天子是神的后代，自然就得了天命。

又如《史记》不得不承认刘邦出身"细微"，普通人家，他的父母连个名字都没有留下来，因为他做了皇帝，提到他的父亲就称为"太公"——刘大爷；提到他的母亲就称为"刘媪"——刘大娘。他自己不过是秦朝的一个亭长，低级公务员，相当于现在的一个派出所所长兼招待所所长。

凭什么刘邦最后能得天下呢？《史记》说，有一天刘邦的母亲在野外，躺在一个池塘边上休息，这时风雨大作，他的父亲去找她，看见一条龙在他的母亲身上翻滚，回来以后他的母亲就怀孕了，以后生下了刘邦。

这不是讲得很清楚吗？刘邦不是一般的人，尽管出身"细微"，却是"龙子"，而且身上还有很多"帝王相"。这些都是为了证明刘邦得天下、建立汉朝的合法性，因为他得了天命。

一部"二十四史"，几乎都有类似的记载。还专门有篇章记录"祥瑞"，一个朝代兴起，一位真命天子出生时，会有种种吉祥的征兆。比如什么地方出现甘露、祥云、灵芝、嘉禾（谷物上面长了不止一个穗）、龙、麒麟，什么地方出现一个鼎、一片帛书，这些都是吉兆。未来的皇帝出生时"红光满室"，他出门时"紫气东来"，他做某事时"五星联珠"，种种吉兆显示了天命。

要证明一个朝代行将灭亡或必然灭亡，要证明它失去天命，"天之所厌"，老天爷都讨厌它了，"二十四史"里几乎每一部都有专门的篇章，记录"灾异"——天灾人祸或异常的天象，如日食、地震、风灾、水灾、旱灾、火灾、蝗灾、瘟疫、怪胎、畸形人畜、谣言、变乱等，而且都能与人的活动和社会现象一一对应。

每个朝代建立以后，马上要做的一件大事就是为前一个朝代修一部正史。清朝入关以后，天下还没有完全平定下来，就开始组织专门机构修《明史》。《明史》修成后得到清朝皇帝的重视，正式列为"正史"，成为"二十四史"的最后一部。

《明史》能起什么作用呢？它要让你相信明朝的兴起、朱元璋能当皇帝推翻元朝，是因为他得了天命。而崇祯皇帝之所以被李自成推翻，只能自杀，是因为失去了天命。清朝入关取代明朝，不在于崇祯皇帝个人或者明朝的官民百姓的过失，而是因为明朝天命已尽，"天之所厌"，天命交给了大清。表面上是为明朝修史，其实是通过修《明史》证明清朝取代明朝的政治合法性。就像孔子当年删改《春秋》一样，一部"二十四史"以及其他官修历史，都是为了弘扬当时的主流价值观念。很多事实的记录都是有目的，有选择的。

如清朝到了乾隆年间，天下已经安定，开始为自己的"国史"准备材料，要修本朝人物的传记了。乾隆就此做了指示，规定要把曾经为清朝立下汗马功劳的明朝降臣，从洪承畴开始通通编入由清朝首创的《贰臣传》。什么是"贰臣"呢？伺候过两个主子的，投降清朝的明朝的叛臣都被称为"贰臣"。乾隆亲自做了指示，称这些人当初归顺大清不无微功，但毕竟大节有亏，在价值观念上是叛徒，不忠于自己的国家，不忠于自己的皇帝，不足为训，只能永远钉在耻辱柱上。

在清朝的天下安定之后，乾隆皇帝权衡利弊，觉得延续、弘扬传统的价值观念更加重要。所以在把这些人列为"贰臣"的同时，把史可法等当初抵抗清兵不惜牺牲的人，无论是被清兵所杀，还是自杀、病死，只要是忠于明朝的官员，统统列为忠臣。而且地方上修志书时也要遵守这个原则，当年抗拒"大兵"而死的，按原来身份全部称为忠臣、义民、节妇。因为这些降臣的作用已经毫无意义，而维护传统的价值观念，对稳定统治更加重要，通过编纂历史可以做到。这一点确实起了很大的作用，后来把太平军镇压下去的，靠的是哪些人呢？不是靠满族的八旗兵，也不是靠蒙古的骑兵，而是靠一批汉族知识分子，像曾国藩、李鸿章、左宗棠、胡林翼这些人，靠他们组织的乡土武装——湘军、淮军，捍卫了这个满族建立的政权。

因为在这些人的眼里，它已经不是一个异族的政权，而是一个继承了华夏传统价值观念、得了天命的、正统的朝代，和以前的汉唐宋元明并无二致。

现在我们可以明白，为什么这样的历史灭了，国家也要亡。因为这样的历史证明了政权、国家的政治合法性，证明它得天命，如果把这样的历史毁了，政权、国家的政治合法性还能证明吗？这才是要害所在。

这些历史今天是不是就没有用了？恰恰相反，非常有用。因为任何历史都是后人对已经发生的事情所做的有意识的、有选择的记录。只要知道了这个原理，我们就可以从这些史料中透过表面看到真相，用我们今天的历史价值观来解释、认识这些历史。何况这些史书中保存了大量珍贵的原始资料，是无可替代的。

此外，这样的历史也给我们今天研究历史、复原历史、重构历史提供了条件，富有挑战性。这个过程也是我们研究、选择、认识、学习的过程。

所以，中国这些历史书是先人留给我们的非常宝贵的、无可替代的遗产，在世界上是独一无二的。

**图书在版编目（CIP）数据**

不变与万变：葛剑雄说国史 / 葛剑雄著 . -- 长沙：
岳麓书社，2021.1

ISBN 978-7-5538-1375-2

Ⅰ . ①不… Ⅱ . ①葛… Ⅲ . ①中国历史—通俗读物
Ⅳ . ① K209

中国版本图书馆 CIP 数据核字（2020）第 185903 号


BUBIAN YU WANBIAN: GE JIANXIONG SHUO GUOSHI
不变与万变：葛剑雄说国史

作　　者：葛剑雄
责任编辑：李伏媛
监　　制：秦　青
策划编辑：张　卉
特约策划：管　雨　杨廷馥
文字编辑：陈　皮
营销编辑：吴　思
版式设计：李　洁
封面设计：利　锐
岳麓书社出版
地址：湖南省长沙市爱民路 47 号
直销电话：0731-88804152　88885616
邮编：410006
2021 年 1 月第 1 版　2021 年 1 月第 1 次印刷
开本：680×955　1/16
印张：18
字数：216 千字
书号：ISBN 978-7-5538-1375-2
定价：78.00 元
承印：北京天宇万达印刷有限公司

若有质量问题，请致电质量监督电话：010-59096394
团购电话：010-59320018